코리아타운과 축제

한국외대 글로벌문화콘텐츠연구센터 · (사)해외한민족연구소 연구총서 01

코리아타운과 축제

2015년 9월 25일 초판 인쇄
2015년 9월 30일 초판 발행

지은이 | 임영상 · 주동완 외
펴낸이 | 이찬규
펴낸곳 | 북코리아
등록번호 | 제03-01240호
주소 | 462-807 경기도 성남시 중원구 사기막골로 45번길 14
　　　우림2차 A동 1007호
전화 | 02-704-7840
팩스 | 02-704-7848
이메일 | sunhaksa@korea.com
홈페이지 | www.bookorea.co.kr
ISBN | 978-89-6324-447-1 (93300)

값 20,000원

한국외대 글로벌문화콘텐츠연구센터·(사)해외한민족연구소 연구총서 01

코리아타운과 축제

임영상·주동완 외 공저

북코리아

코리아타운의 이야기를 담을 지식맵이 필요하다

2012년 12월, 재외한인학회총서 Ⅳ『코리아타운과 한국문화』를 펴낸 바 있다. 그동안 재외동포/재외한인 연구가 여러 학문에서 다양한 시각으로 이루어졌는데, '코리아타운'이라는 '공간'을 연구의 대상으로 삼은 것에 대해 많은 연구자들이 관심을 보여주었다. 연구자뿐만이 아니다. 지구촌 곳곳에서 삶의 터전을 이루고 있는 국적을 초월한 한인사회가 관심을 보여주었다.

『코리아타운과 한국문화』에서 다룬 곳은 한인이주의 역사가 오래된 미국, 일본, 중국, CIS(우즈베키스탄) 4개국과 최근 한국문화원의 개설로 한국문화 행사가 빈번하게 열리고 있는 영국(런던)과 브라질(상파울루)의 총 6개국 11개 지역이었다. 책이 나온 후, 필자는 KBS 월드라디오(http://world.kbs.co.kr) 한민족네트워크 프로그램에 출연하여 1년 반 이상 '세계 속의 코리아타운'을 소개했는데, 방송을 진행하면서 재외한인사회의 축제를 따로 다루어야 할 필요성을 느꼈다.

한편, 재외동포재단은 재외한인사회뿐만 아니라 내국인들에게도 재외동포/재외한인사회와 또 이를 지원하고 있는 재외동포재단의 업무를 알려야 할 필요성을 느끼고 대학에 '재외동포이해교육' 강좌개설 사업을 2013년 3월부터 시작했다. 한국외국어대학교(서울캠퍼스)의 〈세계의 한민족〉강좌가 첫 대상으로 선정되었는데, 이후 한국외대는 수업시간을 이용하여 '코리아타운과 축제'를 주제로 학술행사를 기획했다. 2013년 11월에 미국과 중국을 중심으로 행사를 가졌고, 일본은 4월 학기 시작을 감안하여 2014년 3월에 오사카, 가와사키, 도쿄의 연구자들을 한꺼번에 초청해 행사를 가졌다. 또한 2015년 8월에는 '코리아타운과 언론, 축제' 주제의 국제학술회의에서 중국, 브라질, 호주의 코리아타운 축제를 소개했다.

『코리아타운과 축제』는, 한국외국어대학교 글로벌문화콘텐츠연구센터와 1999년 8월 15일 러시아 블라디보스토크의 과거 '신한촌' 입구에 신한촌기념비를 세운 바 있는 (사)해외한민족연구소의 공동 연구총서로 간행하지만, 『코리아타운과 한국문화』의 후속편으로 기획되었다. 제1부 미국의 코리아타운과 축제는 LA와 뉴욕, 제2부 일본의 코리아타운과 축제는 오사카와 가와사키와 도쿄, 제3부 중국의 코리아타운과 축제는 심양과 청도 · 북경 · 상해, 그리고 제4부 브라질과 호주의 코리아타운과 축제에는 상파울루와 시드니의 한인축제가 포함되었다. 필자는 책의 서설(序說)로 2015년 4월 부다페스트에서 개최된 제1회 한 · 헝가리 문화포럼 제1부 디아스포라 세션에서 소개한 「코리아타운 축제와 스토리텔링」 글을 싣기로 했다.

『글로벌문화콘텐츠』 제20호(2015년 8월)에 실린 「코리아타운 축제와 스토리텔링」 글은 '뉴욕 플러싱의 퀸즈다문화축제', '심양 서탑 한국주(Korea Week) 기간의 음식문화축제', '오사카 이쿠노 코리아타운 축제' 등 필자가 직접 방문한 바 있는 코리아타운의 축제를 간단히 소개하고 이들 축제들이 지역과 지역민의 삶을 담는 스토리 축제가 되기 위해서 코리아타운 지식맵(Koreatown Knowledge Map)의 필요성을 강조한 글이다.

지식맵이란 지식들의 관계망(Network)을 시각화(Visualization)한 것이라고 할 수 있다. 코리아타운 지식맵이 필요한 것은 '삶의 한국학의 무대'인 코리아타운의 다양한 문화자원 정보들이 효율적으로 정리(통합), 소개(검색)될 수 있어야 한다는 생각에서 출발했다. 즉, '세계 속의 작은 한국' 코리아타운 이야기를 라디오나 TV, 만화와 애니메이션, 뮤지컬과 거리상황극 등 다양한 플랫폼에 맞게 스토리텔링하기 위해서는 코리아타운의 역사문화자료/기록들이 '자원화'되어야만 스토리텔러(Storyteller)가 손쉽게 활용할 수 있기 때문이다. '코리아타운 지식맵'은 장기간 지속해야 할 사업이고 끊임없이 추가 · 보완되어야 할 사업이다. 뉴욕 플러싱의 코리아타운이 플러싱 · 베이사이드 코리아타운으로 이름을 바꾸어야 할 정도로 '코리아타운'의 공간 또한 변화가 가능한 유기체(有機體)이다. 지역뿐만 아니다. 주역들 또한 교체될 수밖에 없기 때문이다.

『코리아타운과 축제』 책을 펴내면서 2013년부터 재외동포이해교육의 일환으로 〈세계의 한민족〉 강좌개설을 지원해준 재외동포재단과 1989년 6월 창립 이래 한민족공동체의 구현을 위해 헌신해온 (사)해외한민족연구소에 감사드린다. 그리고 2010년부터 국내외 연구현장에서 코리아타운 연구를 함께 수행해준 필자들과 어려운 출판사정임에도 불구하고 책을 간행해준 북코리아 이찬규 사장님과 편집진 여러분께도 감사의 마음을 담아드린다.

2015년 9월
한국외국어대학교 글로벌캠퍼스 백년관 연구실에서 임영상

차례

책머리에: 코리아타운의 이야기를 담을 지식맵이 필요하다   5

서설: 코리아타운 축제와 스토리텔링 ·· 11
  1. 머리말   11
  2. 주요 코리아타운 축제: 스케치   13
  3. 코리아타운 축제의 발전과 스토리텔링   27
  4. 맺음말   32

Part 1 미국의 코리아타운과 축제

1   로스앤젤레스(LA) 한인사회와 축제 ································· 39
  1. 머리말   39
  2. LA 한인사회와 축제   40
  3. 오렌지 카운티 한인사회와 축제   56
  4. 맺음말   71

2   뉴욕의 한인사회와 축제 ··· 77
  1. 머리말   77
  2. 지역 현황   79
  3. 뉴욕 한인사회의 축제 현황   83
  4. 맺음말 : 뉴욕 한인사회의 축제의 문제점과 제언   117

Part 2 일본의 코리아타운과 축제

3 │ 오사카 재일코리안 사회와 축제 ·· 127
1. 머리말 127
2. 재일코리안 사회의 형성과 사회 구조 변화 130
3. 오사카 이쿠노민족문화제의 형성과 전개 134
4. 오사카 이쿠노민족문화제의 의의 144
5. 현재의 오사카 이쿠노 코리아타운 축제 150
6. 맺음말 154

4 │ 가와사키 재일코리안 축제에서의 지역적 문맥 ····················· 158
1. 우리 동네의 축제, 가와사키대교류제 158
2. 가와사키구에 거주해 온 재일코리안과 그 활동 거점 160
3. 가와사키의 재일코리안 축제 163
4. 성(聖)스러운 민족과 '지역성' 174
5. 가와사키대교류제의 배경에 있는 '조국'과 'Kawasaki' 176

5 │ 도쿄 재일코리안 사회와 축제 ·· 185
1. 머리말 185
2. 지역사회 축제 참가와 뉴커머 코리안 188
3. 뉴커머 코리안 사회와 기존의 축제 196
4. 문화를 통한 공존사회의 실현을 위한 영화제의 개최 199
5. 맺음말 212

Part 3 중국의 코리아타운과 축제

6 │ 심양 코리아타운과 한민족문화축제 ··· 221
1. 머리말 221
2. 심양의 코리아타운 형성과 발전 223
3. 한민족문화축제의 현황과 특징 235
4. 맺음말 253

7	북경, 상해, 청도의 코리아타운 축제 ···	259
	1. 머리말	259
	2. 코리아타운의 형성 과정	261
	3. 코리아타운의 사회 구조와 축제	268
	4. 맺음말	280

Part 4 브라질과 호주의 코리아타운과 축제

8	상파울루 코리아타운과 한국문화축제 ··	287
	1. 머리말	287
	2. 브라질 한인사회의 현황	290
	3. 브라질 한인사회의 역사와 시기별 특징	293
	4. 축제를 기준으로 본 시기별 특징	299
	5. 맺음말	311

9	시드니 코리아타운과 한국문화축제 ···	320
	1. 머리말	320
	2. 한인 호주 이민 역사 및 동향	321
	3. 시드니 한인 거주 지역	325
	4. 시드니 코리아타운	328
	5. 시드니의 한국문화축제	335
	6. 맺음말	346

코리아타운 축제와 스토리텔링*

임영상(한국외국어대학교 지식콘텐츠학부 교수)

1. 머리말

중국 심양의 서탑,[1] 미국 LA의 올림픽가,[2] 브라질 상파울루의 봉혜치루[3]는 해당 시정부가 공식적으로 '코리아타운'이라는 명칭을 인정한 곳이다. 그러나 일본, 중국, 미국이나 아니면 또 다른 나라들의 '코리아타운'이라는 명칭은 대부분 한인사회 혹은 지역의 언론이 일종의 '애칭'으로 부여한 경우가 많다. 오사카(이쿠노 미유키모리상점가)와 가와사키(사쿠라모토 시멘트도오리)에는 KOREA TOWN 아치가 세워졌으나 시정부로부터 코리아타운이라는 공식 명칭을 부여받은 것은 아니다. 도쿄의 신오쿠보 코리아타운과 이민자의 나라 미국 뉴욕 플러싱 코리아타운도 지역 언론이 그렇게 부른 것이지 공식적인 명칭은 아니다.[4]

---

* 이 글은 2015년 4월 23일 부다페스트에서 개최된 한·헝가리 문화포럼에서 발표한 내용을 보완한 것으로, 『글로벌문화콘텐츠』 제20호(2015. 8)에 게재한 것을 다시 일부 보완한 것이다.

1) 심양 시정부조차 서탑거리를 '중국 최대의 조선족 거리이자 미국 LA에 이어 세계에서 두 번째로 코리아타운이 형성된 곳'이라고 설명하고 있다. 심양시청 홈페이지: http://www.shenyang.gov.cn/web/resource/hlzd-hw/hlzd-hw-03.htm

2) 2010년 8월 LA 시의회는 한인들의 오랜 숙원이던 'LA 코리아타운 구역설정'을 마침내 마무리 지었다.

3) 2010년 1월 상파울루 시는 패션의 메카 봉혜치루를 'Korea Town'으로 공식 명명했다.

'코리아타운'이라는 이름을 공식적으로 부여받았든 그렇지 않았든 간에 코리아타운은 한인집거지로서 에스닉타운과 다름 아니다. 아브람슨(Mark Abramson)이 에스닉타운으로 규정하는 '첫째로 그 민족에 해당하는 인구가 집중되어 있고, 둘째로 그 민족의 전통적 문화상품을 판매하는 상업지역이 형성되어 있으며, 셋째로는 그 민족의 문화 및 사회활동의 중심지가 되는' 소수민족 집단거주지역으로 구색을 갖추고 있기 때문이다.[5]

이주와 이산의 시대[6]이다. 이민자의 나라인 미국, 호주, 브라질 등은 말할 것도 없고 단일민족의 신화 속에 살아온 한국과 일본사회도 이제 국제이주와 다문화주의가 담론의 주제가 되었다. 따라서 어느 사회나 크고 작은 에스닉타운, 소수민족집거지가 생길 개연성이 커졌다. 소수민족으로 살아가기 위해서는 필연적으로 주류사회와 관계를 잘 유지할 필요도 있지만, 소수민족은 자신의 정체성을 잃지 않기 위해 민족문화행사를 개최한다. 해외 한인사회가 음력설과 추석명절에 축제를 갖는 것도 같은 이유이다.

그런데 한민족의 전통명절과 무관한 축제가 세계의 코리아타운에서 개최되고 있다. 2013년 6월에 이어 2014년에 제2회 행사를 가진 뉴욕 플러싱의 퀸즈다문화축제, 매년 7월 중순 심양 서탑의 한국주간 행사의 일환으로 2012년부터 개최되고 있는 미식문화제, 그리고 매년 11월 둘째 주 일요일에 개최되고 있는 오사카 이쿠노 코리아타운 축제가 바로 그 사례들이다.

스토리텔링의 시대이다. 비일상적인 행위인 축제도 스토리텔링 기법을 원용해야 축제의 내용이 풍성해지고 참여자의 만족도도 높아진다. 비록 전

---

4) 제2의 연변으로 불리며 많은 조선족, 그리고 더 많은 한국인이 집거해 살고 있는 청도 청양구의 '한국성' 또한 현지 언론이 코리아타운으로 부르기 시작했으며, 청도시 내 다른 한국인 밀집지역은 청양구의 '한국성'과 구분하기 위해서 '한국인구', '한국촌', '한국인단지', '한국인거리' 등으로 다양하게 부르고 있다. 위군, 「청도 코리아타운과 한국문화」, 임영상 외, 『코리아타운과 한국문화』, 북코리아, 2012. 277쪽.

5) 민병갑·주동완, 「뉴욕 플러싱, 베이사이드 지역의 한인타운」, 임영상 외, 『코리아타운과 한국문화』, 북코리아, 2012. 53쪽.

6) 2012년 전국역사학대회 공동주제.

통명절 축제는 아니지만, 코리아타운 축제인 만큼 이들 축제에는 한민족문화나 한인사회의 역사를 담아야 한다. 영화, 드라마, 게임, 애니메이션 등 문화콘텐츠는 각기 고유한 방식의 스토리텔링을 기반으로 기획, 제작된다. 축제도 마찬가지이다. 특히 소수민족이 주체가 되는 축제는 시작부터 끝까지 민족의 이야기를 풀어가는 스토리텔링 기법의 기획이 필요하다. 제2장은 뉴욕, 심양, 오사카 코리아타운 축제에 대한 간단한 소개이다. 제3장은 코리아타운 축제가 한인과 지역민 모두에게 감동을 줄 수 있는 지역축제로 발전하기 위해서는 지역한인사회의 이야기가 담긴 스토리텔링 축제가 되어야 함을 주장했다. 이어서 코리아타운의 역사문화자원들이 먼저 기록되고 또 쉽게 활용할 수 있는 장치, 즉 문화자원의 효율적 관리와 유통에 유용한 방법론인 지식맵(Knowledge Map)의 구축을 제시했다.

2. 주요 코리아타운 축제: 스케치

1) 뉴욕 플러싱의 퀸즈다문화축제

　　뉴욕 최대의 한인집거지 플러싱에서는 퀸즈한인회가 1980년부터 해마다 플러싱 다운타운에서 설날 퍼레이드(2000년대부터는 중국인커뮤니티와 공동개최)를, 또 뉴욕한인청과협회는 1982년부터 플러싱 메도우즈 코로나 파크에서 추석맞이 민속대잔치 등의 민족문화축제를 개최해왔다. [7]

　　그러나 한 도시나 나라도 흥망성쇠를 겪게 마련이듯, 도시 안의 에스닉 타운인 코리아타운도 생물(生物)과 같아서 변하고 있다. 1980년대까지 가장 우세한 아시아인으로 한국인들이 주류를 이루었던 뉴욕의 플러싱[8]에 더 많

---

7)　주동완, 「뉴욕의 한인 사회와 축제」, 『한민족 공동체』, 제25호, 2014, 112~132쪽.
8)　한인들은 플러싱의 과거 한글명칭 후러싱의 '후러'에 한국식의 '동'(洞) 글자를 붙여 플러싱을 '후러

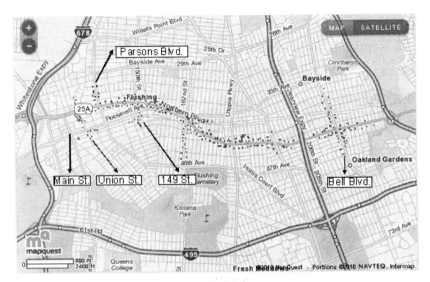

그림 1 플러싱, 베이사이드 지역 한인상가 밀집지역

은 중국인들이 물밀듯이 들이닥치면서 한인들은 서서히 플러싱 중심지를 벗어나 거주 지역과 상권을 옮기기 시작했다. 즉 플러싱 다운타운에서 맨해튼으로 바로 갈 수 있는 지하철 ⑦번 종점인 메인스트리트(Main St.)역을 중심으로 면(面)을 이루고 있던 코리아타운이 노던대로(Northern Blvd.)를 따라 선(線)으로 이동한 것이다.[9]

플러싱 코리아타운이 플러싱 다운타운 일대에서 베이사이드로 가는 노던대로를 따라 선을 이루면서 한인상가들이 형성된 것은 코리아타운의 '쇠퇴'가 아니라 '발전'의 측면도 있다. 코리아타운의 확산이기 때문이다.[10] 그러나 플러싱 코리아타운은 이제 플러싱 차이나-코리아타운이 되었다. 중국인이 다수를 차지한 것이다. 그래서 플러싱을 포함한 퀸즈한인회가 전통적

동'이라고 부르기조차 했다.

9) 이러한 변화 요인에 대해서는 다음을 참조할 것. 주동완, 앞의 책, 93~94쪽.

10) 이는 민병갑 교수의 주장이다. 그래서 그는 〈플러싱' 한인타운〉이 아니라 〈'플러싱, 베이사이드' 한인타운〉이라고 쓰고 있다.

인 설날퍼레이드를 플러싱중국상인번영회와 함께 참여하는 공동축제로 치르게 되었다. 2010년 현재 플러싱 일대(커뮤니티 제7지역)에는 전체 122,859명의 아시아인 가운데 중국인(75,992명)과 한국인(27,881명)이 가장 많고, 그리고 인도인(8,408명)이 뒤를 잇고 있다.[11]

　　2013년 6월 15일 토요일, 내용상으로는 먹자골목 한식축제이지만 한인 공동체가 중국과 인도 공연팀을 초청해 '인터내셔널 먹자골목 아시안 페스티벌(The International Muk Ja Gol Mok Asian Festival)'을 개최했다. 2014년 제2회 행사에서는 축제 이름을 퀸즈다문화축제로 바꾸었다. 플러싱 한인사회에서 '먹자골목'으로 불리는 지역은 한인식당과 주점이 밀집해 있는 플러싱 149~150가와 루즈벨트 애비뉴~41 애비뉴 사이의 블록을 지칭하는 곳으로 〈그림 1〉에서 '149 St.'로 표시된 부분이다. 초기 중심지인 'Main St.' 지하철역과 'Union St.' 지역에서 이동해 제2의 플러싱 코리아타운이 형성된 곳이다. 바로 이곳에 퀸즈한인회와 한인사회의 원로 모임인 상록회가 자리를 잡았고, 곧 플러싱 한인사회의 중심으로 부상하였다. 이곳은 선형으로 발달하고 있는 노던대로 한인상가와도 인접해 있다. 먹자골목 한식축제의 발상은 2012년으로 거슬러 올라간다. 퀸즈한인회가 플러싱의 대표적인 한인 식당가인 머레이힐 149가 먹자골목을 타 인종들에게 한식문화를 보다 효과적으로 보급하고 홍보하기 위한 특화구역, 한식 세계화의 거점 역할을 할 '코리안 푸드 디스트릭(Korean Food District)'으로 조성하는 사업을 전개해온 것이다.[12] 마침내 2013년 2월 5일 플러싱 먹자골목 한인 소상인들의 연합체인 '머레이힐 먹자골목 상인번영회'가 발족식을 갖고 본격 활동에 들어갔다. 함지박, 사랑방, 매일잔치 등 먹자골목상가 11개 업체로 구성된 번영회의 초대 회장에는 함

---

11) 민병갑·주동완, 앞의 책, 57쪽.

12) 류제봉 퀸즈한인회장은 "미국 내에서 먹자골목만큼 다양하고 우수한 한식식단을 제공하고 있는 한식 식당가도 드물다"고 전제한 뒤, 한식세계화재단과 손잡고 먹자골목을 찾는 타 인종 고객과 한인 2,3세 고객들에게 한식 홍보물 영문 책자와 한식메뉴 안내지 등을 배포하는 사업도 벌여나간다는 방침이라고 밝혔다(『뉴욕한국일보』 2012-8-17 「플러싱 명물 '먹자골목' 한식 세계화 거점 만든다」).

지박의 김영환 대표가 선출되었다. 퀸즈한인회와 먹자골목 상인번영회는 2013년 2월 14일 피터 구 뉴욕시의원과 회동을 갖고 블록파티(Block Party) 형식의 가칭 '먹자골목 페스티벌', 한식거리 축제를 매년 개최하기로 확정했다. 먹자골목에서 갖기로 한 한식거리 축제는 다채로운 한식문화를 소개하는 먹거리 장터는 물론 풍물공연과 전통민속놀이 시연회, K-Pop 댄스 및 밴드공연 등 풍성한 프로그램으로 꾸미기로 구상했는데, 뉴욕의 대표적인 한식당가인 먹자골목을 한식 세계화의 전초기지로 만들어 가기 위한 퀸즈한인회와 상인번영회의 첫 번째 공동 프로젝트인 셈이었다.[13]

〈그림 2〉는 먹자골목 축제를 알리는 포스터이다. 김영환 먹자골목 상인번영회장은 "15일 열리는 제1회 먹자골목 아시안 축제는 한인상권의 결집과 확장을 통해 더 많은 경제적 가치를 창출하고 타 민족과의 교류를 증대시켜 감으로써 한인사회의 위상과 경제력을 향상시킬 것"이라고 말하고 "이 축제를 통해 먹자골목이 뉴요커와 관광객 누구나 찾는 뉴욕의 먹거리 명소, 한식의 메카로 발돋움하길 희망한다"고 밝혔다.[14]

론 김, 그레이스 맹, 피터 구 의원 등 지역정치인들도 참여하고, 한국관광공사, 뉴욕한국문화원, H-마트가 후원한 제1회 먹자골목 한식축제는 지역 한인언론의 대대적인 보도 속에 막을 내렸다. 한국 고전무용·태권도 시범, 취타대 공연은 물론 중국·인도·네팔의 민속춤도 선을 보였다. 관객 누구나 참여할 수 있도록 씨름대회, 노래와 장기자랑, K-Pop 댄스, 밴드 콘테스트 등도 진행되었다. 600인분의 비빔밥 시식행사 등 한식시연과 푸드 샘플링 이벤트를 통해 한식 세계화 운동도 추진되었다. 『뉴시스』는 '제2의 코리아타운' 플러싱 머레이힐에서 15일 열린 '먹자골목 아시안 축제'가 5천여 명이 몰리는 대성공을 거뒀다고 평가했다. 가장 특별한 것은 '먹자골목'이라는

---

13) 『뉴욕한국일보』, 2013. 2. 15.
14) 『뉴욕일보』, 2013. 6. 13.

단어를 미국 사회에 처음 소개한 점[15]을 지적했다.[16] 「한국의 맛과 멋' 알렸다」, 「플러싱 '먹자골목' 한국음식·문화 1번지로 만들다」 등 지역 한인언론의 찬사가 이어졌다.[17]

그림 2 제1회 먹자골목 아시안 축제 포스터

뉴욕 한인사회가 주택가와 상가가 혼재한 지역에서 축제를 개최한 것은 처음이었다. 또한 인도계와 중국계 등 타 민족들도 참여시키는 다문화축제 형식으로 기획한 것도 눈길을 끌었다. 때문에 2014년 6월 7일에 개최된 제2회 축제를 퀸즈다문화축제로 변경한 것도 지역의 다른 아시아계 사람들과의 소통을 더 강화하기 위한 조치였다. 제2회 축제도 먹자골목상인번영회(회장 김영환)와 퀸즈한인회(회장 류제봉)가 공동 주최했으며, 적어도 외형상으로는 큰 성공을 거두었다. 민속장터에서는 먹자골목에 위치한 식당들이 직접 구운 갈비와 불고기 등을 내놓았고, 500인분의 초대형 비빔밥은 30분도 안 되어 바닥이 날 만큼 인기를 끌었다. 또한 단오(음력 5월 5일)의 의미를 되새기기 위해 우리 고유의 민속 씨름이 정규 규격의 경기장에서 펼쳐졌으며, 8개의 다민족 팀이 자존심을 건 줄다리기 경기도 펼쳤다.[18]

---

15) 무대에 내걸린 축제의 타이틀 '먹자골목 아시안축제(Muk Ja Gol Mok Asian Festival)'와 관련, 『뉴욕타임스』는 '먹자골목(Muk Ja Gol Mok)'이라는 용어를 '식당들이 있는 거리'라는 뜻이라고 소개했다. *The New York Times*, A Giant Bibimbap at Korean Food Festival, June 17, 2013.

16) 『뉴시스』, 2013. 6. 16.

17) 『뉴욕한국일보』, 2013. 6. 17., 『뉴욕일보』, 2013. 6. 17.

18) 『뉴시스』, 2014. 6. 8.

그림 3 2014 제2회 축제의 500인분 비빔밥 행사와 민속 씨름 경기
사진: 뉴시스

그러나 축제에 지역정치인이 아니라 플러싱 한인사회 올드커머 이야기
는 보이지 않았다. 한민족의 전통 초여름 축제인 단오[19]의 의미를 새기어 씨
름대회를 개최하기는 했지만, 단오명절을 알리는 전시회 등 스토리텔링 축
제로는 부족했다. 무엇보다 축제에 참석한 사람들이 한인이든 다른 아시아
계이든 플러싱 지역사회 이야기가 축제 콘텐츠로 기획될 필요가 있었다.

2) 심양 서탑 한국주(Korea Week)와 음식문화축제

1992년 한중수교 이후 동북의 주요 도시에서도 기존의 조선족거리에
한국인 기업인들이 진출, 조선족과 한국인이 함께 만든 코리아타운들이 형
성되었다. 흑룡강성의 성도인 하얼빈과 길림성의 성도인 장춘의 코리아타운
은 각기 2003년과 2004년에 지방정부의 승인 아래 공식 출범행사를 가진 바
있다. 그러나 오늘날 하얼빈 코리아타운은 지역언론인 『흑룡강신문』에서조
차 코리아타운이 유명무실해졌다는 우려를 하고 있으며,[20] 장춘 코리아타

---

19) 김영환 위원장이 "내년부터는 음력 5월 5일이 단오인 만큼, 축제기간과도 비슷해 내년 먹자골목 축
제땐 단오를 기념해 다양한 행사를 준비하겠다"(라디오 코리아, 2013년 7월 4일, http://www.
krbusa.com/news/view.asp?idx=10414&pageno=)는 약속을 지킨 것은 의미가 있다.

20) 『흑룡강신문』, 「할빈코리아타운 소실되나?」, 「특색 사라진 할빈코리아타운 유명무실」, 2011. 4.
12.

운 역시 지역언론인 『길림신문』에서조차 뉴스의 주목을 받지 못하고 있는 실정이다.[21] 근래 동북의 조선족뿐만 아니라 한국인 기업인들의 진출이 활발한 요녕성의 대련과 단동에도 코리아타운이 조성되었으며, 1945년 해방 전부터 조선족의 집거지역인 목단강시 서장안가에도 2000년부터 조선민족 민속거리(코리아타운)가 만들어졌다.[22] 그러나 동북의 대도시 가운데, 심양시 서탑가(西塔街), 서탑지역은 역사와 규모 면에서 대표적인 코리아타운이다. 서탑지역은 800여만 명의 인구를 갖고 있는 요녕성 정부소재지인 심양시의 화평구 북쪽에 자리 잡고 있다. 서탑지역의 면적은 258km²이고 인구는 3만여 명인데 그중 조선족이 1만여 명이다. 지금 이 지역은 한족, 만족, 조선족, 한국인과 북한사람들이 함께 살고 있는데, 한민족인 조선족과 한국인, 북한사람 및 북한화교가 한국어로 소통하는 특별한 공동체이기도 하다.

중국사회의 대변혁 속에 요녕성 심양은 1992년 한중수교 이후 수도인 북경과 함께 한국경제인의 진출이 가장 활발한 지역으로 부상했다. 심양 서탑 조선족거리는 한국인의 진출과 한국지자체들의 경쟁적인 교류협력 관계에 힘입어 전통적인 조선족집거지에서 한국교민들이 함께 집거하고 있는 코리아타운으로 발전했다. 그러나 영화는 지속되지 못했다. 서탑의 상가들은 무분별한 투자와 국내외 경제적 환경의 급변으로 쇠락의 길을 걷지 않을 수 없었다. 무엇보다도 서탑가 상권의 80%가량이 요식, 유흥업종으로, 여기에 퇴폐성 문화까지 자리 잡으면서 이러한 향락문화에 대한 자정이 요구되기도 하는 등 조선족사회(코리아타운) 내의 문제들도 대두되었다. 「코리아타운 1호 '서탑', 이대로 망할 건가?」라는 칼럼과 함께, '서탑이 망해야 조선족사회가

---

21) 『길림신문』, 「《중국통》이라 부르는 한국인 전홍진」, ('장춘한국사업거리', 코리아타운 건설 주역의 한국인 소개)(2007. 3. 31.), 『길림신문』, 「장춘 한국상업거리개설 1주년 기념행사」(2005. 9. 26.) 등의 관련기사가 있으나 최근에는 기사도 나오지 않으며 코리아타운이 조선족의 민족문화행사와 거의 무관한 것으로 보인다.

22) 이에 대한 자세한 내용은 다음을 참조. 『흑룡강신문』, 「흑룡강성 최대 코리아타운―서안구조선족집거구」, 2002. 11. 20.

그림 4 서탑 코리아타운과 서탑조선족문화주제가(西塔朝鮮族文化主題街) 위치

산다'라는 자조적인 말이 나오기조차 했다(신춘호, 2012: 246). 서탑을 청결한 거주상업공간으로 정화하자는 조선족과 한국인 상인들의 '新西塔運動'[23]에 이어 서탑이 위치한 심양시 화평구는 '서탑가도판사처'가 기획한 '서탑 조선족문화주제가 개조 프로젝트'를 추진했다.

서탑을 살리기 위한 민관의 노력이 전개된 가운데, 2012년 심양 한국주(韓國週) 행사에 '서탑가도판사처'가 지역의 음식점들의 협조 아래 '미식문화절' 행사를 시작했다. 화평구정부가 미식문화절을 위해 5천평방미터 부지(남경가와 영구서로의 교차지역)에 서탑특설무대와 풍물시장 등 행사장을 갖추고 또 행사장 내 홍보포스터 부착에서 행사안내 전단지 배포와 함께 서탑가와 주변거리에 중국과 한국 양국의 깃발을 내거는 등 축제분위기를 띄웠다. 제1

---

23) '新西塔運動'의 주요내용 : 서탑거리 정화운동, 지속적인 청소운동, 청소년선도, 방범활동, 방역활동, 불량간판 교체, 한국가짜상품 퇴출운동, 독거노인 쉼터 개설, 문화사업 전개.

그림 5 제1회 조선족미식문화절 비빔밥 만들기 행사

회 서탑조선족미식문화절을 기획, 추진한 서탑가도판사처 관계자는 서탑을 '중국조선족미식문화제1거리'로 만드는 데 있다고 그 목적을 밝힌 바 있다.[24]

한중/중한 수교 20주년 기념행사로 막을 올린 서탑조선족미식문화절은 8월 24일부터 28까지 초대형 비빔밥퍼포먼스를 시작으로 중한미식전, 조선족김치만들기, 한국특색문예공연 등 민족 색깔이 짙은 행사들을 펼쳤는데, 사실상 2012년 심양한국주의 하이라이트로 기획되었다. 이날 개막식에 심양시 정부 기명 부시장과 김석수 한국 전 국무총리를 비롯한 양국 정·재계 인사들이 개막식에 참여한 가운데 화평구당위 림강 서기가 개막식 축사를 맡았다. 그는 "서탑은 심양조선족들의 집결지이면서도 200여 개 찬음오락시설들이 갖춰진 심양시 레저문화벨트"라면서 "조선족미식문화절을 계기로 조선족음식문화를 심양에서 나아가 전 세계로 널리 알리길 바란다"고 했다. 개막식에 이어 시민들과 매체들의 주목이 집중된 비빔밥퍼포먼스가 미식문화절 첫 행사로 선보였다. 한국의 유명요리사가 하루 동안의 시간을 들

---

24) 『료녕신문』, 2012. 8. 24.

여 제작한 비빔밥은 무려 2012인분의 초대형 비빔밥으로 비빔밥에 들어간 고추장만 40근, 비빔밥을 버무리는 데만 10여 명의 인력과 20여분의 시간이 소요되었다. 비빔밥을 맛보려고 20~30미터의 긴 줄을 서야 했다. 또 미식문화절 행사장에 함께 자리한 중한풍물거리도 미식문화절을 맞아 민족음식코너를 대거 선보여 사람들의 관심을 끌어 심양한국주 서탑행사장은 하루종일 인파로 북적였다. 8월 24일부터 28일, 5일 동안 미식문화전, 중한미식전 및 조선족김치담그기체험, 전통공연 등 다채로운 행사들이 이어져 시민들에게 풍성한 볼거리와 먹거리를 제공했다.[25]

　　2012년 심양한국주는 2011년의 양상과 달랐다. 행사의 주체가 한국인에만 국한되지 않고, 조선족사회가 적극 참여한 점이다. 특히 심양서탑조선족미식문화절 행사의 성공과도 관련이 있다고 보아야 할 것이다. 2013년 7월 5일부터 7월 9일까지 개최된 행사는 아예 '2013 심양한국주 및 제2회 심양서탑미식문화제'로 행사의 주제가 확대되었다. 종전의 한국주 행사보다도 2012년에 큰 성황을 이룬 미식문화절 행사가 주역이 되어갈 수 있음을 보여준 대목이었다.

　　2013 심양한국주는 7월 4일 심양 둔안신일성(盾安新一城)에 자리잡은 CJ CGV영화관에서 영화제로 시작되었다.[26] 영화제 개막식에는 주심양한국총영사관 양계화 영사, 재심양한인회 이재선 수석부회장, 요녕성중한우호협회 강홍인 부비서장, 심양시조선족련의회 길경갑 회장 등이 참석했는데, 심양한국주가 심양시의 대표축제로 되고 있는 가운데 영화제를 통해 심양시민들이 한국영화[27]를 체험하고 한국을 이해하는 계기가 되고 양국에 각기 한풍(漢風)과 한류(韓流)가 일고 있는 가운데 영화제와 같은 문화행사가 양국 간의 문화교류를 더욱 활성화하고 경제발전을 이룩할 수 있을 것이라는 축사가

---

25) 『료녕신문』, 2012. 8. 28.

26) 7월 4일 저녁에는 2013 심양한국주 전야제인 중한 록 페스티벌도 개최되었다.

27) 상연된 영화는 다음과 같다: '타워', 'IAM', '연가시', '전설의 주먹', '오싹한 연애'

그림 6 2013 중국심양한국주 제2회 심양서탑미식문화제 개막식

행해졌다.[28]

　　7월 5일 오후 1시 심양 화평구 서탑특설무대에서 공식 개막된 2013 심양한국주 및 제2회 심양서탑미식문화절에 한중 양국 인사들이 대거 참여했는데, 화평구위 서기 왕홍도가 주최측을 대표해 환영사를 하였다. 그는 "12회째 개최되는 심양한국주는 중한 양국 인민의 두터운 우정을 자랑하는 명절로, 심양지역의 대외개방과 문화교류의 살아있는 무대로 거듭나고 있다"고 언급하고, "화평구는 유구한 역사와 짙은 민족풍속을 자랑하는 서탑을 보다 조선족 특색이 짙은 '코리아타운'으로 건설하기 위해 최선을 다하고 있다"고 강조했다.[29] 심양시(화평구)정부가 서탑 코리아타운을 중국과 한국의 상호협력, 문화교류의 전진기지로 적극 활용하겠다는 의지를 표명한 것이다.

　　2014년 7월 18일 개최된 2014 심양한국주 및 제3회 심양서탑미식문화절은 양국 귀빈들이 함께 무대에 올라 찰떡치기를 하는 색다른 퍼포먼스로 시작되었다. 이번에도 개막행사로 준비한 2014 비빔밥퍼포먼스가 거행되었다. 한국측 귀빈(안종기, 문대성, 안홍준 국회의원과 신봉섭 심양한국총영사, 이성희 심양한국인회 회장)들은 축사를 통해 한중 양국의 경제, 문화방면에서의 우호협력관계를

---

28) 『료녕신문』, 2012. 7. 5.

29) 『료녕신문』, 2012. 7. 9.

재차 강조하면서 한국주라는 플랫폼에서 공동의 문화적 체험을 통해 이루어진 양국 국민의 유대감이 한중우호에 큰 힘이 될 것이라고 강조했고, 심양시 정부를 대표한 심양시 항게 부시장은 환영사에서 현재 심양에서 장기 체류를 원하는 한국인이 만 명을 넘어섰고 많은 한국인들이 서탑에서 서울의 느낌을 찾고 있음을 언급하면서 중한경제문화교류의 축제로 한국주가 갖는 의미와 작용을 높이 평가했다.[30]

심양 조선족사회는 한국 해외한민족연구소의 후원으로 1994년부터 추석명절을 기념하여 9월 셋째 주 토요일에 심양조선족민속절 행사를 가져왔다. 1만 명 이상이 참여하는 민속절행사는 심양조선족사회의 대표 행사와 다름 아니다. 그러나 2002년 심양한국사회가 주최해온 심양한국주의 일환으로 2012년부터 시작된 심양 서탑음식문화축제는 그동안 침체에 빠졌던 서탑 심양한국주가 심양지역 조선족들과 심양 거주 한국인들이 공동참여로 이루어낸 '심양현상'의 함의를 다시 확인했다.[31] 또한 새로운 스토리, 한민족 음식문화이야기를 매개로 한 점에서 주목을 받고 있다. 그러나 심양 서탑 코리아타운 음식문화축제는 서탑 코리아타운의 역사와 더 나아가 한중관계사에서 차지하는 서탑/심양의 역사를 담는 스토리텔링 축제로 한 단계 발전되어야 할 것이다.

3) 오사카 이쿠노 코리아타운 축제

2014년 11월 9일(일) 오사카의 이쿠노(生野区) 코리아타운에서 제7회 이쿠노 코리아타운 축제가 열렸다. 축제(마쓰리)가 열린 이쿠노는 일본 오사카시를 구성하는 24개 구 중 하나로 오사카 시의 동남부에 위치하고 있는데 특히 이쿠노의 쓰루하시(鶴橋) 지역은 많은 재일코리안이 사는 곳으로 유명하

---

30) 『료녕신문』, 2014. 7. 23.
31) 임영상, 「심양 서탑 코리아타운의 변화와 민족문화축제」, 『중국학연구』, 제70집, 2014, 457쪽.

다. 주민의 4명 중 1명이 재일코리안인 이곳에서는 이미 1983년에 이쿠노 민족문화제가 시작되었다. 이쿠노 민족문화제는 '하나가 되어 기르자, 민족의 문화를, 넋을'이라는 구호를 내걸고 매년 개최되었으며 고사를 지내는 것으로 시작해 마당극과 탈춤, 부채춤 등을 선보이고 씨름, 널뛰기와 같은 한국의 전통놀이 대회를 여는 등 민족적인 색채가 강한 프로그램들로 구성되었다(고정자·손미경, 2014: 15~26). 이쿠

그림 7 2015 이쿠노 코리아타운 축제 행사 팜플렛

노 민족문화제는 차별 속에서 자신의 존재를 드러내면서 살기 힘들었던 당시 일본 한인사회에 큰 반향을 일으켰다. 1985년에 원코리아페스티벌(오사카), 1990년에는 나가타 마당(고베), 히가시구조 마당(교토), 삼일문화제(후쿠오카) 등 일본 전국에 한반도와 관련된 축제가 수십 개나 등장했다.[32]

　　이쿠노 코리아타운을 중심으로 한국문화를 발신했던 이쿠노 민족문화제는 2002년 제20회를 마지막으로 그 막을 내렸다. '조선시장'인 이쿠노의 미유키모오리 상점가가 1993년 코리아타운으로 거듭났고 일본학생들의 문화체험 탐방 현장이자 한류의 성지로 변화하면서, 2008년부터 매년 11월에 코리아타운에서는 상점가 주최로 다문화공생을 추구하는 축제가 개최되고 있다. 2008년에 동상점가와 중앙상점가가 함께 시작한 제1회 이쿠노 코리아타운 축제의 이름은 〈좋아요 코리아타운 공생 마쓰리〉였다. 2009년부터는 서상점가도 연합하는데 제2회 때까지 같은 이름으로 열리다가 2010년에는

32) 고정자·손미경, 「한국문화의 발신지로서의 오사카 이쿠노 코리아타운」, 임영상 외, 『코리아타운과 한국문화』, 북코리아, 2012, 164쪽.

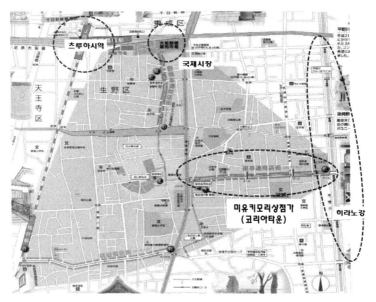

그림 8 츠루하시역-국제시장-미유키모리상점가

〈코리아타운 공생 마쓰리〉, 2011년에는 〈오사카 이쿠노 코리아타운 공생 마쓰리〉로 각각 명칭이 변경됐고 2012년부터는 '공생'이라는 단어에 정치적인 이미지가 내포돼 있다는 의견이 제기되어 이 단어를 빼고 〈이쿠노 코리아타운 마쓰리〉라고 부르고 있다.

축제는 일반적으로 일상을 벗어나는 의식이다. 그러나 이쿠노 코리아타운 축제는 축제가 열리는 공간 자체가 그들의 생활공간인 상점가이다. 평소와 다른 점이 있다면 풍물 길놀이로 아침을 시작한다는 것이다. 물론 할인이나 시식 행사를 하기도 하고 상점 앞에 설치해 놓은 진열대 앞에서 한복을 입고 물품을 홍보하기도 하고, 평소보다 조금 늦게 문을 닫으며 축제 기분을 내기는 하지만 평소와 같이 자신들의 음식과 물품을 판매했다.

이쿠노 코리아타운 축제는, 뉴욕 플러싱의 퀸즈다문화축제와 마찬가지로 블록(상점가) 파티 형식이면서 상점가와 그 뒤편 공원에 설치된 무대에서 동시에 축제가 진행된다는 특징을 가지고 있다. 축제는 오전 10시 30분 상점가에서 풍물 길놀이로 시작해 오후 4시 30분 공원에서의 무대행사로 마무리되었다. 늘 같은 방식이다. 무대설비를 해체한 후의 뒤풀이 행사도 공원 옆 미유키모리회관에서 이루어지는데, 축제는 상점가의 상행위에 어떤 방해도 주지 않으면서 오히려 매출을 크게 올려주었다.

2014 이쿠노 코리아타운 축제는 예년과 같이 상점가에 차량통행을 제한한 거리/블록 축제였고 상인들이 공원에서 개최된 제주MBC 프로그램의 일환으로 장기자랑에도 참여했다. 또 수년째 코리아타운 축제를 찾아 일본의 한류팬들이 반가식공방 2층 갤러리 도래에서 스스로 부담하여 한류스타 그림전시회도 가졌다.[33] 그러나 뉴욕 플러싱이나 심양 서탑 코리아타운의 축제에서 보았던 흥겨움이나 와자지껄한 모습과는 거리가 있었다. 늘 같은 프로그램을 준비하는 일본 축제의 특징이기도 하다. 그럼에도 불구하고 이쿠노 코리아타운의 스토리를 담은 축제 프로그램의 부재가 아쉬웠다.

3. 코리아타운 축제의 발전과 스토리텔링

필자는 2008년부터 일본, 중국, 미국의 코리아타운들을 방문했다. 코리아타운은 일본과 중국과 미국 속의 '작은 한국'을 이루었지만, 한국과는 다른 한국이었다. 이문화 교류의 현장이었다. 따라서 코리아타운 축제는 해당 코리아타운의 역사를 알리는 '스토리'가 축제 프로그램에 녹아져야 하지 않을까 생각했다. 특히 한국의 명절과 관계없이 열리는 축제에서 더 나아가 지역의 코리아타운 이야기를 읽을 수 있는 프로그램이 필요하다는 생각이다.

2014년 11월 9일 오사카 이쿠노 코리아타운 축제에 학생들과 함께 참여

---

33) 일본의 한류팬들이 재일코리안의 예술전시 공간으로 개방되고 있는 반가식공방 2층 갤러리 도래에서 해마다 전시회를 갖게 된 것은 고 홍여표의 딸인 홍정숙의 노력 덕분이다. 홍정숙은 부친의 일을 도와 코리아타운을 만드는 일에 참여하다 독립하여 한국의 전통문화(차와 한과 등)를 소개하는 흐르는 천년과 한국의 현대문화를 소개하는 연카페, 그리고 한식강좌를 여는 연키친을 운영하고 있다(임영상, 「코리아 타운과 한류: 오사카 코리아타운의 노력」, 『2014 청춘한류컨퍼런스』, 2014. 20~24쪽).

그림 9 코리아타운 속의 〈반가식공방〉
옛 간판과 내부홀 및 김치교실(왼쪽), 2층 갤러리 도래가 보이는 현재 모습(오른쪽)

했다. KBS World Radio 한민족네트워크 팀도 함께 갔다. '한민족과 축제' 프로그램을 함께 진행했던 필자가 제작팀에게 이쿠노 코리아타운 축제 참여를 권유한 것이다. 2015년 한일 수교 50주년 기념 신년특집, 「한일관계, 이쿠노 코리아타운에서 길을 찾다」 2부작이 기획, 제작되었다.[34] 1부작은 《홍가네 사람들》, 2부작은 《오사카 이쿠노 축제에서 찾은 공생의 길》이었는데, 《홍가네 사람들》은 이쿠노 코리아타운을 만드는 데 크게 기여한 고 홍여표의 가족과 이쿠노 코리아타운 사람들의 이야기를 담았다.

오사카 이쿠노 코리아타운의 경우, 특별히 '이문화교류'의 공간으로서 역할을 수행해온 '반가식공방'과 재일 민족문화예술 공간으로서 역할을 수행하고 있는 '갤러리 도래' 등이 코리아타운을 찾는 사람들에게 잘 소개될 필요가 있었다. 2015 오사카 이쿠노 코리아타운 축제는 KBS World Radio 한민족네트워크 팀이 제작한 라디오 프로그램 《홍가네 사람들》의 내용을 공원 무대의 상황극으로 만들어도 좋을 것이다.

뉴욕의 퀸즈다문화축제와 심양의 서탑음식문화축제 또한 코리아타운

---

34) http://world.kbs.co.kr/korean/event/specialprogram/index.htm?No=234

플러싱과 서탑의 역사를 만들어 온 코리아타운 사람들을 주제로 한 문화콘텐츠를 기획할 수 있을 것이다. 뉴욕의 경우, '한인타운 플러싱의 토박이 홍종학'[35] 등의 이야기를 담을 수 있을 것이다. 심양의 경우, 『심양교민20년』의 '기업 및 기업의 역사' 편에 나오는 「신바람나는 중국생활 20년」[36]의 주인공인 신생활집단(중국)유한공사 안봉락 회장 등의 생애 이야기를 담을 수 있을 것이다.

그림 10 퀸즈칼리지 재외한인사회연구소가 간행한 북미한인 도서1권의 표지

2000년 새천년과 함께 CIS 고려인 연구를 시작한 한국외대 연구팀은 이미 10년 전부터 한국정부가 재외한인연구를 위한 재외동포기록관을 운영해야 한다고 주장한 바 있다. 이제까지 한국의 재외동포재단은 재외동포네트워크 구축에 많은 예산을 투입해왔다. 그런데 현재 운영 중인 코리안넷[37]은 재외한인사회의 일부 명망가, 혹은 적극적인 참여자만의 간단한 정보가 담겨 있을 뿐이다. 이런 이유로 외대 연구팀은 재외동포기록관은 동포들의 개인사 관련 기록을 기증 받아 이를 사회적, 지적 자원으로 전환시켜야 한다고 주장한 것이다. 특히 동포사회에서 모범이 될 만한 '롤 모델적인' 개인들의 기록을 적극 수집하자고 했다. 아울러 재외동포기록관은 동포 스스로가 개인과 집단 활동의 기록을 보존하

35) 조종무, 『씨를 뿌린 한인들: 인물로 엮은 미 동부지역 한인이민사』, 한미헤리티지재단, 2013, 114~123쪽.

36) 김영우 총편, 『심양교민20년: 심양한인사회 20년의 발자취』, 재중국선양한국인(상)회, 2013, 200~203쪽.

37) http://www.korean.net

도록 촉진하는 역할을 자연스럽게 담당할 수 있게 해야 한다고 주장했다.[38]

그런데 필자는 최근 한국정부가 아니라 재외한인사회 스스로 사실상 기록관을 운영하고 있음을 목도하고 있다. 뉴욕시립대 퀸즈칼리지 재외한인사회연구소가 운영하는 Korean American Data Bank가 그러하다.[39] 물론 아직 연구소가 생산한 자료 중심이지만, 지난해에는 18인의 재미한인의 미국 생활이야기를 한국어-영어로 책을 간행했다. 『재미한인사회에 힘을 실어준 한인들』이라는 주제를 통해 알 수 있듯이 정치인 또는 시민운동가 중심이다. 연구소는 미국에서 활동 중인 '한국어교사 이야기'를 준비하고 있는데, 결국 코리아타운 이야기를 풍성하게 해줄 것으로 기대된다.

재외한인사회 현지에서 생산된 기록은 현장에서 직접 수집되지 않을 경우 얼마 지나지 않아 그들의 활동 자체가 사장될 수밖에 없다. 역사적으로 중요한 시간들을 살았던 동포들이 급속히 세상을 떠나고 있어 기록의 보존이 시급하기 때문이다. 이런 점에서 「가와사키 재일코리안 생활문화자료관」[40]은 우리에게 시사하는 바가 크다. 가와사키 재일코리안 생활문화자료관은 가와사키시 오오힌 지구에 있는 후레아이관(커뮤니티센터)을 거점으로 하는 시민단체 〈가와사키 할머니, 할아버지와 2000명의 네트워크〉가 2000년 4월 인터넷 공간에 설립한 사이버박물관이다. 자료관 사이트의 주요 자료는 ① 문장(구술자 기록 및 구술자에 관한 기본정보, 전시물 해설 문자·음성 데이터), ② 물건과 그림(구술자의 사진과 지도, 생활재, 건물 등 사진·영상 데이터)이다.[41]

38) 임영상·방일권, 「고려인 연구와 영상물, 영상아카이브」, 『인문콘텐츠』, 제4집, 2004, 135~139쪽.
39) http://www.koreanamericandatabank.org/
40) http://www.halmoni-haraboji.net
41) 임영상, 「동북의 조선족문화관과 콘텐츠 기획」, 『역사문화연구』, 제44집, 2012, 32~35쪽.

17歳のとき、百姓するより日本に嫁に行くのがいいと姉に勧められて

《戦争っていうの、もうこりごりだ！》

　いちばん、初めてできた子どもは、男の子。わたしが18の歳の晩に、これが12時になっとればね‥‥‥　続き

<肉声聞けます>

チョン・スネさん
（女性　82歳か83歳）

足跡：忠清南道→長崎→佐賀→川崎

炭鉱労働に徴用された（18歳）

〈炭鉱のようすを問われて〉

　日本に来たとたん、戦争が始まった。だから全部配給ですよ。炭鉱は九州の神代炭鉱で働いていた。事故もあって、さっきまで一緒にいた人が亡くなったりした。‥‥‥　続き

<音声データなし>

ハ・チャジュさん
（男性　84歳）

足跡：韓国ケジョン→熊本→島根→
大阪→川崎

그림 11 가와사키 재일코리안 생활문화자료관의 개인별 구술내용(캡처 화면)

그림 12 가와사키 재일코리안 생활문화자료관의 자료실 항목 코너(캡처 화면)

4. 맺음말

KBS World Radio 2015년 한일 수교 50주년 기념 신년특집(「한일관계, 이쿠노 코리아타운에서 길을 찾다」2부작)을 기획하면서, 필자는 코리아타운 지식맵(Koreatown Knowledge Map)의 필요성을 확인했다. 지식맵은 다양한 문화자원을 분류하고 구조화하여 의미론적인 연관 관계를 설정함으로써 비구조화되고 분산되어 있는 정보를 효율적으로 통합, 검색하고 네비게이션하기 위한 방법론이다. 아래는 지식맵의 전체 구조도이다.

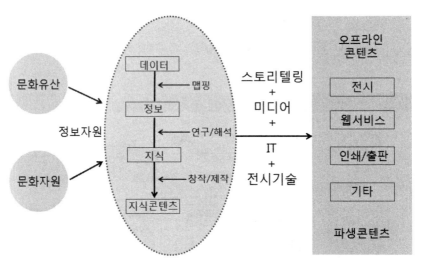

그림 13 지식맵 구조도(출처: 김동훈, 2013: 74)

여기에서 지식콘텐츠는 정보자원의 양태와 속성을 표현하기 위하여 사용되는 데이터, 정보, 지식, 지식정보의 총체를 포함하는 형태이며, 이러한 데이터, 정보, 지식, 지식정보를 서비스가 가능한 형태로 묶어낸 산출물이다. 지식콘텐츠는 웹상에서 백과사전이나 인명사전 등의 형태로 서비스 될 수도 있으나 모바일콘텐츠, 출판콘텐츠의 형태로 재구성되어 제공될 수도 있다. 또한 지식콘텐츠는 스토리텔링을 추가하여 지식정보의 체험적 효과를 높일 수 있는 이야기 위주의 콘텐츠로 만들어지는 것도 가능하다. 이러한 이야기는 다시 다양한 미디어와 구현기술을 통해 새로운 파생 콘텐츠를 생산할 수 있다.[42]

'세계 속의 작은 한국' 코리아타운 이야기를 라디오나 TV, 만화와 애니메이션, 뮤지컬과 거리상황극 등 다양한 플랫폼에 맞게 스토리텔링하기 위해서는 코리아타운의 역사문화자료/기록들을 스토리텔러(Storyteller)가 손쉽게 활용할 수 있도록 '자원화'되어야 하기 때문이다.

---

42) 김동훈, 『문화정보 관리·유통체계를 위한 기초 연구』, 한국문화정보센터, 2013, 74쪽.

고정자 · 손미경, 2014, 「오사카 재일코리안 사회와 축제: 이쿠노 민족문화제를 중심으로」, 『힌민족공동체』, 제21호.

고정자 · 손미경, 2012, 「한국문화의 발신지로서의 오사카 이쿠노 코리아타운」, 임영상 외, 『코리아타운과 한국문화』, 북코리아.

민병갑 · 주동완, 2012, 「뉴욕 플러싱, 베이사이드 지역의 한인타운」, 임영상 외, 『코리아타운과 한국문화』, 북코리아.

신춘호, 2012, 「심양 '서탑' 코리아타운과 한국문화」, 임영상 외, 『코리아타운과 한국문화』, 북코리아.

위군, 2012, 「청도 코리아타운과 한국문화」, 임영상 외, 『코리아타운과 한국문화』, 북코리아.

임영상, 2014a, 「오사카 코리아타운의 노력」, 『2014 청춘한류컨퍼런스자료집』.

임영상, 2014b, 「심양 서탑 코리아타운의 변화와 민족문화축제」, 『중국학연구』, 제70집.

임영상, 2012, 「동북의 조선족문화관과 콘텐츠 기획」, 『역사문화연구』, 제44집.

임영상 · 방일권, 2004, 「고려인 연구와 영상물, 영상아카이브」, 『인문콘텐츠』, 제4집.

주동완, 2012, 「뉴욕 플러싱 코리아타운의 디지털화를 위한 기초 연구」, 임영상 외, 『코리아타운과 한국문화』, 북코리아.

주동완, 2014, 「뉴욕의 한인 사회와 축제」, 『한민족공동체』, 제21호.

김동훈, 2013, 『문화정보 관리 · 유통체계를 위한 기초 연구』, 한국문화정보센터.

김영우 총편, 2013, 『심양교민20년: 심양한인사회 20년의 발자취』, 재중국선양한국인(상)회.

조종무, 2013, 『씨를 뿌린 한인들: 인물로 엮은 미 동부지역 한인이민사』, 한미헤리티지재단.

『길림신문』, 2007. 3. 31., 2005. 9. 26.

『뉴시스』, 2014. 6. 8., 2013. 6. 16.

『뉴욕일보』, 2013. 6. 17., 2013. 6. 13.

『료녕신문』, 2014. 7. 23., 2012. 8. 28., 2012. 7. 9., 2012. 7. 5.

『흑룡강신문』, 2011. 11. 20., 2011. 4. 12.

심양시정부 http://www.shenyang.gov.cn/web/resource/hlzd-hw/hlzd-hw-03.htm(검색일 2015. 3. 20.)

KBS World Radio http://world.kbs.co.kr/korean/event/specialprogram/index.htm?No=234(검색일 2015. 3. 19.)

재외한인사회연구소 http://www.koreanamericandatabank.org/(검색일 2015. 3. 21.)

가와사키 재일코리안 생활문화자료관 http://www.halmoni-haraboji.net(검색일 2015. 3. 21.)

저자 소개

임영상

한국외국어대학교 지식콘텐츠학부 및 대학원 글로벌문화콘텐츠학과 교수. 1988년 8월 서울대학교
대학원 서양사학과에서 문학박사 학위를 받았다. 2000년부터 CIS 고려인, 중국 조선족 등 재외한인
연구를 수행 중이며, '인문학의 위기' 타개와 관련 응용인문학의 한 영역으로 문화콘텐츠학에 많은
관심을 기울이고 있다. 2008년부터 재외한인연구와 문화콘텐츠연구의 결합으로 세계의 코리아타운
연구를 국내외 연구자들과 공동으로 수행하고 있으며, 『코리아타운과 한국문화』(북코리아, 2012)를
편저했고 그 후속 과제로 『코리아타운과 축제』를 준비해왔다. 또한 지난 8월에 2008~2014년 기간
수행해온 중국 조선족 연구를 『동북의 조선족사회와 조선족문화관』(신서원, 2015)으로 묶어 간행했
다(2007~2008년 인문콘텐츠학회 회장 역임, 2011~2012년 재외한인학회 회장 역임).
이메일주소: ysyim52@daum.net

Part 1

미국의
코리아타운과 축제

1

로스앤젤레스(LA) 한인사회와 축제*

박 정선(캘리포니아 주립대학교-도밍게즈 힐즈, 아시아·태평양학과 교수)
김 바바라(캘리포니아 주립대학교-롱비치, 아시아·아시아계미국인학과 교수)

1. 머리말

　　LA 한인사회의 역사는 한국인의 미국 이민이 시작된 20세기 초까지 거슬러 올라가지만, 본격적인 대규모 이주가 시작된 것은 1965년에 미국의 이민법이 개정된 이후이다. 이민법 개정으로 오랫동안 이민이 금지되거나 제한되었던 아시아인들도 다시 미국으로 이주할 수 있게 되었고, 미국에 연고가 없는 이들에게도 전문직 등을 통해 자력으로 이주할 기회가 생겼다. 또한 가족을 통한 이주의 문도 더욱 크게 늘어난 만큼 1965년 이후 한국인들의 미국 이주는 놀라울 정도로 증가하였고, 21세기에도 약간의 부침은 있지만, 계속적으로 인구의 유입이 지속되는 추세이다.[1]

　　LA 지역은 그중에서도 한인들의 수가 가장 많고, 또한 역동적으로 변화해 오고 있는 곳이다. 보통 LA라고 칭하지만 이는 LA시와 LA 카운티, 또 바로 옆에 위치하고 있는 오렌지 카운티(Orange County) 등을 모두 아우르는 대단히 광범위하고 행정적으로 구분되는 지역들을 함께 편의적으로 통칭해서 부

---

*　이 글은 『한민족공동체』 제22호(2015. 1)에 실린 것을 보완한 것임.
1)　미국 이민법의 변천과 아시아인의 미국 이주에 대해서는 Hing(1994)을 참조할 것. 1965년에 개정된 미국 이민법은 전문직뿐만 아니라 비전문직 노동자도 이주할 기회를 열어 놓았다.

르는 명칭이다. 자주 뭉뚱그려 부르기는 하나 이들 지역들은 행정적으로는
물론, 경제, 사회, 인구, 문화적으로 매우 다른 전통과 특성을 가진다. 한인사
회도 마찬가지이다. 비록 바로 옆에 위치해 있고 일상적인 교류가 활발하다
고는 하지만 오렌지 카운티 지역의 한인사회는 LA 지역의 한인사회와는 다
른 성격을 지니고 있다. 특히 한인타운(코리아타운)으로 지칭되는 LA시 서쪽의
한인 상업, 문화 중심 지역과는 상당히 구별되는 특징을 지니고 있다. 따라
서 이 글에서는 LA 한인사회를 LA 코리아타운을 중심으로 하는 지역과 오렌
지 카운티의 한인 밀집 지역으로 구분하여 각 지역사회를 중심으로 한인축
제를 논의하고자 한다. 그러한 비교를 통해 한인사회의 다양성과 인구, 경
제, 문화적 변화의 추이를 살펴보고 그와 연관하여 한인축제가 가지는 의미,
역할 등을 고찰해 보고자 한다.

2. LA 한인사회와 축제

1) LA 한인사회 – LA 한인타운을 중심으로

(1) 한인타운의 역사

    2010년 미국 인구 통계에 의하면, LA 카운티에 거주하는 한인 인구는
230,876명이라고 하는데 72%가 미국이 아닌 곳에서 태어난 이민자이다.[2]
이는 카운티 내에서 중국계와 필리핀계의 뒤를 이어 세 번째로 큰 아시아계
인구이다. 이들 중의 일부는 LA 한인타운이라고 불리는 지역에 거주하고 그

---

[2] Asian Americans Advancing Justice – Los Angeles, 2013, A Community of Contrasts:
Asian Americans, Native Hawaiians and Pacific Islanders in Los Angeles County, Los
Angeles: Asian Americans Advancing Justice – Los Angeles, https://www.advancing
justice.org/sites/default/files/CommunityofContrastsLACounty2013.pdf.(검색일
2015.1.15.) pp. 9–12.

보다 훨씬 더 많은 수의 한인들이 그 한인타운에서 생업에 종사한다. 다시 말해 LA 한인타운은 한인들에게 거주 중심지는 아니지만 중요한 경제 중심지이며 상징적 의미가 있는 곳이다. LA 한인타운은 LA시 중심부에서 서쪽으로 얼마 떨어지지 않은 곳에 위치하고 있다. 한인타운의 경계는 계속 변하고 또 확장하고 있기 때문에 분명하게 정의하기는 어려우나, 2012년에 출간된 남가주대학의 PERE(Program for Environmental and Regional Equity) 프로그램과 KIWA (Koreatown Immigrant Workers Alliance)의 공동 보고서는 다음과 같은 지역을 현재의 한인타운이라고 보고 있다: 동쪽으로는 후버길(Hoover Street), 서쪽으로는 윌튼 플레이스길(Wilton Place), 북쪽으로는 비벌리대로(Beverly Boulevard), 그리고 남쪽으로는 피코대로(Pico Boulevard)를 경계로 하는 지역.[3]

하지만 한인타운은 지금도 계속해서 특히 동서로 확장되고 있는 만큼, 확실하게 정해진 경계를 그리기가 어렵고 또 경계에 대한 다양한 의견들이 공존한다. 예를 들어, LA Times가 보는 한인타운의 경계는 PERE/KIWA 보고서와 북쪽은 비벌리길로 동일하지만 남쪽은 서올림픽길, 동쪽은 버질길, 그리고 서쪽은 일부에 크렌쇼우길을 포함하는 등 다른 입장을 취한다.[4] 마찬가지로 Center for Transit-Oriented Development의 보고서(2008)는 한인타운을 동으로는 버몬트길, 서로는 웨스턴길, 남북으로는 6가에서 12가 사이의 지역으로 규정하고 있다.[5] 동일하게 한인타운이라는 단어를 사용하지만 구체적인 경계에 대해서는 통일된 의견이 없는 셈이다. 이는 한인타운이 행정상의 구역이 아니기 때문이기도 하고 계속 변화해 가는 지역이기 때문

---

3) Sanchez, Jared, Mirabel Auer, Veronica Terriquez & Mi Young Kim. 2012. "Koreatown: A contested Community at a Crossroads". USC Program for Environmental and Regional Equity(PERE) and Koreatown Immigrant Workers Alliance(KIWA) report, p.3.

4) Data Desk, 2009, "Koreatown", Los Angeles Times. http://maps.latimes.com/neighborhoods/neighborhood/koreatown(검색일 2015. 1. 17.).

5) Center for Transit-Oriented Development, 2008, "SCAG Region: Compass Bluepint Case Study: Koreatown." http://www.reconnectingamerica.org/assets/Uploads/htai_koreatown.pdf.(검색일 2015. 1. 17.), p.4.

이기도 하다. 또한 규정하는 주체가 누구인가에 따라서도 경계는 달라진다. 예를 들어, 그곳에서 살거나 일하는 이들에게 묻는다면 매우 다양한 대답들이 나올 것이다.[6] 행정적으로 한인다운은 네 개의 council 구역으로 나뉘어져 있다는 사실 역시 한인타운이 가진 애매모호한 영역의 문제와 그것이 가진 정치적 함의를 시사해 준다(Linthicum 2012 참조).[7] 그런데, 경계를 어디로 보느냐에 따라 인구나 소득수준 등의 중요한 통계지표가 차이가 난다. 따라서 이 글에서는 PERE/KIWA 보고서에서 정의한 한인타운의 경계를 따르고 그에 따른 통계자료를 사용하도록 하겠다.

한인들이 LA에 정착하기 시작한 것은 1910년대까지 거슬러 올라가지만, Abelmann과 Lie(1995)에 따르면 현재 우리가 알고 있는 한인타운의 상징적 시작은 아마도 1971년에 서올림픽길(West Olympic Boulevard) 3122번지에 올림픽 마켓이 문을 연 것이라고 추정한다. LA 전역에서 많은 한인들을 불러 모으는 역할을 함과 동시에 올림픽 마켓은 한인들을 대상으로 하는 책방이나 이발소와 같은 여러 한인 비즈니스들을 주변으로 모이게 하여, 이를 기점으로 한인상권이 퍼져 나가기 시작했다는 것이다. 그리하여 1970년대 중반 무렵부터는 한인타운이라는 명칭이 인지되기 시작했다고 한다. 그리고 나중에 설명할 바와 같이 한인사회를 결집하고 서로 교류하는 장을 마련하고자 이 무렵(1974년) 첫 번째 한인축제가 열렸다.[8]

1970년대 이후 괄목할 만한 성장을 해 온 한인타운은 여러 변화를 거쳐 왔는데, 그중 가장 중요한 전환점은 아마도 1992년 로드니 킹 사건으로 일어난 4.29사태일 것이다. 그로 말미암아 많은 한인들이 삶의 터전을 잃었고 타

---

[6] 일반적으로 한인들이 한인타운이라 지칭할 때는 이보다는 좀 더 넓은 경계를 포함하는 경우가 종종 있다. 예를 들어, 기존 한인타운을 벗어난 곳에 한인 비즈니스가 몇 개 들어섰다면 그 쪽도 한인타운의 영역으로 포함시키는 식이다.

[7] Linthichum, Kate, 2012, February 1, "Proposed Koreatown Redistricting Debated" *Los Angeles Times*, http://articles.latimes.com/2012/feb/01/local/la-me-koreatown-redistricting-20120201(검색일 2015. 1. 17).

[8] Abelmann, Nancy and John Lie, 1995, *Blue Dreams*, p.100.

운도 파괴되어 20여년이 지난 지금도 그 여파가 알게 모르게 미치고 있는 중이다. 백인 경관들이 흑인인 로드니 킹을 폭행한 사건과 그에 대한 편파적인 법적 판정이 도화선이 되어 일어났던 4.29사태는 그러나 미국의 주류언론들이 당시 미국 일부 대도시에서 문제가 되고 있던 한·흑 갈등과 연결시키고 그를 강조해 보도함으로써 한인과 한인타운이 공격의 대상이 되었다. 게다가 많은 한인들이 4.29사태의 진원지이며 흑인 밀집 거주지역인 사우스 센트럴에서 장사를 하고 있었고, 그곳이 바로 한인타운에 근접해 있었기 때문에 한인타운은 더욱 막대한 피해를 입었던 것이다.[9]

미국의 고질적인 인종갈등과 그 파괴력을 피부로 체험한 4.29사태 이후에 한인들은 타 인종들, 특히 소수민족들과의 관계 개선에 많은 힘을 쏟았고 그들을 보는 시선 또한 많이 바뀌었다. 이는 다음 장에서 보다 자세하게 다루게 될, 한인타운이 가지는 인종/민족적 다양성과 맞물려 한인 비즈니스의 성격, 노동문제(특히 고용인/피고용인 관계), 정치지형도 등을 변화시켜 왔으며 한인축제의 성격에도 영향을 끼쳤다.

다른 한편으로는 한국과의 긴밀한 경제, 문화, 정치적인 연결은 더욱 강화되어 왔다. 이민자뿐 아니라 학생, 주재원, 관광객 등의 유입도 계속 증가하고 있다. 한류를 중심으로 한 한국대중문화의 소비도 그 어느 때보다 활발하며, 정치적으로도 재외국민의 참정권이 인정됨에 따라 한층 더 한국과 밀접한 관계를 유지하게 될 가능성이 크다.

(2) 인구, 경제, 사회, 문화

LA 한인타운은 ethnic enclave이기는 하지만 차이나타운 같은 전형적인 의미의 한인 집단 거주지역은 아니다. 거주자 인구라는 면에서 본다면 한인은 한인타운에서 소수 그룹이다.[10] 앞서 언급한 PERE/KIWA 보고서에 의

---

9) LA 한·흑 갈등에 관한 논의는 Chang(1999) 참조.

표 1 LA 한인타운의 인종/민족에 따른 인구구성(2008~2010년)

인종/민족	백분율
라티노	58%
한인	22%
한인 이외의 아시아 태평양계	9%
백인	6%
흑인	4%
기타	2%

출처: PERE analysis of 2008~2010 IPUMS ACS data[11]

하면, 2008~2010년을 기준으로 한인은 전체 한인타운 인구의 22%에 불과하다. 단일한 국가배경을 가진 인구로는 한인타운에서 가장 크지만 다양한 중남미 국가들(멕시코, 엘살바도르, 과테말라 등) 출신들을 합해 58%에 달하는 라티노 인구를 고려하면 한인타운이라는 용어가 무색해질 지경이다. 다수를 차지하는 라티노 외에 흑인, 백인 등의 인구가 각각 4%와 6%, 그리고 다른 아시아 태평양계가 약 9%를 차지한다(〈표 1〉 참조).[12]

이런 거주자 인구 분포에도 불구하고 한인타운이 한인타운일 수 있는 것은 이곳이 한인들의 대표적인 상업 중심지역이기 때문이다. 1970년대부터 꾸준하게 증가해 온 한인 비즈니스들이 이곳 경제의 중심이다. 그러나 한인타운에서 비즈니스를 하는 대부분의 한인들은 오렌지 카운티를 포함한 외곽지역에 거주하고 있다. 물론 22%라는 숫자가 말해주듯이 한인타운에 거주하는 한인들도 꽤 되지만 LA 전체의 한인수를 고려할 때 이들은 소수이다. 주로 영어에 불편함이 있는 신규 이민자, 일용직 노동자, 혹은 연장자 등이 한인타운의 주거주층이다.

---

10) 한인타운이 형성된 초창기부터 한인은 인구적으로는 한인타운의 소수자 그룹이었다. Abelmann and Lie, p.100.

11) Sanchez et. al. 앞의 책, p.4.

12) 위의 책, p.3.

그런데 한인뿐만이 아니라 한인타운 거주자의 대다수는 외국에서 태어난 1세대 이민자들이며, 따라서 가정에서 주로 사용하는 언어가 영어가 아닌 경우가 상당히 많다. PERE/KIWA 보고서에 따르면 2005~2009년을 기준으로 약 49%에 달하는 가구가 영어에 불편을 느끼는 14세 이상의 가족구성원을 포함하고 있다. 소득면에서 보면 LA시나 카운티 전체에서 소득이 낮은 곳에 속한다. 또 2005~2009년을 기준으로 이들 중 거의 39%가 서비스 직종에 종사하는데 이는 LA 카운티 전체에서 서비스업 종사자의 비율이 27%임을 고려해 보면 무척 높은 수치임을 알 수 있다.[13] 전체적으로 한인타운 거주자들의 많은 수는 소득이 넉넉하지 않은 주로 남미와 아시아 출신의 이주자이며 낮은 임금을 받는 서비스업에 치중되어 있다고 볼 수 있다.

이런 인구구성에서 짐작할 수 있듯이 많은 한인타운 비지니스는 한인 주인과 비한인(주로 소수민족) 종업원으로 구성되어 있다. 요식업이라든가 한인 시장, 의류업 등에서 특히 많은 비한인 종업원을 고용하고 있으며, 이들은 주로 라티노들이다. 이런 한인타운 노동시장의 구조 때문에 때로 한인과 라티노들 사이에 노사문제나 긴장관계가 형성되기도 했으나 1980년대와 90년대 일부에 형성되었던 한흑 갈등과 같은 심각한 수준으로는 번지지 않고 있다.

한인타운은 거주자들뿐만 아니라 소비자라는 측면에서 보아도 다민족, 다문화적인 곳이다. 물론 많은 비즈니스들이 한인들을 대상으로 하는 것은 사실이지만 식당이나 카페, 클럽 같은 곳은 타 인종, 타 민족들에게도 인기여서 다양한 종류의 사람들이 한인타운을 찾는다. 특히 한류가 한인이나 아시아계 미국인을 넘어 다양한 인종/민족 배경을 가진 이들 사이에서 인기를 얻게 되면서 LA 한인타운과 한인타운이 제공하는 음식, 문화, 엔터테인먼트 등에 관심을 갖는 이들이 늘어나고 있다.

---

13) 위의 책, p.5~7.

(3) 한인타운의 변화 및 시사점

초기의 한인타운이 한인들의 생활에 필요한 서비스나 기관을 중심으로 형성되었다면, 오늘날의 한인타운은 보다 다양한 사람들을 대상으로 서비스를 제공하고 있다. 위에 언급한 바와 같이 한국 음식이나 엔터테인먼트를 한인타운에서 즐기는 비한인인구도 많이 늘어났다. 이는 한인들의 이주 역사가 길어지면서 미국사회에서 자리를 잡는 것과도 관계가 있지만, 한편으로는 한류의 영향으로 한국문화나 음식에 관심을 갖는 이들이 늘어나는 것과도 연관된다. 또 지난 수년간 폭발적인 인기를 끌고 있는 한국음식을 파는 푸드 트럭이라든지 야시장(Night Market) 같은 새로운 시도도 LA 한인타운으로 관심을 돌리게 하는 원인이 되었다.

공간적으로도 한인타운은 계속 새롭게 변해가는 중이다. Center for Transit-Oriented Development의 보고서(2008)에 따르면, 한인타운은 1990년대 말부터 전례 없는 건축 붐을 경험해 왔다.[14] 비싼 콘도미니엄 건축부터 고급 상점이나 여가공간까지 새로운 주거와 상업시설이 들어서고 있다. 그리하여 영화관을 갖춘 새로운 복합문화공간도 세워지고 거주환경도 개선되어 한인타운을 떠나 있던 젊은이들이나 중산층 한인 인구의 일부가 다시 유입되기도 했다. 이는 한편으로는 보다 안전하고 쾌적한 거주환경이 이루어진다는 의미이지만, 다른 한편으로는 부동산이나 거주비용의 상승으로 저임금층 거주자들이 살기 어려워졌다는 의미이기도 하다.

다인종/민족 커뮤니티라는 현실에 발맞춰 비즈니스 외에도 지역민들을 대상으로 하는 서비스 기관들도 점차 한인이라는 경계를 넘어 타 인종, 타 민족들에 대한 서비스 및 도움을 제공하는 추세이다. 예를 들어 앞서 언급한 KIWA는 한인 노동자의 권익향상 도모를 목적으로 설립되었으나, 4.29사태

---

14) Center for Transit-Oriented Development, 2008, "SCAG Region: Compass Bluepint Case Study: Koreatown." http://www.reconnectingamerica.org/assets/Uploads/htai_koreatown.pdf. (검색일 2015. 1. 17) p.4.

가 일어나자 한인을 넘어서서 한인타운 거주 노동자 전체의 권익 향상을 위한 기관으로 위상을 재정립했다.[15] 이와 같이 한인타운이 다인종/다민족 지역이라는 점을 인정하고 한인뿐만 아니라 다른 커뮤니티 거주자들의 권익과 공생을 도모함으로써 지역사회 삶의 질을 높이고 갈등을 줄이려는 노력도 점점 가시화되고 있다. 이러한 노력은 한인축제에도 영향을 끼쳐 뒤에 논의할 바와 같이 점차적으로 한인만이 아닌 한인타운 사람들을 위한 축제로 만들기 위한 다양한 시도들이 이루어져 왔다.

한편, 한국과의 긴밀한 경제, 문화, 정치적인 연결은 더욱 강화되어 왔다. 이민자뿐 아니라 학생, 주재원, 관광객 등의 유입도 계속 증가하고 있다. 한류를 중심으로 한 한국대중문화의 소비도 그 어느 때보다 활발하며 정치적으로도 재외국민의 참정권이 인정됨에 따라 한층 더 한국과 밀접한 관계를 유지하고 있다. 이전의 신규 이민자와는 달리 요즘의 이민자는 LA 한인타운을 거치지 않고 교외 지역으로 곧장 이주하는 경우가 많이 늘었지만, 그래도 상징적 또는 실질적으로 LA 한인타운이 갖는 의미는 지속된다고 볼 수 있다. 한인들이 필요로 하는 비즈니스 및 서비스 기관들이 몰려 있고 영사관이나 문화원 같은 한국정부 산하기관들도 위치하고 있다. 따라서 LA 한인타운은 넓은 의미의 LA 지역 내의 다양한 한인 커뮤니티들을 잇고, 한인사회와 한국을 연결하는 역할의 구심점 노릇을 한다고 볼 수 있다. 특히 참정권 문제와 관련해 이 지역이 가지는 정치적인 역할은 더욱 강해지리라고 볼 수 있다.

2) LA 한인축제

(1) 역사, 변화와 시사점

LA 한인축제는 1974년에 처음 시작되었다.[16] 한인타운의 모습이 차츰

---

15) Sanchez et. al. 앞의 책, p.1.

16) LA 한인타운 축제의 자세한 연혁은 http://www.lakoreanfestival.org/history/를 참조.

자리 잡아가기 시작하던 시기에 현재 한인축제재단의 명예대회장인 김진형 씨가 한인들끼리 만남의 장을 마련하고자 시작했다고 한다. 초창기에는 '한 인끼리 모이는 게 재미있어서' 친목 위주로 만나 행사를 해오다가 1980년대 와 90년대에 들어 규모가 커지기 시작했고, 1999년에는 축제를 전담하는 LA 한인축제재단을 설립할 정도로 성장하고 자리가 잡혔다.[17] 2014년 행사가 41회를 맞이했을 정도로 LA 내에서도 오랜 역사를 자랑하는 민족축제이다.

LA한인축제재단에 따르면, 1972년에 설립된 '코리아타운 번영회'가 현 축제재단의 전신이라 할 수 있는데, 이 단체가 앞서 언급한 첫 LA 한인축제 를 개최하였다. 이후 1988년에 '코리아타운 교민회'로 명칭을 바꿔 1995년까 지 축제를 주관하다가 한인축제의 규모가 확대되자 '축제만 개최, 운용하는 기관의 필요성에 의해' 1999년에 현 재단을 설립했다.[18]

LA 한인축제는 처음부터 지금까지 한인타운에 위치한 서울국제공원 한 곳에서 계속 개최되어 왔다. 연속성과 이미지 구축이라는 측면에서는 긍정 적이지만, 축제의 규모가 커지다 보니 정해진 공간 안에 수많은 참가 부스를 적절히 배치시키는 일이 쉽지 않다고 한다. 이는 입장료를 받지 않는 축제의 성격과도 관련이 있다. 입장료가 없는 만큼 부스를 임대한 수익이나 기업의 후원에 의존해야 하는 특성상 정해진 공간에서 일정 수준 이상으로 부스의 숫자를 늘릴 수 없는 상황은 아무래도 부담으로 작용하는 듯하다. 개최 시기 는 주로 9월이나 10월인데, 이는 한국의 추석에 맞춰 한민족의 축제라는 의 미로 축제를 열어 왔기 때문이다.[19]

LA 한인축제는 한인들에게 정서적인 편안함을 제공해 주고 반가운 얼 굴들을 만날 수 있는 만남의 장이자 잔치로서뿐만 아니라 경제, 문화, 정치,

---

17) LA한인축제재단 관계자와의 인터뷰. 1980~90년대 무렵만 해도 '오면 다 만나게 될' 정도로 한인 사회 전체의 큰 잔치였다.

18) http://www.lakoreanfestival.org/foundation/

19) LA축제재단 관계자와의 인터뷰.

사회적인 여러 함의를 가지고 있다. 우선 경제적인 면에서는 한인타운과 LA 지역 경제에 기여하는 바가 크다. 예를 들어, 축제 예산이 약 100만 달러 정도라고 하면, 이 액수의 대다수가 다양한 방식으로 LA 한인사회에 풀려나가는 만큼 한인 경제 활성화에 도움이 된다고 볼 수 있다. 또한, 매년 한국에서 상인, 기업인, 정치인, 연예인 등 많은 방문객들이 오는데 이들이 호텔, 식당, 교통 등을 이용하면서 소비하는 돈은 한인타운뿐 아니라 LA 지역 경제에도 많은 도움이 된다. 축제 관계자에 의하면 매년 약 100여 개의 한국 중소기업/상인들이 온다고 하며, 이들 방문객들이 사용하는 비용을 고려하면 약 1,000만 달러 이상의 경제효과가 있다고 한다.[20]

더 나아가 LA 한인축제는 한국의 중소상인들과 지방 자치단체들에게 새로운 시장개척의 기회를 제공해 주기도 한다. 예를 들어 8년째 계속하고 있는 농수산물 엑스포 같은 경우, 지방의 소규모 생산자에게 축제를 통해 일시적으로 상품을 팔 수 있게 할 뿐만 아니라 미국시장에 진출할 수 있는 기회를 모색해 볼 수 있는 자리를 마련한다. 축제기간 동안 축제재단 건물의 한쪽에서는 상인들과 잠재적 바이어들과의 만남이 이어진다고 하며 그렇게 해서 기회를 얻어 Trader Joe's라는 유명한 체인마켓에 물품을 납품하게 된 사례도 있다고 한다.[21] 또 중소기업들에게는 미국시장을 테스트해 볼 수 있는 기회도 된다. 예를 들어 Nature Republic이라는 한국 중저가 화장품 회사는 LA 한인축제를 시장반응을 테스트하는 마켓으로 활용하기도 했다.

문화교류의 장으로서의 축제를 통해 한국문화, 특히 대중문화가 확산되기도 한다. 한류 붐이 일고 나서는 타 인종, 타 민족을 한인축제에 참여하게 하는 가장 효과적인 방법의 하나가 K-Pop이나 춤 경연대회 같은 프로그램이

---

20) LA축제재단 관계자와의 인터뷰. 이 추정액수의 정확한 근거를 확인할 수는 없었고 어느 정도 과장이 섞인 주장일 수도 있으나 축제가 상당한 정도의 경제적인 효과가 있다는 사실은 분명해 보인다. 또한 많은 한국 상인들은 LA 한인축제만이 아니라 약 1주일가량 후에 열리는 OC 한인축제에도 참여하므로 1주일 이상의 체류기간 동안 그들이 소비하는 비용은 상당할 것으로 추정된다.

21) LA축제재단 관계자와의 인터뷰. 상주에서 나는 배도 이런 경로로 미국에 수출하게 되었다고 한다.

다. 이는 또 1.5세대나 2세대 같은 젊은 한인들의 관심을 끌기에 가장 좋은 방법이기도 하다. 흥미롭게도 한국에서 성공한 연예인들 중의 일부는 유명해지기 전에 한인축제에서 공연을 했다고 한다. 지금은 몸값이 너무 뛰어서 그들이나 다른 유명한 연예인들을 초빙할 수가 없게 된 것이 요즘 한류 붐의 이면이라 할 것이다. 유명한 연예인이 와야 홍보와 참여에 도움이 되는데, 제한된 예산에서 연예인을 초빙해야 하다 보니, 아예 한국 방송매체의 프로그램을 LA 한인축제 기간 동안 LA에서 녹화하며 공연하는 식으로 초국적적 연계를 통해 비용을 절감하려는 시도도 이루어지고 있다.[22)]

LA 한인축제는 정치적으로도 중요한 의미를 지닌다. 우선, 한인들과 미국 정치인 및 한국 정치인들이 만나는 장을 마련한다. 축제 프로그램 책자를 보면 외부인사들의 축하인사가 줄을 잇고 있는데 대부분이 정치인들이다. 미국 상하원 의원을 위시하여 주지사, 시장, 시의회 의원들, 그리고 한국에서는 대통령부터 도지사, 시장들이 축사를 보내온다. 이런 인사말도 물론 어느 정도의 정치적인 의미를 내포하고는 있지만, 그보다 더 뚜렷하게 한인사회의 정치적 의미를 보여주는 것은 아마도 실제로 방문하는 정치인들의 면면일 것이다.

LA 한인축제의 일부인 퍼레이드에 정치인들이 참여해 오고 있다. 미국 정치인들 중에 거물급 인사들이 초청받아 오기도 하지만 아무래도 정기적으로 더 신경 써서 참여하는 이들은 커뮤니티와 실질적으로 밀접한 관계가 있는 시의원 같은 이들일 것이다.[23)] 한국에서 오는 정치인들은 좀 더 정치적인 무게가 있는 이들인 경우가 많은데, 국회의원이라든지 당대표, 잠재적 대권 후보로 분류되는 이들 등이다. 이는 재외국민의 참정권이 인정되기 이전부터 보였던 현상이다. 그러나 참정권 인정으로 재외국민의 정치적 중요성이

---

22) LA축제재단 관계자와의 인터뷰.

23) 퍼레이드는 서울국제공원이 아닌 한인타운을 가로지르는 큰 길의 일부를 막고 약 2시간 동안 진행한다.

부각되고 있다. 따라서 앞으로 한국 정치인들의 재외 한인사회에 대한 관심은 더 늘어날 것인 바, 축제같이 효과적으로 다수의 대중 앞에 모습을 드러낼 수 있는 기회에 더욱 적극 참여하리라고 예측된다.[24]

한인축제는 또한 역사의 문제라든가 국제관계와 연관되기도 한다. 예를 들어 2014년 LA 한인축제에서는 일제 성노예(위안부) 만화전이 함께 열렸다. 프랑스 앙굴렘 만화축제에서 열렸던 일제 성노예(위안부) 만화전과 맥을 같이 하는데, 만화축제였던 앙굴렘과는 다른, 보다 포괄적인 축제였던 LA 한인축제에서 이런 전시를 했다는 점이 흥미롭다. 또한 그전에는 3년 정도 독도문제를 다루기도 하는 등, 한인축제는 LA라는 공간을 넘어서서 보다 넓고 복합적으로 다양한 국가적, 초국적적 의미/이념체계와도 연결되어 있다고 할 수 있다.[25]

또 하나 눈에 띄는 축제의 지향점은 다양성과 타 인종, 타 민족과의 연결이다. 초창기부터 2000년대 중반 무렵까지 주로 한인사회, 한인의 정체성과 결집 그리고 한국과의 관계에 초점을 맞췄었다면 2000년대 중반 이후로는 미국 내 주변 다른 그룹들과의 소통이나 관계 그리고 전 지구적 연결을 강조하는 추세이며 다양성에 대한 강조가 상당히 가시적으로 드러나고 있다. 예를 들어 2014년 축제의 주제는 '문화의 다양성: 함께 나누는 희망, 함께 만드는 미래'였고 2013년의 주제는 '다양성 안에 함께 하는 미래, 어울림'이었다. 2010년의 주제는 '미국의 힘은 문화의 다양성'이었고 2009년의 주제는 '화합과 번영! 다민족 축제의 장!' 그리고 2005년의 주제는 '세계 속의 한국인, 세계를 여는 LA'였다.[26]

같은 맥락으로 LA축제재단 웹사이트는 LA 한인축제를 '전 세계에 한국

---

24) 제1저자가 인터뷰한 한 인사는 이들 축제가 "정치인들이 자기를 소개할 수 있는 장이 되었다"고 표현했다.

25) LA축제재단 관계자와의 인터뷰.

26) http://www.lakoreanfestival.org/history/

문화, 예술, 경제의 우수성과 저력을 홍보하는 동시에 민간 외교적인 역할을 수행하며, 역경을 딛고 미국 이민 100년의 역사를 이룬 한인동포와 타 인종들의 문화적 교류를 유도하고, 한인커뮤니티와 타 커뮤니티 간, 한인동포 간의 교류를 통해 공감대 형성, 우리는 하나라는 공동체 의식을 고취시키는' 행사라고 규정하고 있다.[27] 이런 변화된 시각을 증명이라도 하듯이 축제재단의 인턴들도 한인들만이 아닌 다양한 배경을 가진 이들을 고용하는 것으로 바뀌어 가고 있고 페이스북 등을 통해 타 인종, 타 민족들에게 한인축제를 홍보하는 일에도 더욱 노력을 기울이고 있다.[28]

(2) 축제의 성격과 의미 - 2014 LA 한인타운 축제를 중심으로

2014년 LA 한인축제는 9월 18일부터 21일까지 4일 동안 개최되었다. 민족축제가 며칠에 걸쳐 열리는 일은 드문 일이라서 이렇게 며칠에 걸쳐 계속할 수 있다는 것은 그만큼 안정되게 자리를 잡았다는 반증일 것이다.[29] 앞서 언급했듯이 서울국제공원이라는 정해진 공간에서 이뤄지는 축제인 만큼, 설치하는 부스의 수는 제한될 수밖에 없는 형편인데, 올해는 약 250개 정도의 물품부스와 약 30개의 음식부스(스낵 포함)가 설치되었다.[30] 대형화면을 배경으로 무대가 놓여지고 그 앞쪽으로 물품부스들이, 옆쪽과 뒤쪽으로 음식 및 또 다른 물품부스들이 늘어선 형태이며 음식부스가 모여 있는 옆쪽으로는 음식을 먹을 수 있는 약간의 공간이 마련되어 있다. 2014년 축제일정은 다음과 같다.

27) http://www.lakoreanfestival.org/foundation/
28) 이는 LA축제재단 관계자와의 인터뷰를 통해 얻은 자료이다. 그는 축제의 정체성은 '문화교류'라고 정의하며, 각 민족은 '섬'이기 때문에 '다리'가 이들 사이를 이어야 할 필요가 있고, '축제가 다리가 되어야 한다'고 주장한다.
29) LA축제재단 관계자에 따르면, 전 세계적으로 한인축제로는 제일 규모가 크다고 한다.
30) 제41회 로스앤젤레스 한인축제 책자, 2014, 38쪽.

표 2 9월 18일(목요일)

시간	공연/행사
3:30~4:20 pm	UCLA 한울림 길놀이
4:10~4:40 pm	햇세드 글로벌 예술선교회
4:55~5:35 pm	LAPD 트렌지엔즈 밴드
5:50~6:35 pm	Marcus Petitt and Eclectic Praise
6:50~8:05 pm	제41회 LA한인축제 개막식
8:15~10:00 pm	개막축하공연/박애리&팝핀현준 이경화, MC 최욱, Chesapeake International Artist 재스민 최, 숙행

출처: LA한인축제재단 웹사이트 http://www.lakoreanfestival.org/files/program_schedule.pdf

표 3 9월 19일(금요일)

시간	공연/행사
12:50~1:15 pm	서울국제공원 라인댄스팀
1:30~2:40 pm	더 프라이머리스 밴드공연 UCLA
2:50~3:50 pm	HITEJINRO배 몸짱대회
4:00~4:20 pm	경기민요
4:30~5:00 pm	춤의 열정
5:10~6:10 pm	서머팝 음악회
6:20~7:50 pm	K-Pop 노래 및 춤 경연대회
8:00~10:00 pm	Made in K-Town Dance Competition MC: B Mike, Sean Rhee

출처: LA한인축제재단 웹사이트 http://www.lakoreanfestival.org/files/program_schedule.pdf

표 4 9월 20일(토요일)

시간	공연/행사
11:40~11:50 am	LA 노인회 풍물놀이(농악단)
12:00~2:00 pm	장수무대
2:00~2:20 pm	K-Pop 뮤직비디오
2:30~2:50 pm	진최 발레단
3:00~4:30 pm	K-Pop 커버 댄스 페스티벌 in LA
3:00~5:00 pm	제41회 코리안 퍼레이드
4:40~6:10 pm	직장인 노래자랑
6:20~7:50 pm	청소년 탤런트쇼
8:00~10:00 pm	히든 X 트로트 슈퍼 콘서트

출처: LA한인축제재단 웹사이트 http://www.lakoreanfestival.org/files/program_schedule.pdf

표 5 9월 21일(일요일)

시간	공연/행사
1:00~1:20 pm	K-Pop 뮤직비디오
1:20~2:20 pm	화랑 레오 탤런트쇼
2:20~3:20 pm	CCM 찬양 페스티벌
3:30~3:50 pm	고경민 라인댄스 클래스 이벤트
4:00~4:50 pm	웃다리 농악 공연
5:00~5:20 pm	이정임 무용단 공연
5:30~7:30 pm	2014 미스하이틴 선발대회
7:40~7:50 pm	폐막식
8:00~10:00 pm	K팝/KEDM 페스티벌 걸그룹 플래쉬, 알파티, 나건필, 숙행, 안웅기

출처: LA한인축제재단 웹사이트 http://www.lakoreanfestival.org/files/program_schedule.pdf

〈표 2〉~〈표 5〉에서 보듯이 대부분 한인을 위한 프로그램이지만, K-Pop 노래 및 춤 경연대회라든가 Made in K-town dance competition과 같이 타 인종, 타 민족의 관심을 유도할 만한 프로그램들이 들어있음을 볼 수 있다. 실제로 제1저자는 축제 행사장까지 가는 버스에서 춤 경연대회에 참여하려는 아시아계와 라틴계 10대 아이들 여럿을 만나기도 했다. 이 콘테스트의 우승 상금이 1,000달러라고 하는데, 행사 관계자에 따르면 타 인종, 타 민족 등 보다 다양한 그룹들의 많은 관심과 참여를 유도하기 위해 비교적 높은 액수의 상금을 내걸었다고 한다. 한인뿐이 아닌 보다 넓은 의미의 지역사회 축제로 외연을 넓혀가기 위한 노력을 하고 있음을 볼 수 있다. 또한 춤뿐 아니라 K-Pop 경연에도 한인 외에 다양한 사람들이 참석해 장기자랑을 했고 축제의 일부인 퍼레이드에도 타 인종, 타 민족들이 함께 참여했다.[31]

상품부스 중에는 도요타 자동차라든가 AT&T, Verizon, T mobile 등 잘 알려진 브랜드들도 참가하고 있었다. 많은 수는 아니지만 새로운 브랜드들이 들어온다고 한다. 이는 거대 기업에서도 점차 한인축제가 가지는 파급력, 특히 마케팅 파워에 관심을 기울이고 인정하기 시작했다는 사실을 시사한다고 하겠다. 그러나 아직 숫자로는 보다 큰 규모의 일부 축제들보다 부족한

그림 1 2014 LA 한인축제 포스터와 한국 지자체의 특산물 부스
출처: (왼쪽)http://www.koreadaily.com/news/read.asp?art_id=2844768. (오른쪽)박정선

31) 퍼레이드 행사의 일부였던 어린아이들의 태권도 시범에도 여러 인종/민족의 아이들이 참가했다.

것도 사실이다. 2014년에는 4일에 걸쳐 약 30만 명이 다녀갔다고 하는데, 큰 숫자이기는 해도 거대기업들의 후원을 얻기에는 아직 부족하다고 한다.[32]

앞에서도 언급한 바와 같이, 한국 지방자치 단체들과의 긴밀한 관계를 보여주듯이 많은 한국의 특산물들이 들어와 있었다. 사실 다른 부스들보다 이 한국 특산물 부스들이 매우 눈에 띄고 규모도 가장 커 보였는데, 이들을 유치하기 위해 축제재단 관계자들이 매년 한국을 방문한다고 한다. 평소 구하기 어려운 귀한 한국 음식/식재료들이라 한인들에게 전반적으로 인기가 있지만 그중에서도 특히 연세가 드신 어른들이 좋아하신다고 한다. LA 한인 타운에는 노인아파트를 비롯한 고령자층 거주지가 여럿 있는데, 평소에는 근검절약하시는 어르신들이 이때만은 손이 큰 소비자로 변해 아낌없이 사신다고 한다. 축제는 또 바삐 사는 한인들에게 가족끼리 좋은 시간을 보낼 기회를 제공하기도 하는데, 축제기간 동안 가족끼리 오는 경우가 많고 특히 오랜만에 연로하신 부모님들을 모시고 오는 경우가 잦다고 한다.

3. 오렌지 카운티 한인사회와 축제

1) 오렌지 카운티 한인사회

1889년에 형성된 오렌지 카운티는 34개의 시(incorporated cities)로 구성되어 있고 크기는 798.3평방마일에 이른다. 이 카운티는 2015년에 환갑을 맞는 애나하임시에 위치한 디즈니랜드와 같은 유명한 관광명소 덕분에 주변 지역뿐 아니라 미국 전역, 그리고 세계 각국에서도 많은 관광객들을 불러 모

---

32) 축제재단 관계자와의 인터뷰. 기업들은 홍보효과를 염두에 두고 후원을 하기 때문에 참가인원수가 매우 중요하다고 한다. 예를 들어 한인인구는 중국인 인구에 비해 훨씬 적기 때문에, 민족축제로서의 성격을 띠고 있는 한 거대기업 같은 큰 후원자를 설득하기가 쉽지 않다고 한다.

으는 지역이다. 이곳은 LA시로부터 40마일가량 남쪽에 위치해 있으며 유복하고 공화당을 지지하는 백인층이 많이 거주하는 곳으로 알려져 있다. 2차 세계대전 이후 이 지역의 인구 증가에는 군사기지의 형성과 덜 비싼 주거지역을 찾아 LA 카운티 지역으로부터의 이주와 괄목할 만한 경제적 성장 및 선선한 바닷바람이 주는 온화하고 햇살 가득한 날씨 등이 복합적으로 작용했다.[33] 남가주 거주자들은 농담으로 이 두 카운티를 나누는 고속도로 인터체인지(57번, 22번 그리고 5번 고속도로가 만나는 곳)를 냉전시대 미국과 소련의 영향을 받는 유럽지역들을 나누었던 '철의 장막'에 빗대어 '오렌지 장막'(Orange Curtain)이라 부르기도 한다. 이 용어는 일부 거주자들이 보는 두 카운티 사이의 깊은 지리적, 정치경제적 그리고 인구적 차이들을 상징하지만 최근 수년간 일부 인구적인 차이들은 덜 분명하게 되었다.

(1) 한인이주 역사

한인들은 1970년대부터 비즈니스 기회와 조용한 교외지역 거주지를 찾아 LA 카운티에서 오렌지 카운티로 이주를 시작했다. 1970년 후반 무렵, 한인과 베트남인들이 오렌지 카운티로 이주하자 이들이 LA에 있는 한인타운이나 중국타운에 가지 않아도 되게끔 이들을 대상으로 문화적으로 필요한 상품을 팔고 전문적인 서비스를 제공하는 비즈니스들이 개업했다. 첫 한인 마켓은 1976년에 가든 그로브대로(Garden Grove Boulevard)에 생겼고 다른 한인 상인들이나 전문직 종사자들 또한 길가 지역 상가의 싼 임대료를 이용하여 가게나 사무실을 열었다. 이는 이 큰 길이 바로 남쪽에 1960년대 중반 가든 그로브 22번 고속도로가 생기면서 많은 교통과 유동인구 및 잠재적 고객들을 잃게 된 데 기인한다.[34] 또한 사람들은 적절한 수준의 임대비용과 살 만

---

33) Vo, Linda and Mary Yu Danico, 2004, "The Formation of Post-Suburban Communities: Koreatown and Little Saigon, Orange County", *The International Journal of Sociology and Social Policy* 24(7/8), p.15~45.

한 아파트가 많은 환경을 이유로도 가든 그로브로 이주하였다. 1978년에 오렌지 카운티 한인상공회의소(KACCOC)가 설립되었으며, 한인 인구는 1980년에서 1990년 사이 11,330명에서 35,919명으로 늘어났다.[35] 1992년 4.29사태를 통해 850개가 넘는 비즈니스들이 약탈이나 손상을 당하거나 파괴되는 것을 경험한 상인들이 '자신들의 비즈니스를 정착시키고, 아이들을 보다 나은 학교에 보내며 가정을 키워나갈 수 있는 보다 안전한 장소'를 찾아 오렌지 카운티로 이주해 왔다.[36]

오렌지 카운티의 한인인구는 1965년 이후 대거 이민한 초창기 이민자들과 미국에서 성장한 이들의 1.5세 및 2세대 자녀들, 그리고 한국에서 오렌지 카운티로 바로 이주한 최근 이민자들 등으로 구성되어 있다. 좋은 학군을 가진 풀러톤, 어바인, 사이프러스 등지의 학교는 이들 전형적인 이민자 가정 외에도 기러기 가정이라든지 외국인 유학생들에게 인기가 높다. 더불어 많은 한국 기업들의 미국지사 본부가 오렌지 카운티에 위치해 있어 초국적적인 한인 커뮤니티의 형성 또한 늘어나고 있는 추세이다. 특히, 부에나 파크, 풀러톤, 어바인 같은 곳은 단독주택, 학군 좋은 공립학교, 한국 가게나 물품에 대한 쉬운 접근성 등을 원하는 한인 이민자나 단기 체류자들이 선호하는 지역이다.

(2) 인구, 경제, 사회, 문화

미국에 있는 카운티 중에서 6번째로 인구가 많은 오렌지 카운티는 주민의 약 1/3이 히스패닉/라티노이고, 약 20%가 아시아계 미국인과 하와이/태평양 도서계 미국인들이다. 이는 미국 내에서 3번째로 큰 아시아/태평양 도서계 미국인 인구이다. 특히, 이 카운티의 아시아계 미국인 인구는 2000년에서 2010년 사이에 41%가 증가했다.[37] 〈표 6〉은 오렌지 카운티의 인종별 그

---

34) Vo and Danico, 위의 논문.
35) Vo and Danico, 위의 논문.
36) Vo and Danico, 위의 논문. p.20.

표 6 인종과 히스패닉계에 따른 인구, 오렌지 카운티, 2010

인종과 히스패닉계	숫자	백분율
백인	1,328,499	44%
라티노 혹은 히스패닉	1,012,973	34%
아시아계	597,748	20%
흑인	67,729	2%
미국 인디언과 알래스카 원주민	37,580	1%
하와이 원주민/태평양 도서계	19,484	1%
전체 인구	3,010,232	100%

출처: U.S. 인구 통계, 2010; Asian Americans Advancing Justice - Los Angeles, 2014.

표 7 아시아계 미국인 인구가 가장 많은 오렌지 카운티 10개 시, 2010

시	숫자	백분율	2000년에서 2010년 사이의 성장률
어바인(Irvine)	91,896	43%	99%
가든 그로브(Garden Grove)	56,923	39%	24%
애나하임(Anaheim)	55,024	16%	27%
웨스트민스터(Westminster)	44,192	49%	27%
산타 아나(Santa Ana)	36,324	11%	14%
풀러톤(Fullerton)	33,256	25%	52%
헌팅톤 비치(Huntington Beach)	25,619	13%	24%
부에나 파크(Buena Park)	23,063	29%	30%
파운틴 밸리(Fountain Valley)	19,755	36%	30%
오렌지(Orange)	17,473	13%	31%

출처: U.S. 인구 통계, 2010; Asian Americans Advancing Justice - Los Angeles, 2014.

---

37) Asian Americans Advancing Justice - Orange County and the Orange County Asian and Pacific Islander Community Alliance, 2014. *A Community of Contrasts: Asian Americans, Native Hawaiians, and Pacific Islanders in Orange County.* Los Angeles: Asian Americans Advancing Justice - Los Angeles, http://www.advancingjustice-la.org/sites/default/files/CommunityofContrasts_OC2014.pdf(검색일 2014. 10. 17.)

리고 히스패닉계 인구를 보여주고, 〈표 7〉은 2000년에서 2010년 사이에 카운티 내의 아시아계 인구의 비율과 성장을 보여준다.

오렌지 카운티는 미국 내에서 베트남계 미국인이 가장 많이 사는 곳이며, 그들은 카운티 내의 가장 큰 아시아계 민족집단(194,423명)이기도 하다. 한인(93,710명)은 카운티에서 두 번째로 큰 아시아계이며 그 뒤를 필리핀계(89,341)와 중국계(84,170)가 따르고 있다. 한인인구는 카운티 내 아시아계 인구의 약 15% 정도를 차지한다. 그러나 아리랑축제재단측은 유학생, 주재원, 기러기 가족, 그리고 불법체류자와 같은 미국 인구조사에 참여하지 않은 한인 이민자들이 많음을 들어 오렌지 카운티 한인 인구를 250,000명 정도로 추산하고 있다.[38] 초국적적 비즈니스를 통한 연결 역시 이 지역 한인인구 증가에 영향을 끼쳤다. 삼성정보시스템과 기아자동차는 어바인에 자리하고 있고, 현대자동차는 파운틴 밸리에서 코스타 메사로 이전하였다. 풀무원 USA의 본부와 CJ 식품의 만두공장이 풀러톤에 있는데, 이곳에는 15,500명의 한인이 거주하고 있다. 오렌지 카운티에 위치한 시로는 처음으로 풀러톤시는 2013년에 대한무역투자진흥공사(KOTRA)와 한미 비즈니스들 간의 무역진흥 기회를 늘리기 위한 양해각서(MOU)를 체결했다.[39]

소규모 비즈니스와 전문직 서비스 사무실이 많다는 점이 오래 거주한 이민자나 최근에 이주한 이민자나 할 것 없이 오렌지 카운티의 교외 지역을 선호하는 또 하나의 이유이다. 2007년에 이 지역에는 이미 63,000개 정도의 아시아계 미국인이 소유하고 있는 비즈니스가 있었는데, 이는 미국 내의 모든 카운티 중에서 3번째로 큰 숫자이다.[40] 이곳 한인들은 약 1,500개에서 2,000여 개의 한인이 하는 비즈니스가 주로 (서쪽으로는 비치대로와 동쪽으로는 브룩허

---

38) OC한인축제재단(Arirang Festival of Orange County) : www.arirangoc.com.

39) Ponsi, Lou, 2014, September 26, "70,000 expected to celebrate Korean culture in Buena Park", *Orange County Register*, http://www.ocregister.com/articles/festival-636451-korean-name.html(검색일 2014. 11. 20.)

40) Asian Americans Advancing Justice, 앞의 논문.

스트길을 경계로 하는) 그로브대로 상에 위치해 있다고 추정한다. 이 지역은 카운 티 내에서 가장 큰 에스닉 비즈니스 지역인 동시에 미국 내에서 두 번째로 큰 한인 지역이기도 하다. 그러나 1990년대 중반 무렵부터 상인들은 인구가 늘어나는 풀러톤, 부에나 파크, 어바인 등지에 한국마켓, 식당, 그리고 다른 비즈니스나 전문서비스의 분점을 내기 시작했다.[41] 예를 들어, 풀러톤에서는 미국의 일반적인 체인스토어들이 들어 와 있거나 그곳들과 가까운 곳에 위치한 상가에서 한국식당을 가고 다른 한인 비즈니스들을 이용할 수 있게 되었다. 특히 비치대로와 라 미라다/맬번길이 교차하는 지점에는 세 개의 대형 한인마켓이 있는데, 이들을 중심으로 주로 한인비즈니스로 이루어진 쇼핑센터가 형성되어 있다.

비치대로와 라 미라다대로의 북서쪽에 위치한, 2013년에 문을 연 The Village Circle Center에는 H-Mart가 자리 잡고 있는데, 그 외에도 일본 할인용품 가게인 다이소라든가 대만의 유명한 빵집 체인인 85℃ Bakery Café와 같은 인기 있는 가게들이 함께 자리하고 있다. 야외 패티오(patio) 센터와 400여 대의 주차시설을 갖춘 이 쇼핑센터는 '라이프 스타일을 바꿔놓은 쇼핑몰'이라고 불려진다. 그 안에 있는 여러 시장, 식당, 카페 및 다양한 가게들은 여러 선택지를 제공해줘서 가족끼리 혹은 친구들과 함께 밤나들이 나가기에 좋은 곳으로 알려졌다. 개장한 지 불과 몇 달 만에 이 쇼핑센터는 매일 밤 2,000여 명에 달하는 손님과 쇼핑객들로 붐비게 되었다고 한다.[42] 풀러톤과 가든 그로브, 그리고 LA 카운티에 속하는, 접경지역 도시인 세리토스나 라 미라다 등지에 사는 한인들을 끌어들이는 부에나 파크는 북오렌지 카운티의 한인타운으로 정기적으로 한국과 미국의 미디어에 소개되고 있다.

이와 같은 상업적 성장은 초국적적 자본과 기업가 정신에 바탕한 이민

---

41) Tran, Tini, 1999. July 19. "Into the Suburbs of Koreatown", *Los Angeles Times*. http://articles.latimes.com/1999/jul/19/local/me-57508(검색일 2014. 10. 17.)

42) 하혜연, 2014. 8. 14. '부에나팍 라이프스타일을 바꿔놓은 쇼핑몰', 헤럴드경제 http://heraldk. com/2014/08/14/부에나팍-라이프스타일을-바꿔놓은-쇼핑몰/(검색일 2015.1.10.)

자들의 노력에 힘입은 바가 크다. 그러나 모든 한인들이 오렌지 카운티에서 잘 살고 성공하고 있는 것은 아니다. 예를 들어, 최근의 경기침체는 아시아계 미국인들에게 크게 영향을 끼쳤다. 2007년에서 2012년 사이에 카운티 내의 빈곤율 증가는 40%였으나 아시아계 미국인들의 빈곤율은 51%나 증가했다. 카운티 내의 아시아계 중에 한인은 타이계(14%)와 베트남계(13%)에 이어 세 번째(13%)로 빈곤율이 높으며, 13%의 한인 젊은이들과 여성들이 빈곤선 아래의 삶을 살고 있다.[43]

긍정적인 측면으로는, 카운티 내에서 지역과 주 의석의 후보자로 나서거나 당선되는 아시아계 미국인 정치인들이 늘어나는 추세인데, 한인들도 이에 한 축을 담당한다는 것이다. 호 정(Ho Chung)은 1992년에 비백인으로는 처음으로 가든 그로브 시의회 의원으로 당선되었다. 2014년 가을에는 공화당원이자 에드 로이스(Ed Royce) 미국 하원의원의 아시아 정책 및 커뮤니티 보좌관이었던 영 김(Young Kim)이 민주당의 현역후보였던 샤론 커크-실바(Sharon Quirk-Silva)를 누르고 가주 65지구의 하원의원으로 당선되었으며, 또 다른 공화당원인 미셸 박 스틸(Michelle Park Steel)은 가주 조세 형평국 부위원장으로 일한 후 오렌지 카운티 제2지구 슈퍼바이저에 당선되었다. 스티븐 최(Steven S. Choi)는 어바인 시장으로 재선되었고, 스티브 황보(Steve Hwangbo) 역시 재선되어 피터 김(Peter Kim)과 함께 라 팔마 시의회 의원이 되었다. 이런 성취에도 불구하고, 일반적으로 아시아계 미국인은 미국의 정치, 시민사회 영역에 진출해 있지 못하다. 오렌지 카운티의 인구 중 아시아계가 20%를 차지하지만, 등록된 아시아계 유권자는 14% 정도에 불과하다. 그런데 약 62%의 오렌지 카운티 거주 아시아계 미국인이 외국에서 태어나기는 했어도, 그들 중 선거를 할 수 있는 나이대의 75% 이상이 미국시민이다.[44]

---

43) Asian Americans Advancing Justice, 앞의 논문.
44) Asian Americans Advancing Justice, 위의 논문.

오렌지 카운티의 해외출생자 숫자를 고려해 보면, 423,000명 이상의 사람들이 영어 이외에 아시아 언어나 태평양 도서 지역의 언어도 쓴다는 것은 놀라운 일이 아니다. 약 80% 정도의 라티노와 76% 정도의 아시아/태평양계 주민들이 영어 외에 다른 언어를 사용한다. 베트남어가 이 카운티에서 가장 많이 사용되는 아시아어이며 한국어가 그 뒤를 이어 두 번째로 많이 사용되는 언어이다. 실제로, 이 지역에 사는 84%의 한인이 영어 외의 언어를 사용한다. 약 50% 정도의 한인은 영어가 서투른데, 이는 베트남계(55%)를 제외하고는 다른 모든 인종/민족 그룹에 비해 높은 숫자이다.[45]

비록 그 지역에 사는 다른 민족들 및 주류 미국사회까지 맞닿으려고는 하지만, 오렌지 카운티 한인축제는 이민사회라는 유산(heritage)과 초국적적 연결고리가 계속 크게 영향을 끼치고 있음을 드러내 보이는 문화, 사회, 그리고 경제적 공간을 제공한다.

2) 오렌지 카운티 한인축제

(1) 연혁

가든 그로브를 상업 중심지로 삼아 오렌지 카운티에 정착함에 따라 오렌지 카운티 한인사회는 중앙일보와 함께 '한국의 날(Korea Day)'을 기획하고 1981년 1월 22일에 첫 번째 행사를 가졌다. 그리고 3월부터의 준비기간을 거쳐, 9월 11일과 19일 사이에 첫 번째 한인축제와 퍼레이드 및 다른 여러 행사를 주최했다. 다음 해에는 '한국의 날'이 'OC 한인축제'로 바뀌었다. OC 한인축제는 1983년과 1984년에는 개최되지 않았고, 제3회 축제는 1985년 10월 11일부터 19일에 걸쳐 열렸다. OC 한인축제는 대개 10월에 열려왔는데, 2001년에는 9.11사태로 말미암아 그 다음 해 4월로 연기되었다. 2005년에

---

45) 위의 논문. 약 50% 정도의 한인이 미숙달된 영어구사력(limited English proficiency - LEP)를 가졌다고 한다.

OC 한인축제는 다시 10월에 하는 걸로 되돌아 왔고, 2008년에는 새로 설립된 OC축제재단이 오렌지 카운티 한인상공회의소(KACCOC)와 관계된 한인축제 조직에서 하던 일을 물려받아 축제를 기획하는 일을 맡게 되었다. 2011년에는 처음으로 OC 한인축제가 한인 상업지역 밖인 빌리지 그린파크에서 열렸는데, 이곳은 가든 그로브 시에서 다른 큰 규모의 커뮤니티축제들을 여는 장소이다.

2013년, OC축제재단 구성원들은 재단과 축제의 이름을 각각 아리랑재단과 아리랑축제로 바꾸고 부에나 파크로 옮겨갔다. Vo와 Danico(2004)에 따르면, 이런 문화축제와 퍼레이드들은 "동포들을 위해 조직되었고, 오랫동안 이런 행사들은 해당 민족들의 풍부한 문화전통을 자랑하고, 일반 대중뿐 아니라 지역유지나 정부인사들을 초청함으로써 지역사회 내의 관계 발전을 도모하는 데 활용되었다."[46] 아리랑축제재단의 설명에 따르면, "여러 다양한 민족들이 이 축제에 참가했던 만큼, 재단은 한국문화와 전통에서 특별한 의미를 지니는 '아리랑'이라는 이름 하에 이 축제를 한인뿐만 아니라 오렌지 카운티의 다른 모든 거주자들을 포함하는 전 지구적인 축제로 만들고자 2013년에 '아리랑축제'라는 새 명칭을 선택했다. 제31회 아리랑축제는 2014년 9월에 부에나 파크에서 열릴 것이며 한국의 멋진 유산을 기리는 전통을 계승해 나갈 것이다."[47] 재단에 의하면, 북오렌지 카운티 지역의 새로운 거주, 상업 중심으로서 부에나 파크와 풀러톤이 가지는 중요성 때문에 축제가 옮겨가게 되었다는 것이다. 한편, 오렌지 카운티에서 가장 큰 아시아계 인구가 있는 어바인시는 2010년부터 자체적인 한인축제를 개최해 오고 있다. 2015년 제6회 어바인한인문화축제는 어바인 시빅 센터에서 5월 16일에 열렸다.[48]

---

46) Vo and Danico, 앞의 논문, p.27.

47) http://www.arirangoc.com/about/about_02.php

48) Irvine Korean Cultural Festival: http://irvinekoreanfestival.com

그림 2 스트리트 페어 형식으로 열린 OC 아리랑축제
출처: (왼쪽)미주중앙일보 http://www.koreadaily.com/news/read.asp?art_id=2844768. (오른쪽)김 바바라

(2) 축제의 성격과 의미 – 2014 한인타운 축제를 중심으로

가든 그로브에서 개최된 지난 29년 동안의 OC 한인축제는 주로 여러 쇼핑 플라자의 주차장에서 돌아가며 열려왔으며, 자주 지역적 경계를 넘어가기도 했다. 그에 더하여, 주차장이라는 입지는 LA 한인축제와 같은 퍼레이드 행사를 불가능하게 했다. 부에나 파크로 옮긴 2013년 축제는 비치대로와 맬번길의 남동쪽 코너에 있는 시온마켓 쇼핑몰의 주차장에서 열렸는데, 그곳 가게 주인들은 축제에 온 많은 참가자들 때문에 교통이 혼잡해지고 주차난이 생겨 쇼핑센터의 영업에 부정적인 영향을 끼쳤다고 불평했다고 한다.[49]

2014년 축제는 비치대로 바로 서쪽에 위치한 라 미라다대로의 약 0.35마일 가량의 구간에서 금요일인 9월 26일부터 일요일인 9월 28일에 걸쳐 열렸다. 부에나 파크시의 관리들은 3일 동안 거리를 막는 이 행사를 허락했지만, 그 도로의 서쪽으로 바로 면해있는 라 미라다시의 관리들은 불평을 했다고 한다. 라 미라다 대표자들이 주장한 바에 따르면 도로를 막음으로써 LA와 오렌지 카운티를 연결하는 역할을 하는 도로에 10~15분 정도의 정체가 야

---

[49] 하혜연, 2014. 5. 21. OC 아리랑축제 도로 막고 개최한다지만…, http://heraldk.com/2014/05/21/oc-아리랑축제-도로-막고-개최한다지만/(검색일 2014. 10. 17.)

기되었다는 것이다. 그러나 부에나 파크시 관리들에 따르면 자신들은 시의 다른 행사들을 위해서도 정기적으로 도로를 막는다고 한다.[50]

이번 축제는 목요일인 9월 26일에 한국전쟁 참전용사를 기리는 전야제 행사를 가졌고, 금요일 아침 10시에 야외 장터로 시작했다. 참가자들은 라 미라다대로를 바로 벗어난 거주지역에 주차를 하고 서쪽 입구로 들어 올 수 있었는데, 그곳에는 카니발 게임부스, 음식과 술을 파는 부스와 앉을 곳이 마련되어 있었다. 참가자들은 또 비치대로에서 바로 벗어난 곳에 위치한 스테이지 뒤쪽으로 연결된 동쪽 길로도 들어올 수 있었다. 그런데 교통혼잡과 주차가 문제였다. 비치길이나 맬번길 상에는 주차할 곳이 없었고, 대부분의 참가자들은 쇼핑센터에 쇼핑하러 온 고객들과 경쟁하며 그곳 주차장에 차를 세울 수밖에 없었다. 주차 문제는 이전의 축제에서도 계속 문제였기 때문에, 축제를 주관하는 측에서 한인과 비한인 참가자들이 보다 수월하게 참여할 수 있도록 분명한 안내를 하고, 지도와 표지판(경고 사인도 포함해서)을 제공해야 할 것이다.

야외 장터. 일단 행사장에 들어서면 판매부스와 커뮤니티 기관들의 부스가 약 1/4마일에 달하는 거리에 죽 늘어서 있었다. LA와 마찬가지로 야외 시장의 백미는 신선한 지역 농산물과 인삼, 마른 나물, 해산물, 마른 미역, 젓갈류, 김치, 양념, 그리고 한국음식에서 빼놓을 수 없는 조미료와 같은 특화된 음식물들이다. 인심 좋게 샘플을 제공하는 이런 부스들은 연세 드신 분들이나 한국 각지에서 직접 공수되어 이 지역에서 찾기 어려운 물품들을 사려는 한인들에게 인기가 있다. 호기심 많은 비한인 참가자들은 멈춰서서 구경

50) Sprague, Mike. 2014. September 18. "Buena Park's La Mirada Boulevard Closure Doesn't Sit Well with City of La Mirada." *Whittier Daily News*. http://www.whittierdailynews.com/general-news/20140918/buena-parks-la-mirada-boulevard-closure-doesnt-sit-well-with-city-of-la-mirada(검색일 2014. 10. 17.); Sprague, Mike. 2014. September 26. "Closure of La Mirada Boulevard Causes Some Delays, But It Could Get Worse, Official Says." Whittier Daily News. http://www.whittierdailynews.com/general-news/20140926/closure-of-la-mirada-boulevard-causes-some-delays-but-it-could-get-worse-official-says(검색일 2014. 10. 17.)

을 하거나 해초나 낯선 반찬을 맛보기도 했다.

　다른 부스들은 이민자 사회의 신문이나 생명보험, 건강보조식품, 은행, 장의사 등을 포함하는, 여러 가지 민족(ethnic)적이거나 지역적, 혹은 국가적이거나 국제적인 상품들을 판매한다. 또한 한류와 관련된 상품을 파는 부스들도 많은데 화장품이라든가 피부관리용품, K-Pop 아이돌의 포스터나 CD, DVD 등을 취급한다. 한국에서 온 한 예술가는 한국의 도자기 조각을 이용한 목걸이, 귀걸이 및 다른 장신구들을 팔고 있었지만 그 외에는 전통적이거나 특색이 있는 한국 예술품을 파는 부스는 보이지 않았다. 또 다른 부스들에서는 옷이나 모자 그리고 속옷 등을 팔고 있었다.

　오렌지 카운티의 비영리단체와 정치 캠페인 역시 크게 눈에 띄었다. 그들은 유권자 등록을 권고하고, 2014년 가을 선거에 입후보할 한인 후보자들에 대한 정보물을 제공하며, 사회서비스 프로그램이나 문화행사에 관한 홍보 책자를 나눠주고 있었다. 또 어떤 기관은 지역 내 의사 및 다른 의료 종사자들과 함께 행사기간 내내 유방암 검사, 독감 예방주사, 당뇨병에 대한 교육 등과 같은 건강 검진과 정보 모임을 제공했다. 이는 매우 중요한 서비스를 제공한 것인데 통계에 따르면 28%, 다시 말해 거의 세 명 중 한 명꼴(이는 모든 아시아계 그룹 중에서 가장 높은 비율이다)로 오렌지 카운티의 한인들이 건강보험이 없기 때문이다.[51]

　당연하게도 줄이 가장 길게 서 있는 곳은 주로 음식부스였다. 상인들은 다양한 종류의 한국식 구운 고기요리, 해물이 들어간 음식, 호떡, 김밥, 떡볶이, 회오리 감자, 파전 같은 한국 음식들을 팔았다. 레모네이드, 빙수 그리고 유기농 과일주스와 차는 기온이 화씨 80도 후반까지 올라가는 이른 가을의 낮 시간에 인기가 있었다. 참가자들을 또한 오코노미야키나 팟타이와 같은 한국 음식 외의 음식들도 즐겼다. 그러나 축제에 참가한 음식부스들은 가까

---

51) Asian Americans Advancing Justice, 앞의 논문.

운 쇼핑센터들에 위치한 훨씬 다양한 선택지를 제공해주는 식당이나 시장과
도 경쟁을 해야 했다.

프로그램과 행사. 2014 축제를 준비했던 이들은 2세대(second generation)
행사 조직자들과 힘을 합해 최근 수년간 인기를 끌어온 아시아 '야시장'(음식,
쇼핑 그리고 공연을 결합하여 여름날 야외에서 열림)의 요소를 접합시키고자 했다.[52] 다
른 축제들과 마찬가지로 아리랑축제도 전통적 행사(무용, 노래경연대회, 태권도 시
범), 탤런트 쇼와 콘테스트(K-Pop이나 장수무대) 그리고 미국계 한인이나 캐나다
계 한인들이 Dumbfoundead, NomTom & Metoo, Krnfx 등을 따라 하는
'K-town Star Show' 등을 포함했다. 2014년의 프로그램 일정은 다음과 같다.

표 8 전야제 9월 25일(목요일)

6:00 pm	6 · 25 참전 용사 초청 위안의 밤

출처: http://www.arirangoc.com/festival/festival_01.php

표 9 9월 26일(금요일)

10:00 am	장터 오픈
4:00 pm	미주 국악경연대회
6:00 pm	태권도 사범단 공연
6:30 pm	VIP Reception
7:00 pm	개막식
8:00 pm	한국 예술인 합동민속 큰잔치
만남의 종소리, 미국인 팝송 공연, 멕시칸 음악 춤	

출처: http://www.arirangoc.com/festival/festival_01.php

---

52) 하혜연, 2014. 9. 4. '아리랑축제'가 'K타운 나이트 마켓'과 손을 잡았다, 헤럴드경제, http://
heraldk.com/2014/09/04/아리랑-축제가-k타운-나이트-마켓과-손을-잡았다/(검색일 2014. 10.
17.)

표 10 9월 27일(토요일)

10:00 am	장터 오픈
1:00 pm	어린이 말하기/글짓기/사생대회
3:00 pm	외국인 한국어 웅변대회
5:00 pm	청소년 탤런트 쇼
7:00 pm	K-Pop 경연대회
이재은 무용단, 신나는 에어로빅, 몸짱 선발 대회, 주명숙 고전 무용	

출처: http://www.arirangoc.com/festival/festival_01.php

표 11 9월 28일(일요일)

10:00 am	장터 오픈
1:00 pm	어린이 세상/한국어 만세
3:00 pm	장수무대
4:00 pm	팔도 아리랑 경연대회
7:00 pm	폐막식
8:00 pm	헤어쇼
9:00 pm	경품 추첨
아리랑 슈퍼 스타쇼, 어린이 태권도 쇼, 만남의 종소리	

출처: http://www.arirangoc.com/festival/festival_01.php

비록 축제재단이 OC 한인축제에서 아리랑한인축제로 이름을 바꾼 이유 중의 하나가 '한인뿐만이 아니라 오렌지 카운티의 다른 모든 거주자들을 포함하는 전 지구적인 축제'로 만들고자 하는 뜻을 반영해서라고 했지만, 비한인 행사나 문화공연은 웹사이트나 인쇄된 프로그램 어디에도 찾아볼 수 없었다.[53] 이 축제에서는 전 지구적인 요소를 토요일 밤에 있었던 K-Pop과 미국계/캐나다계 한인 예술가의 공연을 통해 드러내려 했던 듯이 보이지만, 이번 축제를 한인사회가 카운티 내에 있는 다른 인종/민족들에게 손 내밀고 다가가 새로운 관계를 맺는 기회로 삼을 수도 있었을 것이다. 늘어나고 있는 한인 커뮤니티의 규모나 경제적인 존재감을 보이기 위해 부에나 파크로 축제장소를 옮겨 갔다고는 하지만, 사실 아직 그 지역에서 한인인구는 전체의 11%에 불과하다.[54]

전체적으로 볼 때, 오렌지 카운티의 아리랑축제는 전체 LA 한인사회의 일부가 아니라 고유한 특징을 가지고 많은 것을 이루었으며, 그 중요성을 더해가는 독자적인 오렌지 카운티 한인사회를 부각시키는 데 초점을 맞췄다. 그리하여 이 축제는 1970년대에 카운티 내에서 경제적으로 쇠퇴해 가던 지역을 되살리고 안정적으로 확립시키는 데 기여한 한인의 역사와 노력을 기리고 좋은 학교와 안전한 동네, 그리고 활성화된 경제에 끌려 이곳에 정착한 최근의 이민자들과 초국적적인 한국 기업들이 기여한 바를 인지했다고 볼 수 있다. 이 축제를 둘러싼 논쟁(즉, 바뀐 이름과 가든 그로브에서 부에나 파크로의 이동) 역시 한인사회의 다양성을 보여준다고 볼 수 있다. 이곳은 남가주의 인종적, 민족적, 사회, 경제적으로 다양하게 변화해 가는 지역에 위치해서 지역적으로 뿌리를 내리고 있으면서도 한편으론 초국적적인, 계속 움직이며 변화하는 한인 디아스포라 그룹의 공간이라고 할 수 있다. 오렌지 카운티의 축제는 한인들에게 한국음식에 대한 익숙함과 향수를 즐길 기회를 마련하고, 비한인들에게는 세대를 막론하고 이웃들과 함께 한국의 전통과 현대의 한국 문화를 나누고 기념하는 기회를 제공하려는 장이라고 할 것이다.

---

53) http://www.arirangoc.com/about/about_02.php
54) Kheel, Rebecca, 2013, October 10, "Korean Businesses Take Root in Buena Park", *Orange County Register*, http://www.ocregister.com/articles/korean-530469-buena-park. html(검색일 2014. 11. 2.)

4. 맺음말

이상에서 살펴본 바와 같이 LA 한인타운축제와 OC 한인축제(아리랑축제)는 지역사회에 한인사회가 뿌리 내렸음을 보여주고 있다. 또한 한인들에게 그들의 민족적 정체성을 축제라는 마당을 통해 일시적이나마 다시 상징적으로 상기시키고 문화나 상품을 통해 한인들이 타 인종, 타 민족과 소통하고 한국과도 다양한 연결 고리를 만들어내는 기회를 제공한다. 그러나 정착의 역사나 인구 구성, 주변 환경 등의 차이로 두 축제는 비슷하면서도 다른 성격을 지닌다. 예를 들어, 보다 오랜 역사를 지닌 LA 한인타운축제의 경우에는 같은 장소에서 40년 넘게 행사를 치러왔다는 사실에서 볼 수 있듯이 안정되어 있으며 주변 커뮤니티나 LA시로부터도 한인사회를 대표하는 축제로서 인정받고 있다. 더불어 퍼레이드에 참가하는 인물들이나 프로그램에 나타나는 축사의 성격에서도 알 수 있듯이 정치적인 상징성이나 영향력도 어느 정도 확보했다고 볼 수 있다.

이에 비해 OC 한인축제는 연혁 자체는 짧지 않지만, 변화하고 확장해 나가는 오렌지 한인커뮤니티들의 성격을 보여주듯이 아직은 조금 더 열려있고 바뀌는 모습을 보여준다. 그리하여 개최 장소도 변화해 왔고, 주최하는 기관이나 중심이 되는 한인커뮤니티 등이 유동적이다. 이는 한인들의 거주 장소라기보다는 일터의 성격을 지닌 LA 한인타운과 달리 일터이면서 동시에 거주지인 OC 한인사회의 성격과도 연결되는지도 모른다. 일상생활과 밀접하게 연결된 커뮤니티이기 때문에 한인의 거주지나 상업지역의 변동 같은 요소에 훨씬 빠르게 직접적으로 영향을 받아서 변화의 폭도 크다. 또한, 지역 인구의 다수를 차지하는 것은 아니지만 한인이 경제적으로 중심적인 역할을 하며, 비한인 거주자들 대부분이 이민자들인 LA 한인타운과 비교할 때 전통적으로 백인, 중산층 지역인 오렌지 카운티에서 한인들의 입지는 아직 약하고, 자리를 잡아가는 중이며 변화해 가고 있다고 볼 수 있다.

그런 의미에서 OC 한인축제의 중심 추는 좀 더 한인사회 자체에 있다고 볼 수도 있다. 예를 들어, LA 한인축제에 비해 타 인종, 타 민족과 연결시키려는 시도가 좀 부족한 것은 오렌지 한인사회에게는 아직 스스로의 정체성을 재확인하고 어떤 의미에서는 세를 과시하며 주위의 비한인 커뮤니티에 존재감을 각인시키는 일이 모두를 끌어안으며 '다양성'을 강조하는 것보다 더 필요한 일이기 때문인지도 모른다. 물론, LA 한인축제 역시 충분히 인종/민족/문화적 다양성이 포용되고 대표되었다고 하기는 어려우나, 적어도 축제의 부제가 '문화의 다양성: 함께 나누는 희망, 함께 만드는 미래'인 것에서 볼 수 있듯이 LA 한인사회가 한인타운의 인구적 구성이나 4.29사태 등을 통해 얻은 경험을 토대로 미국사회에서 어떻게 자신들을 위치시켜야 하는지를 고민한 흔적이 보다 적극적으로 반영되었다고 보인다.

　　한국과의 연결은 양쪽 축제 모두에서 분명하게 드러나는데, 이는 전 지구화 시대에 초국적적 관계가 이민자 사회에 갖는 의미의 중요성을 드러낸다. LA 한인축제에서 보듯이 한국 국회의원과 미국 시의원 모두가 퍼레이드에 참가한다는 것은 LA 한인사회의 복합적인 위치와 한편으로는 높아진 위상을 상징하며 그들이 다양한 그룹들을 연결시키는 중요한 고리가 될 수 있음을 시사한다. 재외국민의 참정권 행사가 가능해짐에 따라 LA 한인사회는 앞으로 더 큰 정치적 무게를 지니게 될 것이며, 경제적으로도 한국 지방자치단체들의 수출 진흥에 중요한 역할을 담당할 정도로 전보다 훨씬 주도적으로 한인사회의 입지를 구축해 갈 것이다.

　　이 초국적적 연결성은 LA와 OC 축제를 이어주기도 하는데, 예를 들면 한국의 특산물을 판매하는 많은 상인들은 두 축제에 모두 참가하는 경향이 있다.[55] 따라서 축제를 통해 다양한 한인사회들, 한인과 미 주류사회 및 타 인종, 타 민족, 그리고 한국이 유기적으로 소통하고 묶이게 되는 것이다. 이

---

55) 제1저자의 인터뷰에 따르면, 이 두 축제는 대개 약 1주일 정도 사이를 두고 열린다고 한다. 따라서 한국에서 온 상인들은 체류비용에 대한 큰 부담 없이 두 축제에 모두 참가할 수 있는 셈이다.

러한 의미에서 한인축제는 한인들에게 향수 어린 소비나 문화행사를 통해 자신들의 정체성을 돌아보고 문화적 뿌리를 확인하며 자신들의 존재를 이웃들에게 각인시키는 장을 마련해 줌과 동시에 다양한 정치, 경제적인 관계와 문화적 표현을 통해 한인커뮤니티가 어떻게 지역적, 국가적, 초국적적인 연결망을 맺고 있는지를 보여준다고 하겠다.

Abelmann, Nancy and Lie, John, Blue Dreams, Cambridge: Harvard University Press, 1995.

Asian Americans Advancing Justice - Los Angeles, 2013, A Community of Contrasts: Asian Americans, Native Hawaiians and Pacific Islanders in Los Angeles County, Los Angeles: Asian Americans Advancing Justice - Los Angeles, https://www.advancingjustice.org/sites/default/files/CommunityofContrasts LACounty2013.pdf(검색일 2015. 1. 15) pp. 9-12.

Asian Americans Advancing Justice - Orange County and the Orange County Asian and Pacific Islander Community Alliance, 2014, A Community of Contrasts: Asian Americans, Native Hawaiians, and Pacific Islanders in Orange County, Los Angeles: Asian Americans Advancing Justice - Los Angeles.
http://www.advancingjustice-la.org/sites/default/files/CommunityofContrasts_OC 2014.pdf(검색일 2014. 10. 17.).

Center for Transit-Oriented Development, 2008, "SCAG Region: Compass Blueprint Case Study: Koreatown".
http://www.reconnectingamerica.org/assets/Uploads/htai_koreatown.pdf(검색일 2015. 1. 17.)

Chang, Edward, 1999, "New Urban Crisis: Korean-African American Relations" In Kim, Kwang Chung(ed.) Koreans in the Hood, Baltimore: Johns Hopkins University.

Data Desk, 2009, "Koreatown", Los Angeles Times.
http://maps.latimes.com/neighborhoods/neighborhood/koreatown(검색일 2015. 1. 17.)

Hing, Bill, 1994, Making and Remaking Asian America Through Immigration Policy, 1850~1990, Stanford: Stanford University.

Kheel, Rebecca, 2013, October 10. "Korean Businesses Take Root in Buena Park", Orange County Register.
http://www.ocregister.com/articles/korean-530469-buena-park.html(검색일 2014. 11. 2.)

Linthichum, Kate, 2012, February 1. "Proposed Koreatown Redistricting Debated", Los Angeles Times.
http://articles.latimes.com/2012/feb/01/local/la-me-koreatown-redistricting-2012 0201(검색일 2015. 1. 17.)

Ponsi, Lou. 2014, September 26. "70,000 expected to celebrate Korean culture in Buena Park", Orange County Register.
http://www.ocregister.com/articles/festival-636451-korean-name.html(검색일 2014. 11. 20)

Sanchez, Jared, Auer, M, Terriquez, V & Kim, MY, 2012. "Koreatown: A contested Community at a Crossroads," USC Program for Environmental and Regional Equity(PERE) and Koreatown Immigrant Workers Alliance(KIWA) report.

Sprague, Mike, 2014, September 18. "Buena Park's La Mirada Boulevard Closure Doesn't Sit Well with City of La Mirada," Whittier Daily News, http://www.whittierdailynews.com/general-news/20140918/buena-parks-la-mirad a-boulevard-closure-doesnt-sit-well-with-city-of-la-mirada(검색일 2014. 10. 17)

_____, 2014, September 26. "Closure of La Mirada Boulevard Causes Some Delays, But It Could Get Worse, Official Says," Whittier Daily News. http://www.whittierdailynews.com/general-news/20140926/closure-of-la-mirada- boulevard-causes-some-delays-but-it-could-get-worse-official-says (검색일 2014. 10. 17)

Tran, Tini. 1999, July 19. "Into the Suburbs of Koreatown," Los Angeles Times, http://articles.latimes.com/1999/jul/19/local/me-57508(검색일 2014. 10. 17.)

Vo, Linda and Mary Yu Danico, 2004, "The Formation of Post-Suburban Communities: Koreatown and Little Saigon, Orange County," The International Journal of Sociology and Social Policy 24(7/8): 15~45.

로스앤젤레스 한인축제재단, 2014, 제41회 로스앤젤레스 한인축제 책자.

하혜연, 2014. 8. 14. 「부에나팍 라이프스타일을 바꿔놓은 쇼핑몰」, 『헤럴드경제』. http://heraldk.com/2014/08/14/부에나팍-라이프스타일을-바꿔놓은-쇼핑몰/ (검색일 2015. 1. 10.)

_____, 2014. 9. 4. 「'아리랑 축제'가 'K타운 나이트 마켓'과 손을 잡았다」, 『헤럴드경제』. http://heraldk.com/2014/09/04/아리랑-축제가-k타운-나이트-마켓과-손을-잡았다/ (검색일 2014. 10. 17.)

_____, 2014. 5. 21. 「OC 아리랑축제 도로 막고 개최한다지만…」, 『헤럴드경제』. http://heraldk.com/2014/05/21/oc-아리랑축제-도로-막고-개최한다지만/ (검색일 2014. 10. 17.)

Organizations and websites

Irvine Korean Cultural Festival: http://irvinekoreanfestival.com

로스앤젤레스 한인축제재단(Los Angeles Korean Festival Foundation): http://www.lakoreanfestival.org/index.php

OC한인축제재단(Arirang Festival of Orange County): www.arirangoc.com http://www.koreadaily.com/news/read.asp?art_id=2844768

저자 소개

박 정선

캘리포니아 주립대학교(도밍게즈 힐즈) 아시아태평양학과 교수. 한인/아시아계 미국인의 정체성의 정치, 시카고 한인 커뮤니티, 초국가 시대와 한국 시민권 문제, 한류, 일본 애니메이션 등에 대해 연구하고 글을 써 왔으며, 공동 편저로 *The Borders in All of Us: New Approached to Three Global Diasporic Communities*(New World African Press, 2006. William Little, Selase Williams, Irene Vasquez and Munashe Furusa와 공편)가 있다. 스탠포드 대학의 아시아태평양연구센터와 한국학중앙연구원의 방문학자를 지냈다.

이메일: jpark@csudh.edu

김 바바라

캘리포니아 주립대학교(롱비치) 아시아·아시아계미국인학과 교수. 저서로는 *Caring across Generations: The Linked Lives of Korean American Families*(NYU Press 2014, Grace J. Yoo와 공저)가 있으며, 한인/아시아계 미국인 가족과 정체성 형성, 상업에 종사하는 한인 이민자들과 건강보험 및 은퇴계획, 고령화, 미국 중서부 지방 아시아계 미국인들의 정체성과 커뮤니티 등에 관한 연구를 하고 있다. 한인 1.5세이다.

이메일: Barbara.kim@csulb.edu

공항에서 코리아타운까지 가는 교통편

LA 국제공항(LAX)에서 LA 코리아타운까지 대중교통을 통해 가는 길은 다음과 같다.

1. 공항에서 FlyAway라는 셔틀버스를 타고 다운타운에 있는 유니언 스테이션역(Union Station)에서 하차(편도 8달러. LAX에서 FlyAway 셔틀 버스를 타고 유니언 스테이션에 도착 후 그곳에 있는 버스 회사 창구에서 지불함.)

2. 유니언 스테이션에서 퍼플 라인(Purple Line) 메트로를 타고 한인타운에서 하차(메트로를 타려면 TAP 카드를 사야 함. 요금은 1.75달러). 레드 라인(Red Line)은 Wilshire/Vermont역에만 서고, 퍼플 라인을 타면 Wilshire/Vermont역, Wilshire/Normandie역 그리고 Wilshire/Western역 모두에서 내릴 수 있음. LA 한인축제는 Olympic길과 Normandie/Irolo길이 만나는 곳에 있는 공원에서 열리므로 축제를 가려면 Wilshire/Normandie역에서 하차하는 것이 가장 가까움.

좀 더 자세한 내용은 아래 링크를 참조할 것.

https://www.rome2rio.com/s/Los-Angeles-Airport-LAX-USA/Koreatown

http://media.metro.net/riding_metro/bus_overview/images/802.pdf

2

뉴욕의 한인사회와 축제*

주동완(코리안리서치센터)

1. 머리말

혼히 '뉴욕 한인사회'라고 할 때, 그 공간적 범위는 맨해튼을 중심으로
한 뉴욕시와 인근의 뉴욕주, 뉴저지주 그리고 커네티컷주 등의 일부 지역을
포함한 뉴욕 메트로폴리탄 지역에 광범위하게 퍼져있는 한인사회를 일컫는
다. 시간적 범위로는 1883년 조선 최초의 서구사절단인 보빙사가 한인으로
서는 최초로 뉴욕을 방문한 이래로 오늘에 이르기까지 약 130년간을 말한
다. 그 시간 속에서 11명의 조선 사절단이 약 50만 명의 한인 이민자 사회로
성장하였으며, 그 공간 속에서 한인 이민자들은 경제적인 부를 쌓고, 자녀들
의 교육을 위해 헌신했으며, 미국 주류사회 속에서 정치적 신장을 꾀하고자
노력하며 삶의 터전을 일구어 왔다. 즉, 뉴욕의 한인들은 지난 130년간 이민
생활에서의 정착과 나아가 '아메리칸 드림'을 이루기 위해 노력하며 '뉴욕 한
인사회'를 형성해왔다.

뉴욕 한인사회의 한인들은 힘들고 고달픈 이민 생활 속에서도 잠깐이나
마 삶의 여유를 찾고 한인들 간의 단합과 친목을 위해 많은 문화 활동을 해왔
다. 이러한 문화 활동은 개인적인 취미에서부터 동창회, 향우회, 지역, 직능

---

* 이 글은 『한민족공동체』 제21호(2014. 7)에 실린 것을 보완한 것임.

단체들의 소규모 모임을 비롯하여 크게는 우리 민족의 전통을 미국 주류 사회에 알리고 한인 2세들에게 민족적 정체성을 가르치고자 하는 전체 한인사회의 축제로 발전하였다. 또한 그 축제도 이제는 뉴욕 한인사회의 여러 지역에서 대규모 마당축제에서부터 퍼레이드와 골목축제 등과 같이 그 종류도 다양하게 발전해 왔다. 뉴욕 한인사회의 축제들은 뉴욕 한인사회의 성장을 가늠할 수 있는 하나의 지표일 뿐만 아니라 그 축제들의 내용들로부터 뉴욕 한인사회의 사회적 성격과 변화의 모습을 확인할 수 있는 척도가 되고 있다.

하지만 이러한 한인 축제들에 대해서 그동안 학술적인 연구는 물론이고, 축제들을 열고 난 뒤에 그 축제들에 대한 개최 과정과 결과에 대한 기록이나 보고서조차 전무한 실정이다. 뉴욕 한인사회에서 개최된 축제들은 그저 연중 행사로 개최되어 왔을 뿐, 그 축제들을 진지하게 연구하려는 시도나 관심은 부재했다고 여겨진다. 늦은 감이 없지 않으나 이제는 전체적으로 그 축제 행사들에 대하여 그 의의와 역사들을 기록하고 그 진행 과정 및 행사 결과들에 대해 검토해야 할 때가 되었다고 생각한다. 그리고 그러한 과정과 결과들은 학문적인 관심을 갖고 학문적인 관점에서 깊이 연구되어야 하며 해외에서의 민족문화 보존차원에서도 그 자료와 영상 등이 자료로서 보존되어야 한다.

이 글은 먼저 이처럼 숫자와 규모가 늘어나고 그 종류 면에서 다양해진 뉴욕 메트로폴리탄 지역의 한인사회에서 벌어지고 있는 한인사회 축제들에 대한 현황과 각 축제들의 역사와 의의에 대해 살펴보고자 한다. 이미 그동안 행해져온 한인 축제들에 대한 많은 자료와 기록들이 존재하지 않아 그 역사와 현황에 대한 정확한 기록이 불가능한 것이 아쉽지만 뉴욕 한인사회의 언론사 취재기록들을 중심으로 하여 한인 사회의 축제에 대한 역사와 그 현황을 구성해보고자 한다. 아울러 뉴욕에서 28년간 뉴욕 한인의 한 사람으로 생활해오면서 각 한인 축제에 참석해본 필자의 경험을 바탕으로 하여 한인 축제들에 대한 감상과 느낌 등을 서술하고 그러한 감상과 느낌을 토대로 하여 한인 축제의 문제점을 찾아보고자 한다. 마지막으로 단순한 축제 참가자가 아니라 그동안 뉴욕 한인 사회의 변화에 관심을 갖고 연구해온 연구자로서 앞으로 한인 축제의 발전을 위하여 나름대로 그 문제점의 해결방안에 대해 제안해보고자 한다.

객관적 자료의 부족이 본 연구의 가장 큰 한계라고 생각하지만 뉴욕 한인사회의 축제에 대한 최초의 글임으로 우선 이러한 주제에 대한 관심을 갖고 본격적인 연구의 토대를 마련했다는 데서 본 글의 의의를 찾고자 한다. 또 필자의 주관적인 생각과 느낌에 제한되어 있다고 해도 28년이라는 짧지 않은 세월을 뉴욕 한 곳에서만 살면서 체득한 직접적인 참여관찰의 관점에서 나온 것이어서 그 논의에 어느 정도 타당성이 있지 않을까 하는 점이 그 자료의 부족함을 대신하고자 한다. 물론 이에 대한 더 많은 자료의 발굴과 객관적이고도 과학적인 학문적 연구가 계속해서 이어져야 함은 두말할 나위도 없을 것이다.

2. 지역 현황

2010년 인구조사에 따르면 미국 전체 인구는 3억 874만 5,538명인데 이 가운데 아시아 또는 아시아계 혼혈인은 1,732만 856명으로 전체 인구의 5.6%를 차지하고 있는 것으로 나타났다. 〈표 1〉과 같이 미국 내 인구 100만 명 이상을 보유한 아시아인 인구현황을 보면 아시아인 가운데 한인 또는 한국계 혼혈인은 170만 6,822명으로 미국 내 전체 아시아 인구의 9.9%를 차지했으며, 전체 미국 인구 중에서는 0.6%를 차지하고 있는 것으로 나타났다. 미국 내 한인 인구는 아시아인들 가운데 다섯 번째로 많은 것으로 나타났다.

또, 미국을 4개의 지역별로 나누면 〈그림 1〉과 같이 북동부지역, 중서부지역, 남부지역 그리고 서부지역으로 크게 나눌 수 있다. 그리고 각 지역별로 한인인구의 분포율을 보면 〈표 2〉와 같이 캘리포니아를 중심으로 한 미

표 1 미국 내 인구 100만 명 이상을 보유한 아시아인 인구현황

순위	구분	인구수	(%)
총계	아시아 또는 아시아계인	17,320,856	100.0
1	중국인	4,010,114	23.2
2	필리핀인	3,416,840	19.7
3	인도인	3,183,063	18.4
4	월남인	1,737,433	10.0
5	한국인	1,706,822	9.9
6	일본인	1,304,286	7.5
7	기타	1,962,298	11.3

출처: The Asian Population 2010, 2010 Census Briefs, U.S. Census Bureau, 2012. 3.

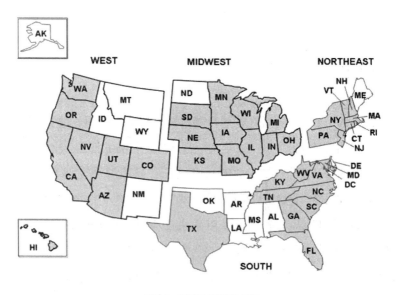

그림 1 미국의 지역별 구분

출처: http://blog.daum.net/americaworld/876

표 2 미국의 지역별 한인 거주비율

지역	한인들의 거주비율(%)
북동부 지역(Northeast)	20.5
중서부 지역(Midwest)	11.8
남부 지역(South)	24.0
서부 지역(West)	43.7

출처: The Asian Population 2010, 2010 Census Briefs, U.S. Census Bureau, March 2012. 18쪽

국 서부지역에 미국 내 전체 한인의 43.7%가 거주하고 있어서 가장 많은 한인들이 거주하고 있는 지역임을 보여주고 있다. 뉴욕을 중심으로 한 미국 북동부 지역에 거주하는 한인 인구비율은 미국 내 전체 한인 인구의 약 20.5%를 차지하고 있다.

북동부지역의 한인은 미 동부 최대의 한인 밀집지역인 뉴욕을 포함하고 있음에도 불구하고 북동부지역이 볼티모어, 워싱턴 D.C., 애틀랜타 등의 한인 밀집지역을 갖고 있는 남부지역보다도 한인들의 거주비율이 적게 나타난 것은 최근의 한인 이민자들의 정착유형이 각 지역으로 다양하게 변화하고 있음을 반영한 것이다. 뉴욕 메트로폴리탄 지역의 한인 인구는 2008년 현재 미국 내 전체 한인 인구의 13.4%로 추정되었다.[1] 이 추정치를 2010년에는 약 15% 정도로 증가한 것으로 하여 2010년 인구조사 결과로 계산해보면, 2010년 현재 뉴욕 메트로폴리탄 지역의 한인 인구는 약 25만 6천 명이 되는 것으로 나타났다.[2]

뉴욕 메트로폴리탄 지역은 〈그림 2〉에서 보듯이 뉴욕시 5개 보로

---

1) Pyong Gap Min and Chigon Kim, Growth of the Korean population and changes in their settlement patterns over time, 1990~2008, Research Center for Korean Community, Queens College of CUNY, (Research Paper No. 2), p.14. March 16, 2010.

2) 뉴욕한인회를 비롯하여 보통 뉴욕 한인사회에서는 뉴욕 메트로폴리탄 지역 한인 인구를 2013년 기준 50만 명으로 추정하고 있다.

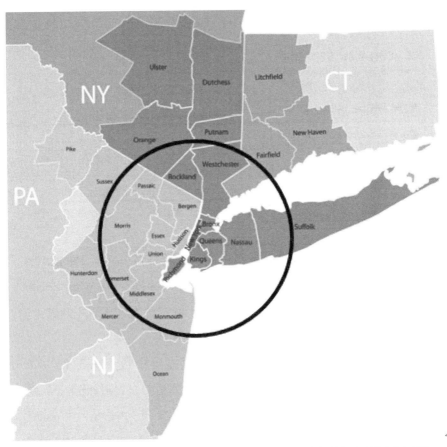

그림 2 뉴욕 메트로폴리탄 지역(원으로 표시된 곳은 뉴욕 메트로폴리탄 지역 내의 한인들의 밀집
거주지역)

출처: https://static.selectleaders.com/static/images/real-estate-new-york-city.jpg

(borough: 한국의 '구'와 같은 뉴욕시의 행정단위)를 중심으로 서쪽으로는 버겐 카운티
(County: 한국의 '군'과 같은 미국의 행정단위)를 비롯한 뉴저지 북동부 지역과, 북쪽으
로는 락클랜드와 웨체스터 카운티 등 뉴욕주의 몇몇 카운티를 포함하고, 북
동쪽으로는 커네티컷주의 페어필드 카운티의 일부를 포함하며 동쪽으로는
미대륙의 대서양 연안을 따라 길게 뻗은 롱아일랜드의 나소와 서폭카운티를
포함한 지역을 말한다. 맨해튼에서 자동차로 2시간 이내에 위치한 뉴욕 메
트로폴리탄 지역은 맨해튼을 중심으로 한 1일 생활권 지역들로서, 이 지역

인구는 2010 인구조사에서 2천 2백만 명으로 나타나 미국에서 최대의 메트로폴리탄 지역을 형성하고 있다.[3] 이 수치는 미국인 15명 중 1명이 뉴욕 메트로폴리탄 지역에 거주하고 있다는 뜻이며, 2010 뉴욕 메트로폴리탄 지역 센서스 인구는 2000센서스 때보다 3.4% 증가한 것으로서 뉴욕 메트로폴리탄 지역 인구는 해마다 증가하고 있다.

이처럼 2천 2백만 명의 미국 최대 인구 밀집지역인 뉴욕 메트로폴리탄 지역에서 25만 6천 명의 한인 인구는 전체 인구의 1.2%를 차지하고 있으며, 뉴욕 한인사회의 주장대로 50만 명이라 하더라도 전체 뉴욕 메트로폴리탄 인구의 2.3%에 불과하다.

3. 뉴욕 한인사회의 축제 현황

뉴욕 한인사회는 한인 인구 숫자 면에서 볼 때 1945년 이후 1950년대까지는 주로 초기 유학생들로 구성된 약 150여 명 정도에 불과했다. 이때의 한인 유학생들은 주로 많은 한인 학생들이 재학하고 있었던 컬럼비아 대학 주변과 비교적 거주비용이 저렴했던 브루클린 지역에 거주하고 있었다. 이 당시 한인사회의 큰 행사로는 3·1절, 8·15 광복절을 기념하는 행사를 위주로 하여 맨해튼 80가에 있던 총영사관에서 행사를 치렀다.[4]

---

3) 미국의 5대 메트로폴리탄 지역의 인구현황

순위	메트로폴리탄 지역명	인구수(명)
1	뉴욕 지역	22,085,649
2	로스앤젤레스 지역	17,877,006
3	시카고 지역	9,686,021
4	워싱턴 D.C. 지역	9,331,587
5	샌프란시스코 지역	8,370,987

출처: 2010 Census, Combined Statistical Area(CSA) Population

이러한 뉴욕 한인사회의 형편은 1960년 6월 12일 뉴욕한인회가 설립되었던 당시만 해도 크게 변하지 않아 전체 한인이 4백여 명에 그쳤다.[5] 하지만 1960년대 중반부터는 가발업을 선두로 하여 한인 상인들이 본격적으로 상업활동을 하기 시작하면서 변하기 시작했다. 또 1965년 개정이민법으로 한국인들의 미국 이민이 합법화되면서 1970년대 초반부터 일기 시작한 한인 이민물결은 1970년대 중반부터 1980년대 중반까지 급팽창하는 시기를 맞이하면서 뉴욕 한인사회의 사회적, 경제적 성격도 급변하기 시작했다. 이에 따라 뉴욕 한인사회에 뉴욕한인회의 역할이 증대되기 시작하였으며 직종에 따른 많은 직능단체들이 형성되었다. 또 이러한 단체들이 중심이 되어 1960년대에는 3·1절과 8·15광복절 기념식, 야유회 그리고 연말 파티 정도의 규모였던 뉴욕 한인사회의 행사들이 어느 정도의 조직과 규모를 갖추고 개최되기 시작하였다. 이러한 행사들을 통해 뉴욕 한인사회는 사회적 유대감이 강화되고 경제적 성장이 더욱 가속화되었으며 문화적으로 고국에 대한 향수를 느낄 수 있었을 뿐만 아니라 미국 속에서 한인으로서의 자긍심과 더불어 한인사회를 미주류 사회에 알리는 계기가 되었다.

앞서 살펴본 바와 같이 뉴욕 메트로폴리탄 지역에서 이 지역 전체 인구의 1~2% 정도의 인구수를 가지고 있는 뉴욕 한인사회는 한국의 최대 명절 가운데 하나인 추석을 기념하는 민족축제를 매년 3곳에서 개최하고 있으며, 맨해튼 한복판에서 개최되는 퍼레이드를 포함하여 2개의 퍼레이드 축제를 개최해왔고, 2개의 마당축제와 1개의 어린이와 청소년을 위한 민족축제 그리고 1개의 다문화 축제 등 총 9개의 크고 작은 민족 축제를 개최하고 있다. 이 축제들을 주최자와 공식 명칭, 축제 시기와 장소 그리고 축제를 시작한 연도별로 구분하여 그 현황을 표로 정리하면 〈표 3〉과 같다.

---

4) 뉴욕한인회, 「사반세기 뉴욕한인회」, 1985, 27쪽.
5) 위의 책, 54쪽.

표 3 뉴욕 메트로폴리탄 지역의 한인 축제 현황

	주최자	축제명	개최시기	개최장소	시작연도
1	뉴욕한인청과협회	추석맞이 민속대잔치	9~10월	(1)플러싱 메도우즈 코로나파크 (2)시티필드(주차장)	1982
		한국농특산물 종합박람회		(3)랜달스 아일랜드 파크	1997
2	뉴저지한인회	뉴저지 추석대축제	9~10월	뉴저지 뉴 오버팩 공원	2002
3	주최: 뉴욕한인회 주관:	뉴욕 코리안 퍼레이드	9~10월	맨해튼 브로드웨이선상 41가~28가 맨해튼 6 애비뉴선상 38가~28가	1980
4	뉴욕한국일보	야외장터축제		맨해튼 32가 선상 5애비뉴와 6애비뉴 사이	
5	롱아일랜드 한인회	한미문화축제	7월	아이젠하워 파크	1994
6	롱아일랜드 학부모 연합회	추석대잔치	9~10월	먼지 파크 초등학교	2009
7	퀸즈한인회	설날 퍼레이드	2월	플러싱 다운타운	1980
8	퀸즈한인회, 먹자골목상인번영회	먹자골목 아시안축제	6월	플러싱 41애비뉴와 149스트리트	2013
9	원광한국학교	어린이민속대잔치	5~6월	(1)키세나 파크 (2)커닝햄 파크	1989

1) 뉴욕한인청과협회의 '추석맞이 민속대잔치'

(1) 뉴욕한인청과협회

뉴욕 한인사회를 대표하는 축제는 뉴욕한인청과협회가 매년 9~10월 중에 개최하는 '추석맞이 민속대잔치'다. 뉴욕한인청과협회는 뉴욕 메트로폴리탄 지역에서 주로 과일과 야채를 판매하는 한인 청과상들의 모임이다. 2013년에 제31회를 맞이한 뉴욕한인청과협회의 추석맞이 민족축제는 뉴욕 한인이민 사회가 고난과 역경을 이겨내고 한인들이 뉴욕 사회, 나아가 미국 사회에 뿌리내린 것을 상징적으로 나타내는 축제이다. 그 축제를 준비하고 진행시키기 위하여 뉴욕한인청과협회 회원들이 뉴욕시 공원국을 비롯한 시

당국과 뉴욕의 정치인들 그리고 모국과 협상하고 협력해 온 과정은 그 자체가 뉴욕 한인들의 이민 역사이다.

1965년 이민법이 개정되어 미국으로 합법적인 이민을 온 한인들은 초기에는 의사와 간호사 등 전문직 종사자들이 주를 이루었지만, 이들이 미국에서의 5년 체류시한을 마치고 미국 시민권자가 되어 한국의 부모형제들을 초청하기 시작하면서 한인 이민자수가 급증하기 시작했다. 또 6·25전쟁 후 한국에 주둔해 있던 주한미군과 결혼한 한국 여성들이 3년의 미국 체류시한 후에 시민권을 취득하여 한국 내 가족들을 초청하기 시작하여 한인 이민자 숫자는 기하급수적으로 늘기 시작했다. 하지만 이렇게 한인 시민권자들의 초청으로 미국으로 이민온 대부분의 한인들은 미국생활에서의 정착을 위한 준비가 부족했다. 막연한 '아메리칸 드림'을 안고 단지 몇 백 달러의 적은 정착금을 갖고 미국으로 이민 온 이들에게 유일한 밑천은 부지런한 근면성과 자녀들의 보다 나은 교육을 위해서는 어떠한 어려움도 겪을 준비가 되어 있었던 희생정신뿐이었다.

특히 상업 도시인 뉴욕으로 이주한 한인들은 1960년대 중반부터 1970년대 초까지 당시 유행했던 가발 패들러(노점상)로 상업 활동을 시작하여 조금씩 자본금을 마련할 수 있었다. 한인들끼리의 경쟁으로 가발업이 오래 지속되지 못하고 사양산업이 되자, 한인들은 그동안 모은 약간의 자본금과 같은 한인들끼리 조직한 계(契)를 통하여 사업자본금을 마련하게 되었다. 그리고 그렇게 마련된 자본금을 갖고 뛰어든 업종이 청과업이었다. 당시 청과업은 주로 이태리계와 유태계인들이 장악하고 있던 업종이었다. 이미 생활이 정착된 이태리계와 유태계인들이 직업 상승을 위해 청과업 청산을 고려하던 중이기도 하였으나 그들은 이미 밀려드는 한인 청과상들과의 경쟁에서 밀려나기 시작했다.

많은 한인들은 모은 자본금으로 약간의 권리금(Key Money)을 주고 이들 이태리계와 유태계 청과상 주인들로부터 그들의 가게를 인수하는 경우도 있었지만 많은 한인들은 이태리계와 유태계 청과업소 인근에 다른 청과업소를 열어 이들과 경쟁하며 비즈니스를 하기 시작했다. 청과업은 비즈니스에 대한 특별한 지식이나 노하우가 필요없는 단순한 노동집약적 업종이어서 한인 이민가정이 가족 전체가 나서서 꾸려 나가기에 안성맞춤인 비즈니스였다. 또 외상이 없는 비즈니스라 현금 순환이 빨랐으며, 소기업 특성상 현금축적이 쉬웠다. 비즈니스 성격상 특별히 영어 장벽이 문제되지 않았으며 오히려 대부분 한인들의 청과업소가 흑인과 라티노계들의 거주지인 중하층 지역에 소재하여 직업상의 위세(prestige)도 가질 수 있어서 고달픈 이민생활에서 그나마 삶의 만족도도 높여줄 수 있었다.

특유의 근면성과 교육 수준이 비교적 높았던 한인들은 청과업소 운영에 있어서 이태리계와 유태계 청과상인들보다 탁월했다. 그들은 헌츠 포인트 청과업 도매시장에서 주로 이태리계인 청과 도매업자들과 흑인계 청과 운송업자들의 모진 차별과 수모를 겪으며 새벽에 장을 봐서 싱싱한 야채와 과일을 구매하려고 노력했으며, 판매를 위해 진열해 놓은 과일과 야채를 더욱 싱싱하게 보이도록 하기 위해 깨끗히 씻어서 잘 정리해놓고 손님들을 맞이하였다. 더욱이 가게 문을 아침 7시부터 저녁 9시까지 14시간 이상씩 열어두는 것은 보통이고 규모가 큰 청과업소의 경우 24시간을 여는 경우도 많았다. 이렇듯 생존을 위해 악착같이 생업에 종사하는 한인 청과상들에게 이태리계나 유태계 청과상들은 경쟁 상대가 되지 못했다. 그리하여 곧 뉴욕 메트로폴리탄 지역의 청과업소는 대부분 한인들이 운영하게 되었고, 1980년대 동안 약 3천여 개의 한인 청과업소가 뉴욕 메트로폴리탄 청과업을 장악하게 되었다.

1970년대에서 1980년대에 걸쳐 약 20년간 한인 청과업의 성장 과정은 순탄한 것만은 아니었다. 그들은 새벽부터 밤늦게까지 도매시장에서 물건을 구입하고 무거운 과일과 야채상자를 날라야 하는 중노동을 해야 했고, 야간에는 권총강도로부터 목숨을 잃는 위험도 감수해야 했다. 그러나 무엇보다도 한인 청과업소들의 주 고객층인 흑인 지역주민들과의 인종 갈등을 극복해야 했고, 주 고용인인 히스패닉계 라티노들과의 노동분쟁을 해결해야 했으며 이태리계 백인 청과 도매업소 주인들로부터의 갖은 차별과 모욕을 감수해야 했다. 나아가 매년 치솟는 가게 렌트비로 인해 이태리계와 유태계인 건물주들로부터 불이익을 당해야 했으며 야채와 과일 등의 쓰레기가 많이 배출되는 비즈니스 성격상 뉴욕시 당국으로부터 발부되는 많은 티켓과 벌금을 감수해야만 했다. 이처럼 뉴욕 한인 청과상들은 그들의 비즈니스를 하면서 4중고, 5중고를 겪었다.

하지만 흑인 소비자와 라티노 고용인, 백인 도매업자들과 건물주들 그리고 행정 당국들과의 갈등이 커지면 커질수록 한인 청과상들은 더욱 더 단결하고 자구책을 마련하기 위해 갖은 노력을 기울였다. 그렇게 해서 만들어진 것이 1973년 설립된 뉴욕한인청과상조회였다. 뉴욕한인청과상조회는 당시 청과업에 종사하던 50여 명의 한인 청과상이 서로 상부상조하자는 취지에서 힘을 모으고 모두의 권익을 도모하기 위해 만들었는데, 처음에는 주로 회원들의 외롭고 서글픈 이민생활에서 서로의 친목도모와 상호부조의 성격이 강해 '상조회'라고 했다가, 후에 그 역할과 기능이 증대되어 '협회'로 개명하였다.

(2) 추석맞이 민속대잔치

뉴욕한인청과협회는 회원들의 권익과 친목도모를 위해 내부적으로 많은 활동을 하면서, 대외적으로 뉴욕 한인사회를 위해 매년 추석맞이 민속대잔치를 개최해오고 있다. 1973년 뉴욕한인청과상조회가 설립되고 나서 상조회 활동이 비교적 안정을 찾아가던 무렵인 1982년에 당시로서는 뉴욕 한인사회에서 최대 규모의 직능단체였던 뉴욕한인청과상조회가 뉴욕 한인사회를 위한 축제의 장으로 추석맞이 민속대잔치를 개최했다. 〈그림 3〉은 본 행사의 2012년도 포스터이다.[6] 매년 9월 또는 10월에 뉴욕에서 한인들의 최대 밀집지역인 플러싱에 소재한 플러싱 메도우즈 코로나 파크(Flushing Mea

그림 3 뉴욕한인청과협회의 추석맞이 민속대잔치의 2012년도 포스터

dows Corona Park)에서 개최되는 뉴욕한인청과협회의 추석맞이 민속대잔치는 이제 뉴욕 한인들만의 잔치가 아니라 뉴욕 일원 모든 시민들을 위한 축제가 되었다. 특히 1997년 제16회 때는 제1회 모국 농특산물 뉴욕종합박람회가 함께 개최되어 6개 도에서 온 90여 업체가 참가하여 우리 농특산물을 선보인 이후, 추석맞이 민속대잔치는 한국 농산물과 더불어 공산품까지도 미국 주류사회에 선보이고 판매하는 장소와 기회가 되었다.

　뉴욕한인청과협회의 추석맞이 민속대잔치는 보통 9월 중하순경 또는 10월 초순경에 토요일과 일요일 이틀에 걸쳐 개최된다. 첫째 날인 토요일 오전 11시에 농악팀의 흥을 돋구는 길놀이연주와 함께 개막식을 시작으로 축

---

6)　출처: http://www.mediakoreatv.com/bbs/skin/kima_gallery_03/view_img.php?file=data/
event_poster/2012Festival.jpg(왼쪽)
http://www.mediakoreatv.com/bbs/skin/kima_gallery_03/view_img.php?file=data/
event_poster/1345243878/2012Chuseok_Festival_sm.jpg(오른쪽)

제가 시작된다. 개막식에는 뉴욕 한인사회의 지도자급들 인사와 뉴욕시와 뉴욕주, 때에 따라서는 연방정부의 고위 관료들과 주뉴욕 한국총영사 등의 축사와 격려사가 이어진다. 무대 위에 모형으로 만든 '조상의 묘' 앞에 상을 차려놓고 실제 차례를 지내며, 추석명절 때 차례를 지내는 시범을 보여준다. 이는 한인 2세들에게 한국의 추수감사절과 같은 추석의 의미를 되새기도록 하는 데 아주 중요한 순서이다. 개막식이 끝난 후 '조상의 묘' 모형은 행사장 한쪽으로 옮겨져 축제에 참가한 관람객들 중에서 원하는 사람들은 고향을 찾은 것 같은 향수에 젖어 마음껏 차례를 지낼 수 있도록 해준다. 이어 태권도 시범과 전통무용 공연을 비롯하여 곳곳에서 제기차기, 널뛰기, 씨름 등 민속놀이가 개최되며 뉴욕 한인사회의 여러 음악과 무용단체들이 펼치는 국악 및 민속 공연이 펼쳐진다. 아울러 청소년들을 위한 힙합 페스티벌과 청소년 가요축제가 열리기도 하고 어른들을 위한 동포 가요제와 장수만세와 같은 대회와 공연이 펼쳐진다.

특히 추석맞이 대잔치 행사의 하이라이트는 두 번째 날 저녁 무렵부터 시작되는 연예인 공연이다. 연예인 공연은 뉴욕 동포사회에서 활동하는 연예인과 모국에서 초청해오는 연예인들의 공연이다. 이 연예인 공연을 위해 청과협회의 행사준비팀은 4, 5월부터 한국을 방문하여 연예인 공연에 초청할 모국 연예인들의 섭외에 나선다. 초청되는 연예인들은 청소년에서부터 노년층에 이르기까지 모든 관람객들을 만족시키기 위해 다양한 연령층의 인기 연예인들이다. 덕분에 한국에서도 보기 힘든 패티김, 태진아, 설운도, 인순이 등과 같은 인기 연예인들을 뉴욕 한인들은 매년 실제로 만나고 그들이 공연하는 모습을 가까이 볼 수 있었다.

최근 들어 한류 열풍과 더불어 K-Pop의 젊은 '아이돌'들도 초청된다. 동방신기, 2PM, 샤이니, 비스트, 포미닛, 시스타 등도 포함되어 한인 2세 청소년들에게는 자칫 지루하게 느껴질 수 있는 추석축제에 생기를 불어 넣어주고 뉴욕 인근지역의 거의 모든 청소년들을 끌어오게 하는 중요한 역할을 하고 있다. 이러한 K-Pop 아이돌 그룹의 초청은 한국의 K-Pop에 관심 있는 타민족과 타 인종 청소년들의 축제 참가를 부추기고 있다. 또 장사익, 김영임, 김태우, 마야, 소프라노 홍혜경, 바리톤 려현구 등과 같은 한국 전통 음악과 클래식 음악의 공연자들도 초청되어 문자 그대로 세대와 장르를 넘나드는 무대가 펼쳐지고 있다.[7)]

추석잔치에서 모국 연예인들의 공연과 관련하여 한 가지 주목되는 변화는 연예인들의 멘트에 있다. 뉴욕 추석잔치 공연을 위해 온 연예인들은 무대에 올라와 뉴욕동포들에게 인사를 할 때, 90년대까지만 해도 뉴욕동포들을 위해 '위문공연'을 왔다고 하며 "그동안 머나 먼 타국에서 얼마나 고생을 하셨냐?"며 울먹거려 관람객들의 향수를 달래주기도 했다. 하지만 이제 이런 멘트로 인사를 하는 연예인은 비난과 조소거리가 된다. 뉴욕 동포들은 하루만이라도 모국의 연예인들의 공연을 보면서 즐기려고 추석잔치에 오는 것이지 그들로부터 위로받으려고 오는 것이 아니다. 이는 뉴욕 한인사회가 문화를 즐길 수 있을 만큼 삶이 안정되었다는 것으로 여겨진다. 오히려 공연을 위해 밤새도록 비행기를 타고 온 연예인들의 피곤한 표정을 보면서 뉴욕의 한인들은 안쓰러워하고 그럴수록 더 큰 박수와 성원을 보내주어, 모국에서 온 연예인들이 오히려 위로받고 더 큰 감동을 받아 돌아가는 경우가 많다.

뉴욕청과협회의 추석맞이 대잔치 축제는 전통적으로 한인들의 밀집 거주지역인 플러싱의 중심에 있는 플러싱 메도우즈 코로나 파크(Flushing Meadows Corona Park)에서 열렸다. 이 코로나 파크는 1964~1965년 두 해에 걸쳐 세계박람회가 열렸던 곳으로도 유명하다. 특히 이 박람회는 뉴욕한인들에게 큰 의미가 있다. 이 박람회가 개최되던 해에 한국은 이제 막 경제개발 5개년 계획을 시작하여 경공업 발전에 박차를 가하고 있을 무렵이었다. 따라서 신생 공업국가로 도약하려는 대한민국을 홍보하고 한국의 상품을 외국 구매자

---

7) 울산뉴스투데이, 청과협회 주최, 제29회 추석잔치 프로그램 다양, 뉴욕일보 양호선 기자 보도, 2011. 8. 25.

들에게 알리고 판매하기 위해 '한국관'을 만드는 등 대대적으로 박람회에 참가하였다. 이때 박람회에서 '한국관'을 만들고 운영하기 위하여 한국에서 300여 명의 준비요원이 파견되었다. 박람회는 2개년에 걸쳐 주로 여름기간에 2회에 걸쳐 개최되었는데 이때 파견되었던 준비요원들은 행사준비를 위해 주로 박람회 인근 지역에 머물게 되었다. 박람회가 끝나고 나서도 약 200여 명의 준비요원들은 귀국하지 않고 뉴욕에 잔류하였는데 이들이 행사준비를 하면서 머물렀던 플러싱지역에 그대로 거주하면서 미동부지역 최대 한인 밀집지역인 플러싱 코리아타운을 만든 주역이 되었다.[8] 플러싱 코리아타운의 역사가 시작된 곳에서 뉴욕 한인들이 이제 추석맞이 대축제를 매년 개최하고 있다는 것은 그 상징적인 의미가 크다고 하겠다.

하지만 최근에는 뉴욕한인청과협회의 추석맞이 축제의 장소가 〈그림 4〉에서와 같이 때와 상황에 따라 약간씩 달라지기도 했다.

그림에서 A는 전통적으로 추석맞이 축제를 개최해온 플러싱 메도우즈 코로나 파크이고 B는 뉴욕의 프로야구팀인 메츠(Mets)야구팀의 전용 야구장인 Citi Field가 있는 곳인데, 한 때는 이곳의 넓은 주차장을 축제 장소로 사용한 적도 있다. 또 최근 들어 축제장소로 개발되어 자주 사용되고 있는 C는 랜달스 아일랜드 파크(Randals Island Park)라는 곳이다.

Citi Field 야구장 주차장이 축제 장소로 이용된 이유는 야구장 바로 옆에 맨해튼에서 플러싱까지 오가는 7번 지하철역이 있어서 대중교통을 이용하여 축제 장소에 오기 편한 점이 고려되었고 랜달스 아일랜드 파크는 지리적으로 퀸즈, 맨해튼, 브롱스 등 뉴욕과 뉴저지에 거주하는 한인들이 어디에서나 오기에 편한 지역이라는 점이 고려된 듯하다. 하지만 콘크리트 바닥인 주차장에서의 축제는 아무래도 삭막한 감이 없지 않고, 랜달스 아일랜드 파크는 퀸즈와 브루클린 그리고 롱아일랜드 지역의 한인들이 불필요한 다리

---

8) 플러싱 코리아타운의 기원에 대해서 약간 다른 견해도 있다. 주동완, 뉴욕 플러싱 코리아타운의 디지털화를 위한 기초연구. 임영상 외. 코리아타운과 한국문화. 북코리아, 2012, 93쪽 참조.

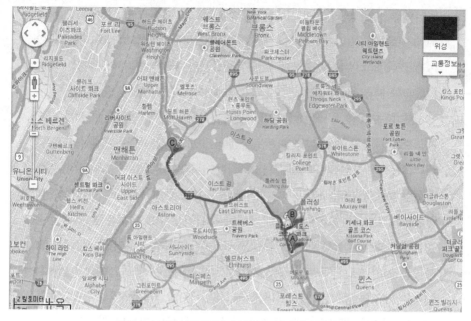

그림 4 뉴욕한인청과협회 추석맞이 민속대잔치 개최장소

통행료를 지불하는 부담과 협소한 파크 입구 진입로가 유발하는 교통체증으로 인한 불편함 때문에 10만 명 이상이 모이는 축제 장소로서는 적합하지 않은 것 같다.

　단골 개최 장소였던 플러싱 메도우즈 코로나 파크는 너무 넓어서 주차장에서 행사장까지 15분 이상 걸어가야 하는 불편함이 있다. 하지만, 이는 노약자를 위한 셔틀버스 운행 등의 방안을 마련하여 문제를 해결하도록 하고, 뉴욕 한인들에게 의미 있는 플러싱 메도우즈 코로나 파크에서 뉴욕한인들의 큰 제전인 추석맞이 민속대잔치 축제가 이어지는 것이 바람직하다고 생각한다. 그렇게 함으로써 뉴욕추석맞이 대잔치를 '스토리'가 있는 하나의 큰 축제로 만들 수 있으며, 한인 2세들의 민족교육을 위해서나 외국인들의 더 큰 관심과 흥미를 이끌어 성공적인 문화축제가 되게 할 수 있을 것이다.

　뉴욕한인청과협회의 추석맞이 민속대잔치 행사장 구성은 보통 행사장 입구에 행사장소임을 알리는 전통 한국식 모양의 큰 대문이 서고, 대문 맞은편에 중앙무대가 설치된다. 큰 대문 주변에는 장터가 개설되어 여러 가지 한국 민속품과 일반 가정용품이나 생활용품들이 판매되기노 하는데, 1997년 축제 때부터는 한국 농특산품 등도 전시 판매되기 시작했다. 한국 농특산품 판매는 한국의 각 도에서 나는 배, 사과 등 싱싱한 과일과 마른 곶감과 마른 채소와 야채, 가공된 김치, 고추장, 된장 등의 전통 한국음식과 음식재료 그리고 김, 미역, 멸치 등 마른 해산물과 각종 젓갈류 및 한국 꿀 등 각 지역의 특산물들을 포함하고 있다. 한국 특산물들은 생산지에서 파견된 직원들이 상품에 대한 설명과 더불어 직접 판매를 하여 상품의 신뢰도를 높이고 있다. 최근에는 한국의 농산품뿐만 아니라 구두와 옷, 반지, 목걸이 등 액세서리와 화장품 등의 공산품과 한국 전통 기념품 등도 출품되어 많은 한인 구매자와 외국인 방문객들의 눈길을 끌고 있다. 또 행사장 안쪽으로는 인근 한인타운의 여러 식당들과 각 사회단체에서 기금모금을 위해 마련한 먹거리 장터가 줄지어 있어서 축제에 구경온 참석자들의 허기를 달래주고 있다. 먹거리 장터에는 주로 불고기와 갈비 등 즉석에서 구워지는 바비큐 요리에서부터 김밥, 떡볶이, 어묵, 라면 등 청소년들이 좋아하는 음식 등이 마련된다. 그리고 음료로는 캔음료와 한국의 전통적인 음료인 식혜와 수정과들도 있다. 단, 미국에서는 어느 공공 공원에서도 주류는 판매와 음주가 금지되어 있어서 한국의 각종 전통주나 막걸리, 소주 등의 주류가 한국 전통축제에서 선보이지 못하는 것은 아쉬움으로 남는다. [9]

축제의 분위기를 돋우고 행사기금 마련을 위하여 복권이 판매되는데, 보통 복권 한 장 값은 5달러이다. 상품으로는 3~40달러하는 50파운드짜리 쌀이 100포대 이상 마련되기도 하며, TV, 컴퓨터 등의 가전제품과 골프채, 골프공 등의 스포츠 용품 그리고 최고 상품으로는 한국 왕복 항공권이 내걸

---

9) 미국 공원에서의 주류 판매와 음주가 금지되어 있지만 간혹 물병에 물 대신 소주를 담아 와서 몰래 즐기는 한인들도 있는데 이는 동 장소에서 지속적인 축제를 개최하기 위해 지양되어야 한다.

그림 5 뉴욕한인청과협회의 추석맞이 민속대잔치의 모습 1
매년 10만 명 이상 모이는 뉴욕 추석맞이 민속대잔치(위), 아름다운 한국문화의 백미인 부채춤 공연(왼쪽 아래), 민속대잔치에서 가장 인기 있는 프로그램 가운데 하나인 씨름대회는 어린이, 청소년, 청장년, 여성부 등으로 나뉘어 진행된다(오른쪽 아래).
출처: 뉴욕일보 http://www.newyorkilbo.com/sub_read.html?uid=8631&section=sc110

린다. 또 다른 한편에서는 라이온스 클럽과 한인 의사, 간호사 협회 등에서 마련한 부스 안에서 혈압과 당뇨 등의 무료 건강검진이 이루어지기도 하고 한인 사회 내의 많은 비영리 단체들과 언론사에서는 자기 단체와 회사들의 홍보 목적으로 각종 기념품과 선물들을 마련하여 무료로 나누어 주기도 하여 축제 참가자들에게 큰 기쁨을 주기도 한다.[10] 뉴욕한인청과협회의 추석맞이 민속대잔치는 이제 미 동부지역 최대 한인축제로 자리매김했으며 뉴욕, 뉴저지, 커네티컷, 펜실베이니아 등 인근의 주뿐만 아니라 멀리 보스턴과 워싱턴 등지에서까지 구경하고 참여하는 미주 한인들의 전통 민족축제가 되었다. 최근에는 이 축제에 많은 한인 입양아들도 미국인 부모들과 함께 나들이 나오고 있으며, 타 인종, 타 민족들도 구경뿐만 아니라 씨름과 같은 민

---

10) 울산뉴스투데이, 앞의 기사, 2011. 8. 25.

그림 6 뉴욕한인청과협회의 추석맞이 민속대잔치의 모습 2
전문가들에 의해 설치된 중앙무대와 한국 아이돌 그룹의 공연 모습(위), 태권도 시범공연
(왼쪽 아래), 최근 활발해진 뉴욕 거주 조선족들의 참여(오른쪽 아래).
출처: 뉴욕일보http://www.newyorkilbo.com/sub_read.html?uid=8631&section=sc110
뉴욕조선족통신 http://www.nykca.com

속놀이에도 직접 참가하여 함께 즐기고 있다. 또 동부지역 뉴욕의 조선족 동
포들도 뉴욕한인청과협회의 추석맞이 대잔치 축제에 많은 관심을 갖고 참가
해오다가 2005년부터는 공식적으로 뉴욕조선족동포회와 전미조선족동포회
가 음식부스를 마련하여 참여해오고 있다. 축제에 참가한 조선족 동포들은
양고기꿰, 잡채, 족발 등 조선족 특색의 음식들을 제공하고 있으며 연변가무
단의 가수출신들도 공연과 장기대회 등에 나와 자신들의 기량을 뽐내고 있
다. 이렇듯 뉴욕한인청과협회의 추석맞이 민속대잔치는 세대를 이어 한국문

화를 이어가고 인종과 민족을 넘어 뉴욕의 시민들이 대화합하고 즐기는 축제의 한마당이 되었다.

2) 뉴저지한인회의 '뉴저지 추석대잔치'

뉴저지주의 한인사회는 뉴욕 맨해튼에서 조지 워싱턴 다리를 건너면 바로 들어서게 되는 뉴저지 북동부 지역의 포트 리(Fort Lee)를 중심으로 1980년대 초부터 발달하기 시작했다. 주로 맨해튼과 뉴저지 인근에 들어서기 시작한 한국계 회사들의 주재원들이 거주하면서 한인 상가와 타운이 발전되었다. 지금은 뉴저지 한인타운이 팰리세이즈 파크(Palisades Park) 등 인근 타운으로 확대되어 완전한 코리아타운을 형성했으며, 한인들이 밀집한 각 타운별로 한인 정치가들과 시장 등을 배출하여 뉴욕 플러싱 코리아타운보다 더 내실 있는 한인타운으로 발전해 가고 있다. 하지만 뉴욕의 상징성 때문에 뉴저지 한인들과 한인사회는 자체적으로 빛을 내지 못해 왔다. 그동안 미동부지역의 모든 주요 한인 행사들은 뉴욕에서 치러졌으며, 뉴저지는 부러움 반 질시 반으로 구경꾼의 위치에 머물러야 했다. 뉴욕 플러싱에서 한인 행사들이 벌어질 때면 30분에서 1시간 이상의 시간을 들여 차를 운전하고 죠지 워싱턴과 화이트 스톤이라는 2개의 큰 다리를 왕복 25달러 이상의 통행료를 지불하며 와야 했다.

1975년에 창립된 뉴저지한인회가 있었지만 뉴욕한인청과협회의 추석맞이 민속대잔치와 같은 대형 축제를 기획하기에는 역부족이었다. 그로부터 27년이 지난 2002년 뉴저지 한인회의 제1회 뉴저지 추석대잔치가 뉴 오버팩 공원(〈그림 7〉에 A로 표시)에서 개최되었다. 뉴저지 한인회는 '미국 속에 한민족의 얼과 단결된 힘을 바탕으로 우수한 한국의 문화를 알리고 자라나는 2세, 3세들에게 한국문화의 우수성과 자부심을 심어주기 위한 것이다.'[11] 라고 뉴저지추석대잔치의 개최 의의를 말하고 있으며 매년 9월과 10월 중에 주말

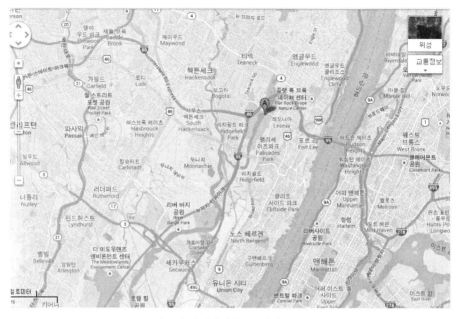

그림 7 뉴저지 추석대잔치 개최 장소

을 이용해 토요일과 일요일 이틀에 걸쳐 개최해오고 있다.

　뉴저지 추석대잔치도 뉴욕한인청과협회의 추석맞이 민속대잔치와 비슷한 형식으로 행사를 진행하고 있는데, 예산을 비롯한 여러 가지 여건상 뉴저지의 다른 단체들과 협력하여 행사 프로그램을 만들고 특히 기획 단계에서부터 한인뿐만 아니라 타 민족도 행사에 참여할 수 있도록 하고 있는 점이 특색이다. 예를 들면 어린이들을 위한 행사로 어린이 사생대회를 개최하고 있는데 이 프로그램은 뉴저지장로교회에서 후원하고 개최하여 매년 500여 명의 어린이들이 참가하고 있다.[12] 뉴저지 추석대잔치의 프로그램 가운데 가장 인기 있는 것은 '가을밤 열린음악회' 프로그램으로 세계적인 명성을 얻고 있는 클래식 음악가나 가수들 또는 한국의 수준급 전통무용단의 공연과

11) 뉴저지한인회 웹사이트, http://www.njkorean.org/xe/?mid=event001
12) 뉴저지한인회 웹사이트, http://www.njkorean.org/xe/?mid=event001

그림 8 뉴저지한인회의 추석대잔치
출처: (포스터) http://www.njkorean.org/xe/?document_srl=10777/
(그림) 뉴저지한인회, 뉴욕일보: 2012년도 뉴저지 추석대잔치
http://www.newyorkilbo.com/sub_read.html?uid=29145&section=sc110

사물놀이패 등이 초청 공연되고 있다. 이 밖에도 풍물놀이, 전통무용, 동포
노래자랑, 제기차기, 축구대회, 태권도시범, 훌라후프경연대회, 재즈공연,
한가위 전통미인대회 등 알찬 내용으로 우리 민족 최대 명절인 추석의 의미
를 한인들과 타 민족 참가자들에게 제공하기 위해 최선을 다하고 있다.[13]

---

13) 뉴저지한인회 웹사이트, http://www.njkorean.org/xe/?mid=event001

3) 롱아일랜드의 '한미문화축제'와 '추석대잔치'

롱아일랜드는 맨해튼 동쪽편에 대서양 연안을 따라 남북 길이 37Km, 동서 길이가 190Km에 이르는 제주도 크기의 약 2배에 달하는 길게 뻗은 큰 섬이다. 롱아일랜드 섬의 서쪽편에 위치한 퀸즈와 브루클린 카운티는 뉴욕시에 속해 있으며, 동쪽편의 나소와 서폭 카운티는 뉴욕주에 속한다. 흔히 뉴욕의 한인들은 롱아일랜드라고 하면 나소와 서폭 카운티를 일컫는다. 나소와 서폭은 비교적 안정적인 백인들 위주의 교외 주거지역들로서 교육환경이 좋아 한인을 비롯한 중국인, 인도인들이 선호하는 지역이다. 뉴욕시에서 비즈니스를 해서 어느 정도 부를 축적한 한인들이 자녀 교육과 안락한 전원생활을 하기 위해 이주하기를 원하는 1순위 지역이기도 하다. 이러한 이유로 롱아일랜드는 1990년대 후반부터 뉴욕시에 거주하던 많은 한인들과 새롭게 한국에서 바로 이주 또는 유학온 한국인들로 곳곳에 한인들의 밀집 거주 지역들이 형성되기 시작했고, 한국 식품점, 식당 등의 한인 비즈니스들이 늘어나기 시작했으며, 곳곳에 한인 여성들의 주력업종인 네일살롱이 없는 곳이 없을 정도로 널리 분포되어 있고 대형 교회들도 들어서 있다.

롱아일랜드는 자녀들의 교육을 위해 많은 한인들이 이주해 왔지만 한인들이 거주하는 대부분의 지역 주민들은 백인들이 대다수를 차지하고 있어 백인들, 특히 유대인들의 입김이 센 곳이어서 그동안은 롱아일랜드에서 한인들의 영향력은 미미했다. 그러나 1993년 4월 1일 롱아일랜드 한인회가 결성되면서부터 롱아일랜드의 한인들은 한인들의 목소리를 카운티 정부당국에 전달하기 시작했으며, 카운티 정부의 지원과 한인 단체 자체만의 힘과 노력으로 롱아일랜드 한인사회뿐만 아니라 나아가 한국의 문화와 전통을 알리기 위한 문화행사들도 개최하고 있다.

먼저 롱아일랜드는 협회를 결성한 다음 해인 1994년부터 '한미문화축제(Korean American Night)'를 개최했다.[14] 나소카운티 정부는 카운티 내의 각 소수민족들의 문화행사를 지원하여 카운티 내의 문화수준을 높이고 서로의 문화소개를 통해 각 민족들 간의 화합을 이루기 위한 정책의 하나로 나소카운티 정부가 나서서 각 소수민족들의 축제를 주최하고 있다. '한미문화축제'도 이러한 카운티 정부의 정책 중 하나로 나소카운티 정부가 주최하고 롱아일랜드 한인회가 주관하는 행사라는 점이 다른 뉴욕의 한인축제들과 그 성격을 달리하고 있다. 따라서 나소카운티 정부가 주최하는 이 소수민족 축제 행사들에는 롱아일랜드에 거주하는 한인들뿐만 아니라 많은 외국인들도 와서 함께 축제를 구경하고 즐기고 있다.

매년 7월 롱아일랜드의 아이젠하워 파크의 야외무대에서 열리는 한미문화축제는 주로 한국음악과 무용 등 한국의 전통문화 공연을 펼쳐 한국문화를 알리는 데 중요한 역할을 하고 있다. 최근에는 열풍이 불고 있는 한국 인기 연예인들과 롱아일랜드 한인 청소년들의 K-Pop 공연으로 많은 한인 청소년들의 축제 참가를 유도하고 있으며 롱아일랜드 거주 타 민족 주민들과도 함께 어울리는 축제의 한마당을 만들어 가고 있다.[15] 몇몇 한인 식당과 단체들이 준비한 불고기, 갈비 바비큐 등 간단한 한국 음식 판매대가 마련되고 몇몇 한국 상품이나 기념품 판매점이 행사장 뒷편에 임시로 만들어지지만 전체 행사가 토요일 오후 4~5시간 정도에 걸쳐 이루어지기 때문에 이러한 부대 판매점들의 규모는 그리 크지 않다. 하지만 한국음식에 점점 익숙해져가는 지역 주민들이 공연을 보러왔다가 한국음식도 많이 즐기고 있다.

또 다른 롱아일랜드의 한인 축제로는 롱아일랜드 한인학부모연합회(KPALI)가 주최하는 추석대잔치(Korean Harvest Moon Festival)가 있다. 롱아일랜드 학부모연합회는 한인 학생들이 많이 재학하고 있는 롱아일랜드의 그레이트넥, 맨하셋, 해릭스, 위틀리, 제리코, 포트 워싱턴 등의 각 지역 한인학부모회

---

14) 뉴욕한인회, 뉴욕한인회 50년사, 2010, 213쪽.
15) 뉴욕중앙일보, K-Pop과 함께하는 '한미문화축제', 2012. 2. 46.

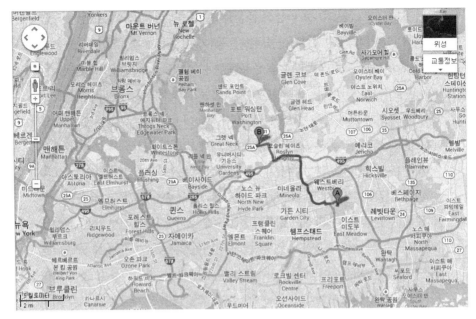

그림 9 롱아일랜드의 한인축제 장소

A는 롱아일랜드 한인회가 주최하는 '한미문화축제' 장소인 아이젠하워 파크, B는 롱아일랜드 한인
학부모연합회가 주최하는 '추석대잔치' 장소인 먼지초등학교

가 연합하여 이 지역들의 한인 학생들의 교육과 학부모들 간의 네트워크를
위해 2009년 3월 30일 창립되었다.[16) 연합회는 매년 9월 또는 10월에 맨하
셋에 소재한 먼지초등학교(Munsey Elementary School)에서 약 5시간 정도에 걸쳐
추석대잔치를 개최되는데, 한인 학부모들이 주축이 되어 준비하는 행사라서
주로 청소년들을 위한 추석잔치라는 점이 타 지역 축제들과 다르다.[17) 따라
서 행사프로그램에도 한인 청소년들의 참여가 눈에 띄며, 그때그때 한인 커
뮤니티의 주요 이슈가 된 문제들에 대한 한인 청소년들의 참여 프로그램이
마련된다. 예를 들면 2009년 제1회 추석대잔치에서는 당시 한국과 뉴욕 한

---

16) 뉴욕중앙일보, 나소한인학부모연합회 출범, 2009. 3. 31.

17) 뉴욕한국일보, 나서도 추석대잔치 열린다, 2009. 10. 10.

그림 10 롱아일랜드 한미문화축제
출처: (그림) 뉴욕중앙일보, 2010. 7. 27.
    (포스터) http://blog.daum.net/ljojo53/7628897

그림 11 롱아일랜드학부모연합회 추석대잔치
출처: (포스터) http://www.njktown.net/news/article.html?no=596
    (그림) 뉴욕한국일보, 2011. 6. 30.

인사회에서 이슈가 되었던 동해와 독도 문제를 한인 청소년들에게도 널리 홍보하고 많은 한인들의 지지를 받기 위해 '동해, 독도는 한국의 영토'라는 서명운동을 전개하기도 했다.

롱아일랜드의 추석대잔치 행사는 먼지초등학교의 강당을 주 무대로 하여 전통혼례식이 특색있게 치러지며 한복 패션쇼와 연예인 초청공연, 주부, 가족, 청소년들의 장기자랑과 음악 경연대회 등이 펼쳐진다.[18] 강당 밖의 복

---

18) 롱아일랜드 한인학부모 연합회 웹사이트, http://www.kpali.org/event.php

도에서는 윷놀이, 제기차기, 김치담그기, 떡 메치기 등의 행사가 진행되고 건물밖 운동장과 체육실에서는 바비큐 한국 음식 판매대도 마련된다. 롱아일랜드의 추석축제는 초등학교를 빌려 5시간 정도 치러지는 행사인 만큼 규모가 그리 크지 않으나 학부모와 한인 청소년들이 직접 기획하고 진행하는 행사라는 점에 개최 의의가 있다. 특히 카운티 장이나 시의원들과 교육 학군의 교육감과 교장, 교사들이 초청되어 교육적으로 알차게 치러지고 있다. 이러한 축제를 통해 지역 교육관계자들에게 한국문화와 한인사회를 알리는 것뿐만 아니라 지역 학군들의 교육자들에게 우수 교육자상을 수여하고 우수학교와 교사들에게 지원금도 지급하여 한인 지역사회와 학군 간의 우의를 돈독히 하고 나아가 주류사회에 한인 학생들에 대한 이해를 높이는 데도 축제가 중요한 역할을 하고 있다.[19]

4) 뉴욕한인회의 '코리안 퍼레이드'와 '야외장터축제'

1960년 창립된 뉴욕한인회는 유학생을 중심으로 활동해오던 뉴욕지역 한인들의 모임을 한인사회 전체의 활동으로 발전시키고 뉴욕 한인들의 비즈니스 활성화와 권익신장을 위해 많은 노력을 기울여 왔다. 또 뉴욕 한인사회를 대표하여 뉴욕의 한인 2세들과 미국 주류사회 속에서 한국문화를 알리기 위해 많은 역할을 감당해 왔다. 그러한 노력의 일환으로 뉴욕한인회는 1980년 제16대 한인회를 이끈 박지원 뉴욕한인회장 재임기에 맨해튼에서 코리안 퍼레이드를 개최했다. 코리안 퍼레이드의 주최는 뉴욕한인회이지만, 퍼레이드를 주관하는 것은 퍼레이드 조직과 운영을 위한 노하우와 홍보 능력을 갖고 있는 뉴욕한국일보가 주관해왔다.

당시만 해도 뉴욕 한인들에게 퍼레이드는 생소한 것이었다. 더구나 한

---

19) 뉴욕중앙일보. 롱아일랜드 추석잔치 9월 개최. 2010. 6. 26.

국문화는 장터와 같이 일정한 공간에서 펼쳐지는 마당놀이를 바탕으로 한 것이지 긴 도로를 따라 늘어서서 행진하며 보여주는 퍼레이드 문화가 아니었다. 특히 퍼레이드는 우선 상당한 인원이 동원되어야 하고, 주변에 퍼레이드를 구경나온 사람들에게 동적으로 움직이며 볼거리를 제공해주어야 하며, 행진하는 순서에서부터 퍼레이드에 동원되는 차량에 이르기까지 상당히 조직적으로 운영되어야 한다. 그런데 이제 막 한인들이 증가하기 시작한 1980년도에 그것도 세계의 중심인 뉴욕의 맨해튼에서 더구나 맨해튼의 가장 주된 거리인 브로드웨이에서 한인 퍼레이드를 개최하기로 한 뉴욕한인회의 결정은 그 자체만으로도 높이 평가할 만한 일이다.

뉴욕 맨해튼의 브로드웨이를 굳이 한인들이 행진하는 퍼레이드 코스로 정한 것은 그 당시 발전하고 있던 뉴욕 한인사회에 상징적인 의미가 컸다. 그 당시 많은 뉴욕의 한인들은 1970년대에 가발을 비롯한 잡화와 장신구 등을 판매하는 소기업에 종사했는데, 이들의 소기업 활성화와 발전은 맨해튼 34가에서 24가에 이르는 브로드웨이 선상의 많은 한인 도매상들의 발전으로 이어졌다. 또 브로드웨이의 한인 도매상들의 발전은 다시 뉴욕 메트로폴리탄 지역뿐만 아니라 멀리 남부나 중서부 지역의 한인들의 소매상들의 활성화에도 큰 영향을 미쳤다. 그리고 플러싱을 근거로 한 뉴욕의 코리아 타운을 형성하는 원동력이 되기도 하였다. 1980년대에 많은 한인들은 브로드웨이에 산재해있던 한인 도매상가들을 통해 삶을 영위하고 있어서 맨해튼 32가와 브로드웨이를 중심으로 한 지역은 뉴욕 한인사회에서 가장 중요한 의미를 갖는 지역 가운데 하나이다. 따라서 이곳에서 부를 쌓은 한인들이 그들의 어려웠던 과거를 되살리며 성공적인 오늘날의 모습을 대내외에 알리기 위한 퍼레이드를 개최하는 데 이 브로드웨이만큼 의미 있는 장소는 없었다.

퍼레이드 개최 초창기에는 아무래도 많은 것이 부족하고 미숙하였지만, 일치 단결된 한인들의 마음으로 상당히 성공적으로 행사가 치러져 뉴욕 시민들에게 한인사회를 알리는 좋은 기회가 되었다. 세계의 모든 다민족, 다인종들이 모여 사는 뉴욕 맨해튼에서 대로를 막고 퍼레이드를 펼친다는 것은 말하는 것만큼 쉬운 일은 아니다. 조직력과 인원동원 능력은 물론 정치적, 경제적인 실력까지 갖추어야 한다. 아직 완전한 커뮤니티를 형성하기 전에 뉴욕 한인사회가 맨해튼에서 퍼레이드를 시작할 수 있었던 것은 그 당시 거의 죽어 있었던 브로드웨이 상가를 활성화시킨 한인들과 한인사회의 공을 뉴욕시가 높이 평가한 결과라고 할 수밖에 없다. 1981년 2회 퍼레이드 때는 에드워드 카치 뉴욕시장이 그랜드 마샬로 퍼레이드의 선두에서 행진하는 모습을 볼 수 있게 된 것도[20] 결코 우연히 또는 저절로 이루어진 일이 아니다.

코리안 퍼레이드는 매년 행사내용이 발전하여 제24대 한인회(이정화 회장) 재임기인 1995년 9월 30일 열린 제16회 코리안 퍼레이드 때는 내용이 더욱 알차졌고 새로운 것이 많았다는 호평을 받았다. 특히 궁중의상 행렬, 2002년 월드컵 축구대회 한국유치 홍보행진, 다민족 화합 퍼레이드가 돋보였다. 당시 파타키 뉴욕주지사는 이 날을 한인의 날로 선포하기도 했다.[21] 제29대 이경로 회장은 임기동안 한국 정부와 국회를 끈질기게 설득하여 한국정부로부터 뉴욕한인문화엑스포 예산 5억 원(당시 환율로 53만 달러)을 지원받았다. 이경로 회장은 추석을 전후하여 집중되어 있는 뉴저지한인회 주최 추석잔치, 청과협회 주최 추석맞이 민속대잔치, 한인회 주최 코리안 퍼레이드를 한데 묶고 다른 한인문화행사를 추가시켜 뉴욕한인문화엑스포로 대형화시켜 한국문화를 미국에 자랑할 계획을 갖고 있었다. 이회장은 이를 위해 한국 문화관광부와 국회 등을 접촉하여 예산을 지원해 줄 것을 요청했는데 2006년 12월 26일 열린 제264회 임시국회에서 예산안이 통과됨으로써 5억 원을 지원받게 되었다.[22]

이렇게 한국 정부로부터 받은 지원금으로 제30대 한인회의 코리안 퍼

---

20) 뉴욕한인회, 뉴욕한인 50년사, 97쪽.

21) 위의 책, 118쪽.

22) 위의 책, 140쪽.

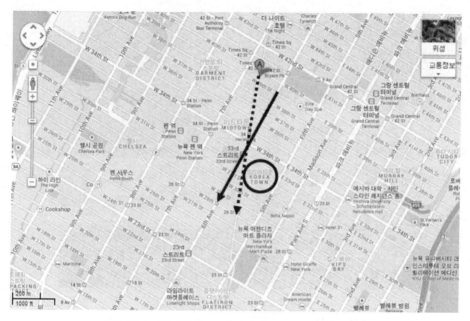

그림 12 뉴욕한인회의 코리안 퍼레이드와 야외장터 축제 장소
(점선) 이전에 코리안 퍼레이드가 열렸던 브로드웨이, (실선) 현재 코리안 퍼레이드가 열리는 6
애비뉴, (원) 코리안 퍼레이드가 끝난 후 '야외장터축제'가 열리는 맨해튼 32가 코리아 타운 중심
지

레이드는 어느 다른 해보다 다채롭게 진행됐다. 2007년 코리안 퍼레이드 때
는 서울에서 전통 어가행렬과 취타대가 초청되어 왔고, 2008년 제28회 코리
안 퍼레이드에는 대형 거북선 모형이 선보여 퍼레이드를 구경나온 많은 외
국인들을 경탄시켰다.[23]

보통 코리안 퍼레이드는 10월 중에 토요일 오전 11시부터 개최되어 보
통 1시간에서 1시간 반 정도 거리 행진을 하게 된다. 하지만 준비관계로 퍼
레이드 참가자들은 2~3시간 전부터 행사장에 나와 준비를 해야 한다. 퍼레
이드 준비는 맨해튼 38가에서 이루어지는데, 이전에는 브로드웨이를 따라

---

23) 위의 책, 142~143쪽.

그림 13 뉴욕한인회의 코리안 퍼레이드

출처: (왼쪽 위)뉴욕한국일보, 2012. 10. 8. (오른쪽 위)뉴스로 (왼쪽 아래)뉴시스, 2007. 10. 7.
(오른쪽 아래)맨해튼 32가에서 펼쳐진 '야외장터축제'모습, 뉴욕한국일보, 2011. 10. 3.

남쪽으로 행진했지만, 최근에는 브로드웨이 옆길인 6애비뉴를 따라 28가까지 약 10블록을 행진하고 있다. 34가에서 40가에 이르는 6애비뉴도 뉴욕의 한인들에게는 중요한 지역인데, 고층건물들이 즐비한 이 지역은 '가먼트스트리트'라는 별명을 갖고 있는 의류생산 지역이다. 지난 1970년대에서 1990년대까지 많은 한인 봉제업소들도 이 지역 건물들에 입주하여 많은 의류를 생산했는데, 특히 남미로 이민갔다가 다시 미국 뉴욕으로 이민온 남미출신 한인들이 의류생산업에 많이 종사했다.

퍼레이드가 끝난 후에는 맨해튼 코리아타운의 중심인 5애비뉴와 6애비뉴 사이의 32가에 마련된 야외장터에 모여 오후부터 야외장터축제가 시작된다. 한 블록의 교통을 완전히 차단하고 도로 한복판에 야외 임시무대를 가설하고 길 양편으로는 먹거리 장터를 위한 천막들이 줄지어 설치된다. 야외무대에서는 한국무용과 노래들의 공연이 진행되며, K-Pop도 소개되어 많은 한인과 외국인들의 관심을 끌고 흥을 돋운다. 여러 가지 한국산 특산물과 기념품, 공산품 등도 전시 판매된다.

5) 뉴욕 퀸즈한인회의 '설날퍼레이드'

뉴욕 퀸즈한인회는 뉴욕시 5개 보로 중 한인인구가 가장 많은 퀸즈의 한인사회를 대표하는 지역한인회다. 이전에는 퀸즈지역에 1980년 창립한 플러싱한인회와 엘머스트, 우드사이드 등지의 한인인구가 늘어나면서 자생적으로 발족한 중부퀸즈한인회가 있었다. 하지만 이 지역의 한인들의 숫자가 줄어들어 통합의 필요성을 느끼기 시작하여, 두 한인회는 2008년 하나로 통합하여 뉴욕 퀸즈한인회로 거듭났다. 뉴욕 퀸즈한인회는 현재 퀸즈에서 활동하고 있는 40개 한인단체 대표들이 이사로 참여하는 이사회 및 집행부가 함께 협력, 화합하며 지역사회를 위한 봉사활동을 지속해 나가고 있다. 뉴욕 퀸즈한인회는 퀸즈지역 한인이민자들의 권익과 이익을 위한 다양한 프로그램을 실시하고 있으며, 이사단체들의 활동을 후원하고 문화, 교육, 의료기관 및 정부기관과의 중간 역할을 통해 지역한인사회의 질적 향상을 위해 노력하고 있다.[24]

이러한 뉴욕 퀸즈한인회 활동 가운데 가장 중요한 활동은 매년 설날을 맞이하여 2월에 플러싱중국상인번영회(FCBA)와 공동으로 플러싱 중심가에서 설날퍼레이드를 개최하는 것이다. 1980년대 이후 플러싱 지역에 중국인들이 크게 증가하면서, 중국설날(Chinese New Year)로 알려져 있던 설날을, 당시 플러싱한인회가 주축이 되어 설날의 명칭을 음력설날(Lunar New Year)로 바꾸고 이를 널리 주류사회에도 알리기 위해 플러싱중국상인번영회와 함께 설날퍼레이드를 개최해 왔다. 설날 퍼레이드가 시작된 1980년대에는 플러싱의

---

24) 뉴욕 퀸즈한인회 웹사이트, http://www.kaaq.org/index.php?mid=P02

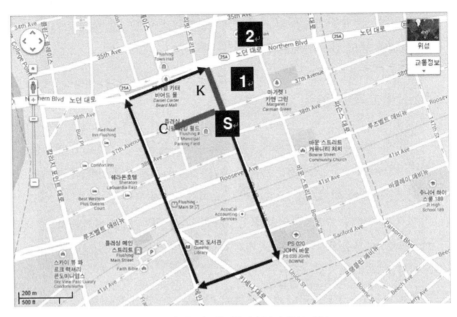

그림 14 뉴욕 퀸즈한인회의 설날퍼레이드 장소
(1) 까만색 화살표는 설날 퍼레이드 행진코스, (2) S는 퍼레이드 출발지점, (3) K는 한인들의 퍼레이드 준비 장소. C는 중국인들의 준비 장소, (4) 1번은 퍼레이드 후 무료 떡국잔치를 여는 '금강산'식당, 2번은 퍼레이드 후 한국문화공연이 열리는 플러싱 고등학교.

한인들이 수적인 면에서나 경제적인 면에서 중국인들보다 우위에 있어서 한인들의 퍼레이드 참가가 적극적으로 이루어졌으나, 2000년대 들어서면서부터는 급팽창한 플러싱의 중국인들의 위세에 눌려 설날퍼레이드에 한인들의 참여는 간헐적이 되어버렸다.

2008년에 퀸즈지역의 지역한인회들이 뉴욕 퀸즈한인회로 하나로 통합되면서 설날퍼레이드에 한인들의 힘을 모아 다시 적극 참여하기로 하고 여러 가지 방안을 강구하기도 했다. 특히 퀸즈를 중심으로 뉴욕 인근에 산재해 있는 600여 개의 한인 교회들의 협력을 이끌어내기 위한 노력도 있었으며, 퍼레이드 후에는 인근 한인 식당들에서 퍼레이드 참가자들에게 무료로 떡국을 제공하는 등의 아이디어도 등장해 많은 한인들의 참여를 유도했다.[25] 그

그림 15 퀸즈한인회의 설날퍼레이드

출처: (위) http://nyckcg.org/bbs.asp?chkpg=bbs&chkstat=c&chkmod=vvdone&seqno=1332&
selYear=2013

(하단 위) 뉴욕중앙일보: http://article.joins.com/news/article/article.asp?total_id=10550235
&ctg=1300

(하단 아래) 뉴욕중앙일보: http://www.koreadaily.com/news/read.asp?page=4&branch=
NEWS&source=&category=lifenleisure&art_id=990726

결과 2013년에는 한인과 중국인들의 자존심 대결로 인해 사상 최대 규모로
퍼레이드가 열렸다.

설날퍼레이드는 보통 격년으로 한인들과 중국인들의 행렬이 번갈아 선

---

25) 기독일보 New York, 2012. 1. 3.

두에 서서, 플러싱의 코리아타운과 차이나타운 지역의 중심도로를 약 1시간 가량 행진한다.[26] 퍼레이드 후에는 인근 한인식당들에서 제공하는 무료 떡국잔치가 있고, 이어 플러싱 고등학교 강당에서 한국문화 공연으로 이어진다. 한국문화 공연에는 뉴욕 인근에서 활동하고 있는 여러 한인 음악 및 무용 단체와 기관들이 참가하여 공연을 하고, 청소년들을 위한 공연도 곁들여진다. 2013년 한국문화 공연에는 2012년에 세계적으로 대유행했던 싸이의 '말춤'경연대회도 열려, 한인들뿐만 아니라 많은 외국인들도 경연대회에 참가하여 미 주류사회에서의 관심을 끄는 공연이 되었다.

6) 원광한국학교의 '뉴욕 어린이 민속 큰잔치'

뉴욕 어린이 민속 큰잔치는 뉴욕 플러싱에 소재하는 원불교의 원광한국학교에서 한인 어린이들을 위해 매년 개최하는 어린이 축제이다. 원광한국학교는 '깨끗하게, 슬기롭게, 바르게'라는 교훈 아래 '뉴욕지역에서 자라나는 한국의 후예들에게 한국 고유의 글과 문화를 알리고 얼을 심어서, 한국인으로서의 긍지와 자부심을 갖고 이곳 미국생활을 적극적으로 개척해 가는 인재를 양성할 목적'으로 1982년에 설립되었다.[27]

원광한국학교에서는 한인 2세들에게 한국문화를 직접 체험하고 한인으로서의 정체성을 확립할 수 있도록 하며, 타 민족에게 한국문화를 알릴 수 있도록 1989년부터 원광한국학교 민속잔치를 개최했다. 처음에는 원광한국학교 교내행사로 시작된 이 행사는 1997년부터 뉴욕 전 지역에 있는 한인 어린이와 청소년 그리고 가족들을 위한 축제 행사로 확대시켜 오늘에 이르고 있다. 그동안은 키세나 파크라는 플러싱의 작은 공원에서 개최해왔는데 참가자들이 2~3천 명으로 증가하여, 최근에는 커닝햄 파크라는 시립공원으로 장

---

26) 뉴욕중앙일보, 2013. 1. 29.

27) 원불교 뉴욕교당 웹사이트, http://nywonbuddhism.org/nywb/wkks/.

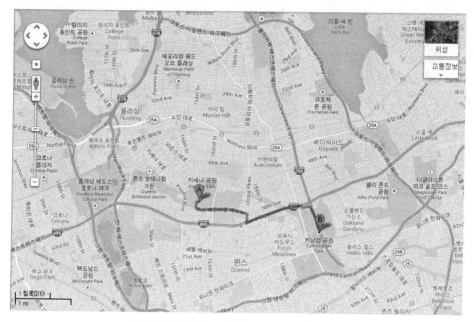

그림 16 원광한국학교의 뉴욕 어린이 민속큰잔치 장소
A는 초창기부터 뉴욕 어린이 민속큰잔치가 열렸던 키세나 파크, B는 최근 들어 참가자들이 증가
하면서 뉴욕 어린이 민속큰잔치가 개최되기 시작한 커닝햄 파크

소를 옮겨 개최하고 있다.

원광한국학교의 뉴욕 어린이 민속 큰잔치는 5월 또는 6월 중 토요일 오후 12시부터 5시까지 열리며, 투호, 딱지치기, 굴렁쇠 굴리기, 씨름, 널뛰기, 귀신·잡신 쫓기, 제기차기, 탈 만들기, 긴줄넘기, 방석놀이 등 20여 가지에 이르는 각종 전통 민속놀이를 비롯해 예절마당, 태권도마당, 국악마당, 전통 생활 체험 마당 등이 다채롭게 마련된다. 특히 예절마당에서는 한복 입는 법과 절하는 예절을 가르쳐 준다.[28] 또 2013년에는 K-Pop 경연대회도 열렸는데 한인 청소년들뿐만 아니라 K-Pop에 관심 있는 많은 외국인 청소년들도 참가하여 한국말로 한국가수의 노래를 부르며 춤을 추기도 하였다. 최근에

---

28) 뉴욕일보, 원광한국학교, 제15회 뉴욕어린이 민속 큰잔치, 2011. 6. 6.

그림 17 원광한국학교의 뉴욕 어린이 민속큰잔치
출처: http://www.koreadaily.com/news/read.asp?art_id=1759311

는 한인 입양아를 비롯하여 타 인종, 타 민족 청소년들도 많이 참석하여 함께 즐기는 큰 축제로 자리매김해가고 있다.

7) 퀸즈한인회의 '먹자골목축제'

뉴욕 플러싱 코리아타운에서 2013년 6월 15일 토요일에 뉴욕 최초로 '먹자골목' 한식축제가 열렸다. 축제의 공식명칭은 '인터내셔널 먹자골목 아시안 페스티벌(The International Muk Ja Gol Mok Asian Festival)'로 다양한 민족의 참여가 기대되었지만 처음으로 열린 축제라 아직은 다른 아시아 민족들의 참여는 저조했다. 하지만 다른 축제들과는 달리 '한식'이라는 특화된 주제를 가지고 열린 이 축제는 비록 처음 시도되었지만 앞으로 이렇게 특화된 주제를 가지고 개최되는 한인 축제들의 성공 가능여부를 가늠해볼 수 있는 좋은 기회가 되었다.

이번 플러싱 '먹자골목' 한식축제는 퀸즈한인회와 먹자골목 상인번영회가 공동으로 플러싱 41애비뉴와 149스트리트 일대에서 개최되었다. 이 지역은 플러싱 다운타운에서는 약간 벗어난 지역으로서, 플러싱 다운타운의 한

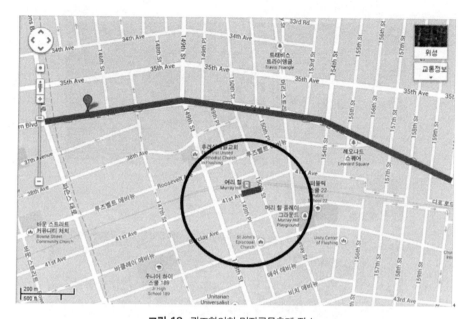

그림 18 퀸즈한인회 먹자골목축제 장소
검정색 원은 플러싱 한인 먹자골목, 원 안의 진한 색깔 부분은 '먹자골목축제' 개최 장소,
굵은 색 도로는 먹자골목 인근에 발달한 노던 블러바드 한인상가 지역

인 상가 중심지역이 발달하던 1990년대부터 소규모 한인 상권이 형성되었다. 그 후 이 지역은 밀려오는 중국인들 때문에 2000년대 이후 다운타운의 한인 상가 중심지역이 붕괴되고 나서 새롭게 플러싱 한인타운의 중심지로 부상한 지역이다. 특히 이 지역은 사방 두세 블록 사이에 약 30여 개의 한인 식당이 자리 잡고 있어서 일찍부터 '먹자골목'이란 명칭을 얻었다.

블록파티 형식으로 치러진 이번 제1회 먹자골목 한식축제는 41애비뉴 선상, 149스트리트 인근지역 한 블록의 교통을 완전히 차단하고 거리 중앙에 무대를 설치하고 오후 1시부터 8시까지 개최되었다. 먹자골목의 모든 한국 식당과 한국식 카페 등이 모두 참가하여 다양한 먹거리를 제공하였다. 특히 한식당 11곳이 참여하는 민속장터에서는 불고기와 파전, 갈비, 꼬치구이 등 다양한 메뉴가 한인들과 타 민족 관객들에게 소개되고 600명분의 초대형 비

그림 19 퀸즈한인회의 먹자골목축제 그림

출처: (왼쪽 위) 뉴스로, www.newsroh.com
http://newsroh.com/technote7/board.php?board=m0604&sort=wdate&comman
d=body&no=2605
(오른쪽 위) http://isplus.live.joins.com/news/article/article.asp?total_id=11813080
(아래) Chang W. Lee/The New York Times http://dinersjournal.blogs.nytimes.com/2013/06/
17/a-giant-bibimbap-at-a-korean-food-festival/

빔밥 행사가 마련돼 비빔밥 무료 시식의 기회가 제공되기도 했다. 또 야외에
마련된 임시무대에서는 태권도 시범과 한국, 중국, 인도, 몽골 등 4개국 전통
무용공연이 있었으며, 노래자랑과 K-Pop댄스 경연대회 등도 개최하여 타 민
족 주민들도 많은 관심과 흥미를 갖고 축제를 방문하여 하루를 즐겼다. 그
외에 씨름대회와 엿장수, 뻥튀기 등의 추억의 볼거리 등도 제공되었으며 한
국관광공사에서는 한국 홍보책자와 부채 등을 선물로 나누어 주었다.

제1회 먹자골목 한식축제는 특화된 먹자골목 축제를 통해 한식을 널리 알리자는 취지였는데 '먹자골목'이라는 용어가 미 주류사회와 타 민족 커뮤니티에 점차 알려지고 있는 것이 주목받고 있다.[29] 특히 최근 『뉴욕타임스』가 '먹자골목(Muk Ja Gol Mok)'이라는 용어는 '식당들이 있는 거리'라는 뜻이라고 소개하며[30] 이날 행사에서 시연한 600명분의 비빔밥을 많은 사람들이 함께 비비는 행사를 소개하기도 했다. 이번 먹자골목 한식축제는 먹자골목 한인상권뿐만 아니라 이곳에서 3블록 정도 떨어져 이미 상당히 발달된 노던 블러바드의 한인 상권을 연결시켜 이 지역의 전체 한인 상권을 널리 홍보하고 크게 활성화시킬 것으로도 기대된다. 아울러 이번 먹자골목 축제의 주최자인 먹자골목상인번영회의 김영환 회장은 "이번 먹자골목 축제에 중국계, 인도계 주민들도 많이 몰렸다"며 "내년부터는 음력 5월 5일이 단오인 만큼, 축제기간과도 비슷해 내년 먹자골목 축제땐 단오를 기념해 다양한 행사를 준비하겠다"[31]고 하며 여러 아시안 커뮤니티가 함께 참여하도록 하여, '인터내셔널 먹자골목 아시안 페스티벌'이라는 축제 이름에 맞는 다문화 축제가 되도록 할 예정이다.

4. 맺음말 : 뉴욕 한인사회의 축제의 문제점과 제언

뉴욕 메트로폴리탄 지역의 한인사회는 50년이 안 되는 사이에 500여 명에서 공식적으로는 25만 6천 명, 비공식적으로는 50만 명의 인구로 증가하였다. 하지만 이 지역 전체 인구의 2% 남짓한 정도 규모의 이민자 집단이다. 그럼에도 불구하고 뉴욕 메트로폴리탄 한인사회뿐만 아니라 주류사회까지도 포용하는 크고 작은 민족축제와 퍼레이드를 9개나 개최하고 있는 역량을

---

29) NEWSis, 뉴욕 최초 '먹자골목' 한식축제 열린다, 2013. 6. 12.
30) The New York Times, A Giant Bibimbap at Korean Food Festival, June. 17, 2013.
31) 라디오 코리아, 2013. 7. 4. http://www.krbusa.com/news/view.asp?idx=10414&pageno=

보유하고 있다는 것은 놀라운 일이다. 특히 뉴욕 한인사회가 막 성장하기 시작한 1980년대 초에 맨해튼 한복판 브로드웨이에서 퍼레이드를 시작했다는 것은 어느 소수민족도 흉내내기조차 힘든 일이라고 아니 할 수 없다. 아무리 뉴욕의 중국인들이 한인들보다 이민 역사가 오래되고 인구 면에서 몇 배나 된다고 해도 이러한 퍼레이드는 아직도 개최하지 못하고 있다.

이 같은 축제와 퍼레이드를 개최하는 데는 커뮤니티의 경제적인 능력이 절대적으로 중요하지만, 경제적인 능력만 갖고 있다고 모두 이러한 행사를 개최할 수 있는 것은 아니다. 이민자로서 고난을 겪어내는 용기와 노력이 무엇보다도 중요하고 커뮤니티의 단결된 힘이 뒷받침되어야 비로소 가능한 일이다. 이에 뉴욕한인청과협회가 매년 개최하는 '추석맞이 민속대잔치'가 가장 대표적인 예가 될 수 있다. 앞으로도 이 같은 축제와 퍼레이드들은 뉴욕 메트로폴리탄 한인 커뮤니티가 대내적으로는 더욱 단결하는 기회가 되고, 대외적으로는 한인사회와 한국문화를 주류사회와 타 민족들에게 알리는 데 중요한 역할을 할 것이다. 그리고 나아가 한인사회가 주류사회 또는 타 민족들과의 우호증진을 위해서도 더욱 필요하며 또 우리 한인 2세들에게 '정체성'을 심어주는 계기가 될 것이다.

하지만 이제 적은 않은 축제와 퍼레이드가 뉴욕 메트로폴리탄이라고 하는 동일 지역 내에서 동시다발적으로 개최되는 데 대해 그 문제점들에 대해 검토해보며 발전적인 방향에서 제안을 모아보는 것이 필요할 때가 되었다고 여겨진다. 그동안 뉴욕 한인사회의 축제와 퍼레이드는 연중행사로서 그때그때 이제는 행사를 위한 행사로 치러져온 감이 없지 않으며, 뉴욕 메트로폴리탄 지역 안의 각 지역별 한인사회가 서로 경쟁하다시피 개최해온 면이 없지 않다. 그 과정에서 쓸데없는 낭비나 축제와 퍼레이드의 개최 의의와 목적을 상실한 것은 아닌지 객관적으로 진단해 볼 필요가 있다.

앞서 살펴본 뉴욕 한인사회의 축제와 퍼레이드의 현황을 기초로 하여, 필자가 뉴욕에서 28년간 살아오면서 축제와 퍼레이드에 참여한 경험을 바탕으로 하여 뉴욕 한인사회의 축제와 퍼레이드들에 대한 문제점과 그에 대한 해결방안으로서 몇 가지 제안을 해보고자 한다.

첫 번째 문제점은 뉴욕 한인사회에서 가장 큰 축제와 맨해튼 퍼레이드들이 모두 9월과 10월 사이에 동시에 개최된다는 것이다. 뉴욕을 대표하는 뉴욕청과협회와 뉴저지한인회 그리고 롱아일랜드한인학부모 연합회가 주최하는 추석맞이 축제와 뉴욕한인회가 주최하는 맨해튼 퍼레이드가 모두 9월과 10월 사이에 개최되고 있는데 이는 뉴욕 메트로폴리탄 전체 한인사회에 큰 피로감을 주고 있는 것이 사실이다. 일주일씩의 여유를 두고 연속적으로 개최되는 각 지역의 추석맞이 축제들은, 각 지역 한인들의 축제 참여도를 높이고 또, 각 지역의 주류사회와 타 민족들에게 한국문화를 알리는 데 효과적인 면도 없지 않다. 하지만 큰 행사들을 1시간 거리 내에서 일주일 간격으로 개최한다는 것은 축제의 재원을 마련해야 하는 한인커뮤니티에 큰 부담이 되지 않을 수 없다. 나아가 축제가 세 지역으로 분산되어서 정작 뉴욕 한인사회를 뉴욕 메트로폴리탄 주류사회에 크게 알리는 데 비효율적일 뿐만 아니라 어느 지역도 축제를 더 알차게 개최하지 못하는 한계를 보여주고 있는 요인이 되고 있다.

특히 추석축제 개최를 놓고 뉴욕과 뉴저지 한인 커뮤니티 간의 갈등을 야기하는 경우도 있다. 예를 들면 2011년의 추석맞이 잔치의 경우 당시 뉴욕 한인청과협회는 뉴욕지역의 행사장소 사정으로 이전부터 해오던 장소들 중 어디에서도 할 수가 없게 되자, 뉴저지한인회가 개최하는 추석대축제와 같은 장소에서 일주일 앞서 개최한 경우도 있었다.

이는 주최측이 준비하는 과정에서 어쩔 수 없이 발생한 문제 때문에 그렇게 되었다고는 하더라도 한인 커뮤니티로서는 낭비가 아닐 수 없고 축제의 근본 취지마저 퇴색시켜 버리고 지역 간 한인사회의 갈등만 조장하였다. 앞으로도 이러한 문제가 또 일어나지 않으리란 보장이 없는 한 비슷한 시기에 같은 성격의 큰 축제를 세 군데서 개최한다는 것은 재고해 볼 필요가 있다.

두 번째 문제점은 가장 큰 추석잔치와 맨해튼 퍼레이드가 거의 같은 시기인 9월에서 10월 사이에 개최된다는 점이다. 행사의 성격과 개최 장소가 다르지만, 불과 1~2주 사이에 치러지는 이 행사들로 뉴욕 한인사회는 매년 이맘때가 되면 몹시 분주할 뿐만 아니라 이 역시 한인사회의 역량을 분산시켜 그 효과를 떨어뜨리는 결과를 초래하고 있다. 더구나 퍼레이드는 앞서 지적한 것처럼 대대적인 퍼레이드 참여자가 필요하기 때문에 추석맞이 민속대잔치와 같은 큰 행사를 치룬 앞뒤로 또 많은 한인들을 동원하는 데는 무리가 따른다. 그 결과는 부실한 내용으로 연결될 수밖에 없다. 부실한 내용의 퍼레이드만큼 초라한 것은 없다. 뉴욕한인청과협회의 추석맞이 민속대잔치가 추석명절에 개최되어야 하는 시기적인 필요성이 있다면 퍼레이드는 4~5월 중인 봄철에 하면 좋을 텐데 무슨 이유에선지 그렇게 하지 못하고 있는 것이 현 실정이다.

세 번째 문제점은 모든 행사들(추석맞이 축제, 퍼레이드, 마당잔치, 먹자골목축제 등)의 콘텐츠가 거의 대동소이하고 특색이 없다는 것이다. 특히 최근 한류바람이 불면서 어느 행사든지 민족 문화를 중심으로 한 콘텐츠가 아니라 K-Pop 아이돌 가수들을 한국에서 초청해오든지 아니면 한인 청소년들의 K-Pop경연대회를 열어 무조건 인원 동원에만 열을 올리는 주최자들의 모습을 볼 때, 민족축제를 하는 이유를 다시 생각해봐야 할 것 같다. 추석과 같은 민족축제라면 더 많고 다양한 민족문화 콘텐츠를 개발해서 그러한 콘텐츠 위주로 행사를 진행해서 한국의 민족문화를 알리도록 노력해야 한다. 또 K-Pop 공연이나 경연대회는 별도로 해서 행사를 하면 두 축제가 모두 특색있게 치러질 수 있을 것 같은데, 모든 행사의 프로그램들이 민족문화 콘텐츠와 한류 콘텐츠가 범벅이 되어 축제로서 아무런 특징을 갖지 못하고 있는 것이 현실이다. 특히 각 축제와 퍼레이드마다 소개되는 한국음식도 갈비, 불고기 BBQ 등 천편일률적이어서 민족축제가 민족의 특징을 잘 반영하지 못하고 있다.

네 번째 문제점은 각 축제와 퍼레이드를 진행하고 난 후에는 그 행사들에 대한 기록을 잘 수집하고 정리해 놓아서 다음 해 행사 때 더욱 발전적인 행사를 만드는 데 활용하고 나아가 한인 이민역사의 자료로 남겨 놓아야 함에도 불구하고 행사를 주최하는 어느 단체도 이러한 기록을 남기고 정리하고 있는 단체는 없는 것 같다. 더구나 행사 전반에 걸친 회계보고는 이러한 축제와 퍼레이드들이 한인사회 전체의 행사인 만큼 전체 한인들이 잘 알 수 있도록 투명하게 공개하는 것이 원칙이다. 그런데 맨해튼 퍼레이드의 경우 주최는 뉴욕한인회가 하고 주관은 뉴욕한국일보가 하는 바람에 행사 초기부터 그 주최권을 놓고 다소 시비가 있었다.[32] 이러한 시비는 행사 후 양자 간에 회계보고를 둘러싼 잡음으로 이어져 뜻있는 많은 한인들의 눈살을 찌푸리게 만들어 왔다.

다섯 번째 문제점은 축제와 퍼레이드는 행사주최자나 구경꾼들을 위한 것이 아니라 바로 뉴욕의 한인 모두를 위한 행사라는 점과 관련된다. 많은 한인들이 행사장을 찾지만 그저 구경꾼에 지나지 않는 경우가 많다. 특히 퍼레이드와 같은 행사는 많은 한인들의 적극적인 참여가 필요하다. 많은 한인들이 자발적으로 행사에 적극 참여하면서 즐길 수 있도록 하는 준비와 홍보가 더욱 필요하다.

이러한 문제점들은 축제와 퍼레이드를 개최하기 위한 기초적인 문제들이다. 다시 말해 이제 이러한 행사들을 개최한 지 30년 이상 되었는데도 아직까지 이러한 문제점들이 반복해서 야기되고 있다는 것은 그만큼 충분한 사전준비를 하지 않고 이 단체 저 단체에서 일종의 과시욕이나 경쟁심에서 행사를 추진해왔다는 반증이라고 할 수 있다. 이러한 여러 문제점들을 일시에 효과적으로 해결하기 위해서 무엇보다도 '뉴욕 메트로폴리탄 한인축제위원회'와 같은 자문기구를 만들 것을 제안한다. 이 위원회는 뉴욕 메트로폴리탄 지역에서 개최되고 있는 전체 한인사회를 대상으로 한 행사들의 개최

---

32) 뉴욕한인회, 뉴욕한인회 50년사, 97쪽.

시기를 조정하고, 행사내용에 대한 의견을 제시해주고, 행사비용 모금과 프로그램을 도와주며 나아가 행사 후 회계보고에 대한 감사까지 맡아 투명한 행사가 되도록 하는 역할을 한다. 이 위원회가 갑자기 한꺼번에 모든 일을 맡아 처리할 수는 없지만 일단 각 축제와 퍼레이드 주최자들만이라도 모여 임시위원회를 만들어 축제시기를 조정하고, 특색 있는 축제 콘텐츠를 개발하여 한정된 한인사회의 재원을 아주 효율적으로 사용하면서 알찬 행사들이 될 수 있는 효과적인 방안들을 논의해 보았으면 하는 바람이다.

그리하여 뉴욕 메트로폴리탄 지역의 한인 축제들이 한인으로서의 민족 정체성을 갖고 타 인종, 타 민족과 화합을 이루는 계기가 되고, 뉴욕 주류사회의 문화생활을 한층 더 높일 수 있는 장이 되며, 한인들의 지역경제 활성화는 물론 한국과 미국의 정치, 경제, 사회, 문화 각 분야의 교량역할을 할 수 있게 되기를 바란다.

참고문헌

뉴욕한인회, 『사반세기 뉴욕한인회』, 1985.
뉴욕한인회, 『뉴욕한인회 50년사』, 2010.
임영상 외, 『코리아타운과 한국문화』, 북코리아, 2012.

Pyong Gap Min and Chigon Kim, 2010, "Growth of the Korean population and changes in their settlement patterns over time, 1990-2008" Research Center for Korean Community, Queens College of CUNY, (Research Paper No. 2), 14.

뉴욕일보, 「원광한국학교, 제15회 뉴욕어린이 민속 큰잔치」, 2011. 6. 6.
뉴욕중앙일보, 「K-Pop과 함께하는 '한미문화축제'」, 2012. 2. 46.
뉴욕중앙일보, 「나소한인학부모연합회 출범」, 2009. 3. 31.
뉴욕한국일보, 「나서도 추석대잔치 열린다」, 2009. 10. 10.
뉴욕중앙일보, 「롱아일랜드 추석잔치 9월 개최」, 2010. 6. 26.
뉴욕한국일보, 「맨해튼 32가에서 펼쳐진 '야외장 터축제'모습」, 2011. 10. 3.
뉴욕한국일보, 「'추석 대잔치' 결산공고 공방」, 2011. 4. 16.
울산뉴스투데이, 「청과협회 주최, 제29회 추석잔치 프로그램 다양」, 2011. 8. 25.
NEWSis, 「뉴욕 최초 '먹자골목' 한식축제 열린다」, 2013. 6. 12.
The New York Times. "A Giant Bibimbap at Korean Food Festival", June. 17, 2013.
뉴욕일보, www.newyorkilbo.com.
뉴욕조선족통신, www.nykca.com.
뉴욕중앙일보, www.article.joins.com
뉴저지한인회, www.njkorean.org.
라디오 코리아, www.krbusa.com.
롱아일랜드 한인학부모 연합회, www.kpali.org.
원불교 뉴욕교당, www.nywonbuddhism.org.
퀸즈한인회, www.kaaq.org.
http://blog.daum.net/ljojo53/7628897
The New York Times, www.dinersjournal.blogs.nytimes.com

저자 소개

주동완

코리안리서치센터 원장. 1981년 고려대학교 사회학과와 1983년 한국학대학원 한국사회전공으로 석사학위 취득. Graduate Center at City University of New York에서 사회학 박사과정과 한국외국어대학교 글로벌문화콘텐츠학과 박사과정 수료. New York Theological Seminary의 D.Min과정에서 미국 내 인종과 소수민족에 대해 강의하면서 코리안리서치센터에서 해외한인사회, 특히 뉴욕을 포함한 재미한인사회에 대한 연구를 해옴. 현재 한국외국어대학교에서 지역사회와 해외한인사회에 대한 강의를 하고 있음.

이메일: krci4@hotmail.com

공항에서 코리아타운까지 가는 교통편

1. 뉴욕의 John F. Kennedy(JFK)공항에서 맨해튼 코리아타운으로 가기 위해서는 먼저 공항청사 3층에서 연결되는 에어트레인(Air Train)을 탄다. 에어트레인은 JFK공항의 각 항공사 청사를 순회하는 셔틀모노레일이다. 에어트레인을 타고 자마이카(Jamaica)역까지 가서 내린 후, 탑승권 기계에서 에어트레인 요금(편도 1인당 5달러)을 내고 탑승권을 받아 개찰구에 넣은 후 밖으로 나가면 바로 롱아일랜드 기차(LIRR)역으로 연결된다. 롱아일랜드 기차역에서 맨해튼 펜스테이션(Penn Statiion)으로 가는 기차표를 사서 시간 확인 후 탑승하면 바로 맨해튼으로 가는데, 맨해튼 종착역인 펜스테이션에서 내려 2블록만 동쪽으로 가면 맨해튼 코리아타운이 있는 브로드웨이와 32가에 도착할 수 있다.
   롱아일랜드 기차 시간 및 요금표 http://www.mta.info/lirr

2. 뉴욕의 John F. Kennedy(JFK)공항에서 퀸즈 플러싱 코리아타운으로 가기 위해서는 위와 같이 에어트레인을 타고 자마이카역까지 가서 역 앞 버스정류소에서 20A, 20B, 44번 버스를 타면 바로 플러싱 코리아타운의 중심지인 메인 스트리드(Main Street)와 루즈벨트 애비뉴(Roosevelt Ave.)로 갈 수 있다. 단, 자마이카 버스정류소는 수많은 버스들이 경유하는 곳이라 상당히 혼잡하므로 주의를 요한다.
   뉴욕 퀸즈의 버스노선 지도 http://web.mta.info/nyct/maps/busqns.pdf

3. 뉴욕의 John F. Kennedy(JFK)공항에서 맨해튼, 퀸즈 플러싱 또는 뉴저지 코리아타운으로 바로 가는 방법으로 일행이 2명 이상이면 한인콜택시를 이용하는 것도 좋은 방법이 될 수 있다. 왜냐하면 교통체증이 심한 뉴욕에서 일반택시를 이용할 경우 교통체증에 걸려 길거리에서 기다리는 동안에도 요금이 계속 올라가지만 한인콜택시를 이용하면 처음에 정한 요금만 지불하면 되고 언어상에 불편이 없기 때문이다. 단, 한인콜택시를 전화로 부를 때 가고자 하는 목적지를 분명히 말하고 정확한 요금을 정해야 한다. 요금을 정할 때 팁이 포함되는지도 알아보고, 팁은 별도일 경우 15% 정도의 팁을 지불하는 것이 보통이다. 맨해튼이나 뉴저지로 갈 때는 다리나 터널 통행료도 요금에 포함되는지 별도로 내야 하는지를 미리 확인해야 한다.

Part 2

일본의
코리아타운과 축제

3

오사카 재일코리안 사회와 축제*

고정자(고베대학교 외 겸임교수)
손미경(오사카시립대학교 도시연구플라자 특별연구원)

1. 머리말

　　같은 국가의 테두리 안에서 사는 사람들에게 있어서 민족적 정체성은 너무나 당연하여 의식조차 하지 않고 살지만, 경우에 따라서는 민족적 정체성이 가시적으로 보이도록 지속적으로 노력해야 하는 사람들도 있다. 일본 안의 재일코리안이 바로 후자의 경우이다. 이들은 본인들의 민족적 정체성을 다양한 표현방식을 통해서 가시화하는 노력을 해오고 있으며, 정치적인 방식에서 문화적인 자기표현 방식으로 시대의 변화에 걸맞게 진화시켜 나가고 있다. 문화적 방법의 '자기표현'으로 가장 눈에 띄는 것이 마쓰리이다. 마쓰리가 자기표현의 수단으로 선택된 것은 마쓰리가 가지는 속성, 다시 말해 집단 혹은 공동체 속에서 자기 정체성을 확인하는 과정 속에서 끝임 없는 커뮤니케이션(소통)을 이룰 수 있다는 점 때문일 것이다(손미경, 2012: 111). 이쿠노 민족문화제는 '마쓰리'라는 문화적 매개체를 통한 재일코리안의 자기표현 방식의 시초였다는 점에서 중요한 의의를 가진다.

　　이 연구의 목적은 재일코리안 사회 안에서 마쓰리가 가지고 있는 사회

---

*　　이 글은 『한민족공동체』 제21호(2014. 7)에 실린 것을 보완한 것임.

적 의미를 명확하게 하면서 동시에 재일코리안 마쓰리가 일본사회에 어떤 영향을 미쳤는가에 대하여 고찰하는 데 있다. 즉 이쿠노민족문화제와 그 배경이 된 일본사회와 재일코리안 사회와의 관계, 그리고 이쿠노민족문화제가 지역 및 일본사회, 그리고 재일코리안 당사자에게 미친 영향에 대하여 고찰하는 것을 목적으로 한다.

문제제기에 앞서 지금까지 재일코리안의 연구사 변천 과정을 살펴보면 ① 재일코리안 형성사의 원점인 조선 식민지 시기 연구, 강제동원 등 역사학적 연구, ② 한반도의 정치적 상황과 재일코리안의 관계, ③ 일본사회에서 차별받고 배제되어온 상황에 관한 인권문제, ④ 세대교체와 함께 민족적 정체성의 위기와 교육문제, ⑤ 문화를 매개로 한 활동 등 다양한 방향으로 연구범위가 확대되어 왔다. 특히 지금까지의 연구 성과를 토대로 재일코리안 연구는 심화되고 있다. 예를 들어, 역사학적 연구의 경우 해방직후 GHQ와 일본정부의 관계, 민족단체의 활동에 관한 연구가 활발하게 이루어지고 있다. 또 인권문제·민족차별문제에 관한 연구는 최근의 재특회(재일조선인의 특권을 허락하지 않는 시민들의 모임) 등의 헤이트·스피치를 계기로 국제인권법에 비추어 본 연구도 증가하고 있다. 또한 재일코리안과 민족문화에 관한 연구도 점차 증가하고 있는 상황이다.

이쿠노민족문화제와 관련한 선행연구를 살펴보면 일본지역에서의 연구는 이다 타카후미(飯田剛史)의 『재일코리안의 종교와 축제(在日コリアンの宗教と祭り)』, 「재일코리안 마쓰리 형성과 공공화(在日コリアンの祭り形成と公共化)」, 「재일코리안과 오사카문화(在日コリアンと大阪文化)」와 에구치 노부키요(江口信夫)의 「민족축제와 에스닉 아이덴티티 고양-조선한인에 의한 이쿠노민족문화제를 사례로(民族の祭りとエスニックアイデンテイテイ高揚-朝鮮韓人による生野民族文化祭の事例)」등이 대표적이다. 특히, 이다 타카후미는 이쿠노민족 문제가 농악 중심의 마쓰리 스타일을 창조, 공공(公共)의 장에서 민족축제를 개최하는 데 불을 지피는 역할을 하였다고 평가하고 있다.

최근 한국에서도 이쿠노민족문화제에 대한 연구가 눈에 띄기 시작한다. 그중 박수경의 「재일코리안 축제와 마당극의 의의-이쿠노민족문화제를 중심으로-」와 황혜경의 「재일코리안에 있어서 민족축제 의미와 호스트사회와의 관계」 등의 연구가 있다. 박수경은 타자로서 즉 '이쿠노'가 로컬의 로컬리티가 가지는 의미 측면에 중점을 두고 분석하였다. 반면 황혜경은 재일코리안의 민족축제를 호스트사회와 관계에서 분석함으로써 민족축제가 재일코리안에 있어서 일본사회의 혹독한 차별과 억압으로부터 한을 푸념할 수 있는 장소로, 호스트 사회에 있어서는 진정한 공생사회가 형성하는 데 일조하였다고 분석하고 있다.

재일코리안에 관한 연구는 모든 연구 분야가 연결되어 있기 때문에 연구관심이 다양한 분야로 확대되고 있음과 동시에 재일코리안의 세부적인 실태까지 보다 정교하고 명확화하는 과정이라고 할 수 있다. 이러한 과정에서 최근 주목을 받기 시작한 이쿠노민족문화제에 관한 연구는 역사·정치적 존재였던 재일코리안이 일본사회 안에서 어떻게 스스로를 자리 매김하고, 어떠한 방식으로 스스로의 '목소리'를 내기 시작했는지, 그리고 일본 사회 안에서 재일코리안이 어떻게 인식되어 왔는지 명확히 하려는 작업이라고 할 수 있다. 또한 이것은 재일코리안이 어떻게 한반도와 연계되어 왔는지를 구체화하는 작업이라고도 할 수 있다.

본 연구는 지금까지 이루어진 기존 연구를 바탕으로 하되, 선행연구에서 간과되어 왔던 재일코리안의 문화를 매개로 한 다양한 노력과 시도에 대해서 고찰할 것이다. 구체적으로 다음과 같은 점에 주목하여 연구를 진행할 것이다. 첫째, 이쿠노민족문화제의 역사적 맥락에 관하여 고찰할 것이다. 역사적 맥락과 관련해서는 '마쓰리'라는 문화적 매개체에 주목하여 재일코리안의 문화적 창조와 확산 과정에 주목할 것이다. 둘째, 이쿠노민족문화제가 재일코리안 내부사회에 미친 영향에 관하여 고찰할 것이다. 즉 이쿠노민족문화제 개최에 의해서 재일코리안 내부사회가 어떤 변화를 거쳐 왔는지에 주

목할 것이다. 셋째, 이쿠노민족문화제가 일본사회에 어떤 영향을 미쳤는가
에 대하여 고찰할 것이다. 즉 이쿠노민족문화제가 재일코리안 내부사회와
외부사회인 이쿠노 지역 커뮤니티와 일본사회에 어떤 영향을 미쳤으며 어떠
한 변화를 가져왔는지에 주목할 것이다.

2. 재일코리안 사회의 형성과 사회 구조 변화

본격적인 논의에 앞서 먼저 재일코리안 사회의 형성사를 살펴보고자 한
다. 조선에서 일본으로의 도항은 1910년 식민지 지배 이전부터 있었다. 그러
나 보다 많은 조선인이 일본으로 건너온 것은 토지를 빼앗겨 먹고 살기 힘들
어진 이들이 일자리를 찾아 일본으로 건너오기 시작하면서부터이다. 이들은
먼저 건너온 친척과 고향사람을 의지하여 일본으로 도항해 왔으며, 서로 의
지하고 도우면서 집락을 형성했다. 그 대표적인 지역으로 도쿄의 에다가와
(枝川)와 미카와시마(三河島), 오사카의 이카이노(猪飼野)[1], 그 외 교토와 나고야,
히로시마 등 크고 작은 집주지를 형성하였고, 현재도 이들 지역에는 커뮤니
티가 형성되어 있다.

1930년대 전반기, 일본에는 50만 명이 넘는 조선인이 재주(在住)하였다.
전쟁이 치열해지기 시작한 1930년 후반기에는 국가총동원법(1939년)과 국민
징용령 등으로 조선반도에서 노동자로 광산과 토목건설현장, 공장, 항만하
역, 농촌 등으로 강제 동원되었다. 1945년 당시 그 수는 200만 명에 달했다
고 한다. 일본의 패전은 조선인에게 식민지 해방을 의미하였고, 이때 많은
조선인이 조선반도로 돌아갔다. 1946년 4월, 당시 일본에 주둔하고 있던 연
합국최고사령관총사령부(약칭 GHQ/SCAP)는 일본에 있는 조선인의 '계획운송'

---

1)   이쿠노구 이카이노는 1972년 행정명칭 변경에 의해 현재는 존재하지 않는다.

을 시작하였다. 그러나 계획운송으로 귀국할 경우 반출할 수 있는 재산은 현금 천 엔 미만, 화물 250파운드로 제한되었다. 또한, 조선반도는 남북으로 분단되어 정치적 · 경제적 혼란기였다.

이러한 상황에서 귀국을 보류한 조선인이 약 58만 명에 이른다. 해방 당시 일본국적을 보유하고 있던 재일코리안은 1947년 천황의 마지막 칙령 제207호 '외국인등록령'에 의해 당분간 외국인으로 간주되었으며, 전쟁 후 첫 선거에서 소외되었다. 그리고 1952년 샌프란시스코 평화조약체결에 따라 민사국장통달로 구 식민지 국민인 조선인 및 대만인은 일본국적을 상실하게 되었다. 따라서 재일코리안은 참정권 및 국민건강보험과 국민연금을 비롯한 전후(戰後) 모든 사회복지제도에서 배제되었다. 즉 해방 직후 일본사회 속에서 재일코리안은 공적 영역뿐만 아니라 사적 영역인 직업과 거주 등에서도 배제되었다. 즉 이들은 일본사회 속에서 생활하면서도 일본사회에 관여하지 못하고, 마치 '보이지 않는 존재'로 살아 올 수밖에 없었다.

1945년 10월 해방 직후 재일코리안의 고향으로 귀국, 생활원조, 어린이들의 교육 등을 담당하는 단체가 결성되었다. 압도적으로 많은 재일코리안의 지지를 받은 재일본조선인연맹(이하 조련)에 이어, 다음 해인 1946년 10월 조련에 대항하는 재일본조선인거류민단(현재 한국민단)이 결성되었다. 당시 조선반도는 남북으로 분단되어 통치를 받는 상태였으며, 1948년 건국된 두 개의 국가 틈새에서 재일코리안 또한 남북으로 갈라져갔다. 두 개의 재일코리안 조직이 가장 먼저 착수한 일은 아이들의 민족교육이었다. 일본사회에서 조선어를 배울 수 없었던 아이들의 조선어 교육을 목적으로 학교를 설립하였다. 말을 회복하는 것은 잃어버린 민족 자긍심을 회복하기 위한 것이었다(전국 약 600여 개, 6만 명). 그러나 이러한 '조선인학교'는 일본정부와 GHQ/SCAP에 인정받지 못한 채, 1948년 폐쇄령이 내려졌다. 이에 반발한 조선인들은 대대적인 항의활동을 벌였으며, 오사카부청 앞에서 당시 16세 소년이 경관이 발포한 총에 맞아 사망했다(한신교육투쟁). 다음 해인 1949년 '조선인학교'는 폐쇄되었으며, 이 운동을 지도한 조련은 해산당했다. 현재의 조선학교는 1955년 결성된 재일본조선인총연합(총련)에 의해 재건된 것이다. 한편 한국 계 민족학교는 도쿄, 오사카, 교토에 있지만, 취학연령의 약 98%에 해당하는 대부분의 아이들은 그 지역의 일본학교에 다니고 있다.

1952년 샌프란시스코 평화조약 이후, 재일코리안은 그동안 유지해오던 일본국적을 박탈당한 후 외국인으로 취급받으면서 모든 공적, 사적 영역에 서 배제되었다. 피식민지민이었던 재일코리안에 대한 일본사회의 차별은 극 심했으며, 취직 등 모든 분야에서 소외되고 배제되었다. 재일코리안 1세의 경우 배제와 소외당하는 일본사회에 귀속의식을 가지는 대신 남북으로 분단 된 조국에 귀속의식을 가짐으로써 일본사회에서의 힘겨운 생활을 견뎌냈다. 즉, 민족단체는 두 개의 조국으로 대체(代替)되었고, 생활의 현장인 일본사회 에 대해서는 귀속감을 갖지 않았다.

1970년대에 들어서면서부터 재일코리안 사회는 1세에서 2세로 세대교 체가 이루어지기 시작했다. 재일코리안 내부사회의 세대교체는 일본 사회를 향해 자신들의 존재를 '가시화(可視化)' 시키는 중요한 전환점이 되었다. 즉 식 민지정책(창씨개명) 때 사용하던 통명(일본명)으로 살아온 재일코리안 2세·3세 들은 일본사회를 향해 자신들의 존재를 드러냈으며, 일본사회를 향해 자신 들의 목소리를 내기 시작하였다. 박종석의 히다치 제작소(日立製作所)의 취직 차별에 대한 소송(1970년), 김경득이 한국국적으로 사법 연수소(1976년)에 입소 신청을 허가받는 등 지금까지 일본사회의 차별과 배제에 대해 침묵해 왔던 재일코리안이 이의를 제기하며 행동을 개시하였다.

한편, 1980년대에 간과되기 쉬운 운동으로 재일코리안에게 부과되었던 지문날인-16세가 되면 강제적으로-에 대한 거부운동이 있다. 지금까지의 운 동이 일본사회의 차별철폐 등과 관련된 재일코리안들의 생존권에 대한 운동 이었다면, 이 지문날인 거부운동은 일본에 거주하는 다른 외국인과 함께 연 대하여 펼친 운동이었다. 이 운동은 일본뿐만 아니라 UN에도 제소되어

1991년 한일법적지위협정에 근거한 협의결과 각서에 따라 2년 이내에 폐지가 결정되었고, 1993년 1월부터 지문날인은 폐지되었다.

재일코리안의 세대교체는 1970년대부터 시작되어 1980년대에 본격화되었다. 재일코리안 내부사회의 세대교체는 재일코리안 사회에 커다란 변화를 가져왔다. 앞에서도 언급한 바와 같이 재일코리안 1세는 조선에서 태어나고 자라 조선에 귀속의식을 가지면서 남북으로 분단된 조국이 통일되기를 염원하였지만, 2세로 세대교체가 이루어짐에 따라 일본에 정착하고자 하는 정착의식이 높아졌다. 언어와 문화를 모른 채 조국에 가본 적도 없는 2세·3세들이 일본사회에 매몰되어 '코리안'으로서의 정체성을 유지한 채 일본에서 살아가는 것을 선택할 수밖에 없는 상황이었다.

이 무렵 일본학교에서 언어와 문화, 역사를 배울 수 있는 기회를 요구하는 운동이 확대되었고, 오사카에서는 방과 후 민족교육운동이 확산되었다.

표 1 재일코리안 사회를 둘러싼 사회구조의 변화

구분	1980년대	1980년대 말~1990년대
경제영역	사회저변에서 출발, 취직차별(화이트 칼라 배제), 자영업(야키니쿠, 음식, 풍속, 파칭코, 헵번샌들, 케미컬슈즈, 가방, 토목건설, 부품제조 등) 직업특화를 통한 경제활동 기반 확립	경제적 지위향상, 버블경제 붕괴 후 위기
정치영역	외국인등록법 아래 관리체제, 민단과 총련의 대립으로 공통정치목표설정 불가, 반차별운동(취직, 입주, 지문날인 등)	민단과 총련의 대립 완화, 입국관리법개정(지문날인철폐), 지방공무원, 공립학교교원, 일반기업의 채용완화, 지방자치 참정권 운동
통합영역	동향, 친족, 종교 등의 네트워크에 비중	시민적 연대(소수성의 벽)
문화영역	생활문화의 일본인과의 균질화와 민족적 자기주장의 동시진행, 대중문화의 재일코리안 스타, 민족문화운동(언어, 본명, 농악, 종교, 축제 등)	대중문화, 스포츠에 이어 문학, 예술, 학문적 영역에서 재일코리안 배출, 〈재일코리안 문화〉의 가시화, 공공화

출처: 飯田剛史, 2004: 26~27

이러한 상황 속에서 1983년 오사카에서는 재일코리안 2세·3세가 모여 민족문화를 통해서 정치적 입장을 초월하여 민족화해를 유도하고자 하는 움직임이 일어났다. 1980년대 후반부터 1990년내에 들어서면서 정치적으로 민단과 총련의 대립 완화와 경제적 지위가 향상된 재일코리안들은 다양한 분야에서 본격적으로 두각을 드러냈으며, 보다 적극적으로 자신들의 '목소리'를 일본사회를 향해 표출하였다.

이러한 시대적 변화와 흐름에 따라 재일코리안 2세와 3세를 중심으로 기존의 민족단체에 속하지 않으면서 자발적으로 문화를 매개로 한 '이쿠노민족문화제(1983년)'를 태동시켰다. 1982년 이쿠노 코리아타운의 일본기독교회 사회관에 한국인 관장(김덕환)이 취임하면서 지역의 재일코리안 청년들이 모여 재일코리안에 의한 재일코리안을 위한 민족축제를 기획·발안하였다. 이쿠노민족문화제가 개최되기 1년 전, 한국의 〈아리랑고개〉라는 마당극이 소개되었다. 마당극의 대본작업은 양민기가 담당하였으며, 고찬유 연출로 1982년 11월 일본에서 처음으로 마당극이 공연되었다. 이 마당극에는 재일코리안 모두가 남과 북이라는 이념과는 전혀 관계없이 참여하였다. 또한 실행위원으로 참가한 한 관계자의 말에 의하면 한국어로 공연이 이루어졌음에도 불구하고 당일 이쿠노구 구민 홀은 관객들로 가득 찼었다고 한다.

3. 오사카 이쿠노민족문화제의 형성과 전개

1) 오사카 이쿠노민족문화제 추진배경

이 축제가 기획·실행된 장소는 현재 '코리아타운'-이전에는 '조선시장'으로 불렸던-으로 불리는 이쿠노(生野)이다. 이 지역은 이카이노(猪飼野)로 불리던 곳으로 식민지 시기에 많은 조선인이 거주하던 곳이었다. 이쿠노는 현

그림 1 이쿠노 성화사회관 외관 및 내부전경
출처: 2014. 4월 손미경 촬영

재도 재일코리안이 가장 많이 거주하는 곳으로 주민의 4명 중 1명이 재일코리안인 지역이다. 당시 이쿠노는 일본인과 재일코리안이 함께 공존하며 살던 지역이었지만, 여전히 일본인 중에는 재일코리안에 대해 오래된 편견과 차별의식을 가진 사람들이 많았으며, 재일코리안 사회와 일본인 사회 두 커뮤니티 간에는 상당한 거리감이 존재했었다. 물론 이러한 상황에서 이쿠노 행정기관 또한 구체적인 행정시책을 내놓지 않았으며, 오히려 편견을 조장하는 일도 했었다(高二三, 1990: 264~265).

또한 재일코리안 사회 내부적으로도 '이쿠노'라는 좁은 공간 안에서 '남이다 북이다'라는 이념대립이 심했다. 이러한 대립을 보고 자란 재일코리안 2세, 3세들은 정치적인 이념대립을 뛰어넘어 화해할 수 있는 방안으로 '민족문화'를 매개로 하는 마쓰리 개최를 계획했다. 1983년 제1회 이쿠노민족문화제를 시작하기 위해 1년이라는 준비기간을 두었다. 1년의 준비기간을 둔 것은 일본사회(지역)의 반대에 부딪칠 것을 예상한 것도 있지만, 조국이 남북으로 분단된 상황에서 재일코리안 사회도 매우 복잡하게 얽혀 있었기 때문에 이러한 문제들을 해결하는 데 시간이 걸릴 것으로 예상했기 때문이다 (高二三, 1990: 271).

이쿠노민족문화제의 창시자인 김덕환 씨(당시 성화사회관(聖和社会館) 관장)는 당시 모모야마학원대학(桃山学院大学) 교수였던 김학현(金学鉉) 씨가 '이쿠노는 일본에서도 재일동포가 많이 사는 지역인데, 우리 동포들이 즐길 수 있는 축제 하나 없다'라는 말이 이쿠노 민족문화제를 시작하게 된 계기가 되었다. 또 김덕환 씨 본인이 이쿠노에서 지역활동에 관여하면서 "지금까지 살아왔고, 앞으로 살아 갈 이쿠노가 현재와 같은 상황이어서는 안 되며, 이쿠노 지역의 현재 상황을 변화시키기 위해서는 재일코리안 젊은 세대들이 자신이 한국인임을 명확하게 자각하며 살아 갈 수 있는 장(場)을 만들어야겠다는 생각이 또한 있었기 때문이었다(高二三, 1990: 268)."라고 한다. 즉, 차별과 편견에 의해 민족에 대해 부정적인 인식을 가질 수밖에 없었던 자신이 생활터전에서 기쁨을 갖고 민족적 자각을 느끼게 된 것을 우리 아이들에게도 체험시키고 싶다는 의지로 만든 것이다(황혜경, 2010: 476).

이쿠노민족문화제를 개최하고자 하던 시기에 때마침 재일코리안의 정체성 문제 또한 커다란 문제로 부상되었다. 그동안 차별당한 의식에 사로잡힌 청소년들이 「민족의 문화를 육성하면서 자긍심을 가질 수 있는 이벤트」를 개최하자는 취지 아래에서 민족색채가 짙은 길놀이, 가요, 마당극 등을 펼쳤다(社團法人部落問題研究所, 2014: 10). 이념대립을 초월하고자 하는 바람과 민족문화를 매개로 재일코리안의 민족적 자각은 물론 긍정적 정체성 형성을 위한 방안으로 기획된 것이 이쿠노민족문화제이다. 이러한 의미를 내포하며 실행된 제1회 이쿠노민족문화제는 코리아타운의 한 가운데 위치한 공립학교를 빌려 열렸다. 이는 큰 반향을 불러일으켰으며, 매스컴에도 크게 보도되었다.

1년에 걸쳐 준비한 제1회 이쿠노민족문화제는 당시 실행위원회 측이 예상했던 것보다 많은 한국인의 참가로 성공적으로 끝마쳤다. 그러나 1회 이쿠노민족문화제가 끝난 후, 이쿠노민족문화제의 개최 장소였던 미유키모리 초등학교의 PTA임원들의 집으로 항의전화가 걸려왔다. 항의전화 내용은 '여기는 일본이고, 일본학교에서 한국·조선인들이 자신들 마음대로 할 수 있도록 하지 마라'는 편견에 가득 찬 내용이 대부분이었다(高二三, 1990: 272). 이 쿠노민족문화제로 인해 이 지역이 '마치 조선인학교'처럼 여겨져서 싫다는 반발이 생겨 제2회 때는 공립학교를 빌릴 수 없게 되었다.

제2회 개최에 즈음해서 실행위원회 내부에는 지역의 이러한 차별에 대해 적극적으로 저항활동을 하자는 의견과 마쓰리를 지속적으로 개최하는 것

그림 2 민족문화제 관련 기사(아사히신문, 2012. 10. 26.)
출처: 성화사회복지관 관계자 제공

에 힘을 쏟자는 의견으로 나누어져 대립하였다. 실행위원회는 양자선택의 기로에서 마쓰리를 지속적으로 개최하자는 후자 쪽의 의견이 높아 제2회 개최 준비에 돌입하였다. 그러나 차별에 적극적으로 저항활동을 하자고 주장했던 사람들 대부분이 제2회 개최를 앞두고 조직에서 탈퇴하는 상황이 벌어졌다. 이러한 상황에도 불구하고 김덕환 씨가 마쓰리를 지속적으로 개최하고자 했던 이유는 지역주민의 반대에도 불구하고, 이쿠노라는 지역에서 재일코리안 스스로가 먼저 한국인이라는 자각을 가져야 하며, 동시에 지금까지 낡은 편견에 사로잡힌 일본인들에게 단순하게 '말'이 아니라, 이쿠노민족문화제를 지속적으로 해 나가면서 이해시켜 나가야 한다(高二三, 1990: 272)는 생각이 강했기 때문이었다.

일부 지역주민의 반대에도 불구하고 이쿠노민족문화제는 1983년 제1회 이쿠노 미유키모리 초등학교에서 실시된 이래, 2002년 제20회로 막을 내릴 때까지 이쿠노구내(生野区内)에 있는 공립초등학교 교정에서 매년 개최되었다. 이쿠노민족문화제가 이쿠노구의 공립학교에서 매년 개최될 수 있었던 이유는 이 문화제의 취지에 공감한 이쿠노의 어느 중학교 교장선생님의 도움이 있었다고 한다. 이 교장선생님은 '이쿠노구 교장회'에서 이쿠노민족문화제가 처한 상황을 설명하고, 올해는 본인의 학교를 회장(会場)으로 빌려줄 것이니, 다음 해부터 이쿠노민족문화제 실행위원회로부터 학교 교정을 빌려달라는 신청이 오면 빌려주었으면 좋겠다는 발언을 했다고 한다. 이렇게 해서 이쿠노민족문화제는 제20회까지 이쿠노 지역의 각 학교 교정에서 매년 장소를 바꿔가며 개최되었던 것이다(高二三, 1990: 273~274). 이쿠노민족문화제는 해를 거듭하면서 다양한 장소에서 개최됨으로써 민족문화제의 개최 취지를 이해하고 이에 동조하는 지역사람들이 늘어가게 되었다. 이쿠노민족문화제는 큰 반향을 불러일으켰으며, 매년 가을 연례행사로서 폭 넓게 공감을 얻었다.

그림 3 농악 퍼레이드 모습
출처: 高二三, 1990: 267

2) 오사카 이쿠노민족문화제 프로그램 및 전개

처음에는 이쿠노 지역의 동포들도 이 문화제는 '남쪽에서 하는 것이냐? 북쪽에서 하는 것이냐'를 자주 물어왔다. 그러나 해를 거듭하면서 같은 지역의 동포로서 이러한 조국의 분단현실을 뛰어넘어서 문화를 매개로 민족적 자각을 가지고자 하는 취지를 이해하고 동조하는 사람들이 늘었다(高二三, 1990: 273~274). 이쿠노민족문화제는 마쓰리 전날, 전야제로 풍물패가 이쿠노 전 지역을 도는 것으로 시작된다. 이때 민족의상을 입은 재일코리안들이 풍물패와 함께 이쿠노 지역을 돈다. 당시 상황을 발족 멤버였던 김군희(金君姬)는 "백 명의 동포가 이쿠노를 퍼레이드한다는 것은 있을 수 없는 일이었습니다. 저고리를 입고 소고를 들고, 자신이 조선인임을 선언하면서 걷는 것이나 마찬가지이기 때문에…."(양민기 기록편, 2012: 48)라고 회상한다.

이처럼 이쿠노민족문화제 프로그램의 특징 중 하나는 민족의상을 입은 재일코리안들이 풍물패와 함께 이쿠노 전 지역을 퍼레이드한다는 것이다. 이날만큼은 그동안 자신의 존재를 숨겨왔던 일상공간에서 민족의상을 입고 동포들과 함께 당당하게 자신의 존재를 드러낼 수 있는 '심리적 해방감'을 맛보았다.

두 번째 이쿠노민족문화제의 특징은 프로그램 구성이 1회부터 20회까지 변하지 않았다는 점이다. 이것은 일본 전국에서 개최되는 마쓰리의 대부분의 프로그램이 매년 같은 형태로 반복되기 때문이다. 이것이 일본 마쓰리의 특징이라고 할 수 있으며, 일본 마쓰리의 특징을 본보기로 하여 만들었기 때문에 매년 마당극의 내용만 바꿨을 뿐, 나머지 전체 프로그램의 구성(틀)은 바뀌지 않았다(〈표 2〉 참고). 이렇게 동일한 프로그램으로 20회에 걸쳐서 실행되는 동안 실행위원회 내부의 세대갈등도 있었음을 인터뷰를 통해 알 수 있었다. "이쿠노민족문화제 실행위원회로 참여했던 당시 새로운 프로그램을 도입해보자고 제안했어요. 당시 고성오광대를 제안했는데, 선배들의 반대에 부딪혔어요."[2] 이쿠노민족문화제를 처음 시작할 당시의 원칙을 고수하고자 하는 2세와 새로운 것을 도입하자는 3세 간의 갈등도 조금 있었던 것으로 보인다. 20회 동안 같은 틀로 유지되어 온 프로그램의 이면에는 이러한 보이지 않는 갈등들도 존재했음을 알 수 있다.

마지막 세 번째, 이쿠노민족문화제의 특징은 일반 참가자의 참가로 프로그램이 진행되었다는 점이다. 4월 실행위원회가 발족하면 당일 공연 프로그램인 풍물과 춤, 마당극 등에 참가할 일반인 참가자를 모집하였다. 그리고 일반인 참가자들은 축제 당일까지 일주일에 한 번씩 모여 연습하였고, 이 연습성과의 발표장이 '이쿠노민족문화제'였다. 이쿠노민족문화제는 프로그램에 참가하면서 동시에 민족문화를 접할 기회가 없었던 재일코리안 2세 · 3세들에게 배움의 기회를 제공하였다.

---

2) 인터뷰 일시 및 장소: 2014년 4월 18일 13시, 코리아NGO센터

표 2 이쿠노 민족문화제 프로그램

	전야제 프로그램	축제 당일 프로그램
1983년 (제1회)	10월 15일(토) 16:00 농악퍼레이드	9:00 지역 농악퍼레이드 10:00 개회선언/농악(교정) 10:30 각부, 학교, 무용연구회 참가자 발표회(강당) 12:00 점심/강강수월래(교정) 13:00 부채춤 13:20 노래자랑 14:30 민족놀이대회/민족의상 자랑 15:00 마당극(호랑이 놀이) 16:00 농악(참가자 일동)/ 폐회
2000년 (제18회)	10월 28일(토) 15:00 농악퍼레이드	9:30 지역 농악퍼레이드 10:00 고사 10:15 강강술래 11:35 놀이대회 12:35 탈춤 12:55 노래자랑 13:50 마당극 14:50 대농악 15:30 강강술래 16:00 폐회
2002년 (제20회)	10월26일(토) 15:00 농악퍼레이드	9:30 지역 농악퍼레이드 10:00 고사 10:15 대풍물 11:00 놀이대회(줄다리기) 11:30 무용 11:45 노래자랑 12:15 대풍물 12:45 놀이대회(씨름/널뛰기) 13:15 마당극(색동놀이)/고사/강강술래 16:00 폐회

출처: 박수경(2007), 황혜경(2010) 참고

이쿠노민족문화제의 이러한 특징은 '하나가 되어 키우자 민족문화를! 넋(정신)을!'이라는 슬로건에는 물론이거니와 민족축제를 만드는 조직에도 반영되었다. 예를 들면, 이쿠노민족문화제 실행위원회는 매년 새롭게 발족되었고, 해마다 조직된 실행위원회에 의해서 그 해의 이쿠노민족문화제가 실행되었다. 남과 북을 초월하고자 했던 이쿠노민족문화제 실행위원회의 멤버는 조련이나 민단 등 특정단체에서 파견되는 일이 없었다. 즉 조련이나 민단 등 조직에 몸담고 있는 조직의 일원으로서는 실행위원회에 참가할 수 없었으나, 조직의 성격을 뛰어넘어 온전한 개인자격으로의 참가는 가능했다.

이 민족문화제는 '재일코리안에 의한', '재일코리안을 위한' 민족축제임을 강조하기 위해서 실행위원회도 참가자도 재일코리안일 것이 요구되었다. 이러한 자격요건은 일본인들에게는 이쿠노민족문화제가 폐쇄적인 것으로 비춰지는 경향이 있었다. 그러나 이것은 당시 일본 사회에서 배제되고 차별받아온 절실함을 민족문화의 힘으로, 재일코리안의 '목소리'를 발신하고자 했던 점을 감안한다면 이쿠노민족문화제가 폐쇄적이라고 하기에는 무리가 있다. 또한 이쿠노민족문화제를 계기로 민족문화를 접할 수 있는 기회를 제공함으로써 재일코리안 2, 3세들의 민족적 정체성을 높이고 후배들을 육성하기 위해서였다. 이것은 마치 부모의 힘을 빌리지 않고 자신들의 힘으로 자립하고자 하는 아이의 몸부림과 같았다. 이쿠노민족문화제 실행위원회는 '재일코리안에 의한', '재일코리안을 위한' 축제를 스스로 만들어가기 위해서 운영비 또한 스스로 모금활동을 통해 마련하였다. 즉 모금방법은 축제 당일 자금 모금활동과 당일 팜플렛 광고비용으로 꾸려나가는 것을 원칙으로 했으며, 지출보고도 반드시 공개하는 것을 원칙으로 했다(〈그림 4〉 참고).

이쿠노민족문화제는 각 학교의 방과 후 민족학급 학생들과 담당교사, 보호자모임에서 마쓰리 당일 가게를 출점함으로써 보호자모임의 결속을 위한 행사로도 활용되었다. 또 초등학교와 중학교 등 민족학급에서 민족문화를 배운 아이들이 졸업 후 민족문화를 배우면서 서로의 경험을 공유하는 '안식처' 역할도 해왔다.

収 入		支 出	
賛 助 会 費	590,402	印 刷 費	848,690
寄附金・カンパ	267,154	通 信 費	233,968
広 告 賛 助	980,000	事 務 費	30,934
Tシャツ収入	298,162	備 品 費	300,000
出店カンパ	183,958	実 行 費	1,128,321
雑 収 入	264,949		
小 計	2,584,625	小 計	2,541,913
前年度より繰越	274,364	今後活動運営費	317,076
合 計	2,858,989	合 計	2,858,989

2002年第20回 生野民族文化祭 会計報告

그림 4 제20회 이쿠노민족문화제 회계보고

출처: 제20회 이쿠노민족문화제 팜플렛

그림 5 제1회(왼쪽)·20회(오른쪽) 이쿠노민족문화제 포스터

출처: http://www.kdn.ne.jp/~aohyon/i/nikki/taiko03.html

이쿠노민족문화제는 2002년 20회를 마지막으로 막을 내렸다. 이쿠노민족문화제를 시작할 당시의 원칙으로 민족문화제를 유지하기에는 재일코리안 사회를 둘러싼 내·외부의 환경이 많이 변화했기 때문이었다. 즉 외부적으로 1980년대 이후부터 시작된 국제화와 2000년대의 다문화공생사회 등을 내건 일본사회의 변화와 내부적으로 한반도 정세변화와 재일코리안 세대교체에 따른 내부사회의 변화를 들 수 있을 것이다. 그리고 20년 전 이쿠노민족문화제를 개최할 당시보다 재일코리안이 민족적 정체성을 발휘할 수 있는 기회와 장소가 증가했으며, 이쿠노 지역 이외에도 민족문화제가 생겨나기 시작한 것도 이유 중의 하나라고 할 수 있을 것이다. 시대변화에 맞게 다음 세대가 이쿠노에서 다른 형태의 민족문화제를 개최해주기를 염원하면서 20회에 걸쳐 개최되었던 이쿠노민족문화제는 막을 내렸다.

4. 오사카 이쿠노민족문화제의 의의

1) 재일코리안 축제의 확산에 기여

이쿠노민족문화제의 역동적인 에너지는 주변 지역의 재일코리안 민족문화제 개최에 커다란 영향을 끼쳤다. 이쿠노민족문화제의 뒤를 이어, '나가타 마당(고베)', '3·1마당(후쿠오카)', '히가시구조 마당(교토)', '이타미(伊丹) 마당' 등의 행사가 현재도 계속되고 있으며, 2005년 오사카 이쿠노에서는 코리아타운에서 상점을 운영하는 상인들이 주최하는 '이쿠노 코리아타운 공생마쓰리[3]'가 개최되고 있다.

〈표 3〉은 민족 마쓰리와 마당 개시 연표이다. 〈표 3〉을 보면 알 수 있듯

---

3) 최근에는 코리아타운 상인들 간의 논의 끝에 '공생'이라는 용어가 정치적으로 비춰지는 것을 염려하여 공생이라는 단어를 뺀 '코리아타운 마쓰리'로 2012년부터 개최되고 있다.

이 1983년 이쿠노민족문화제 이후 전국 각 지역에 유사한 성격의 마쓰리가
생겨나기 시작했다. 이쿠노민족문화제 이후 유사한 성격의 마쓰리가 전국적

표 3 민족 마쓰리 · 마당 개시 연표

연도	오사카 · 교토 지역	그 외 지역
1983	• 이쿠노민족문화제(오사카/~2002)	—
1984	• 박사 왕인 마쓰리(히라카타/~)	—
1985	• 「8 · 15 페스티벌 민족 · 미래 · 창조」(오사카/~)→1990년부터 원코리아페스티벌로 명칭변경 • 왕인총 납량 무궁화 마쓰리(히라카타/~)	• 재일동포 미래를 향한 문화제(도쿄 /~?)
1990	• 시텐노지 왓소(오사카/~) • 나가타 마당(고베/~)	• 3 · 1 문화제(후쿠오카/~) • 아라카와 놀이마당(도쿄/~) • 사쿠라모토 풍물놀이(가와사키/~)
1991	• 야오 국제교류야유회(야오/~) • 미노 · 코리안 · 페스티벌(미노)→1993년 부터 미노 샛바람으로 명칭변경 • 후레아이 아시야 마당(아시야/~) • 「통일 · 광장 · 모리베」(아마가사키/1992) →1993년부터 아마가사키 민족마쓰리로 명칭변경 • 마이 · 마이 페스티벌(오사카/~2007)	—
1992	—	• 10월 마당(도쿄)
1993	• 미노 샛바람(미노/~2001) • 히가시쿠조마당(교토/~) • 아마가사키 민족마쓰리(아마가사키 /~2009) • 민족문화와 만나는 모임(교토/~)	—
1994	• 통일마당 이쿠노(오사카/~) • 나라 산울림(나라/~)	• 오힌지구 「봄 축제」(가와사키/~?) • 통일마당 도쿄(도쿄/~) • 아리랑 마쓰리(가와사키/~?)
1995	• 후레아이 아시야 마당, 한신 아와지 대지진 으로 중지	—
1996	• 히가시오사카 국제교류 페스티벌(히가시오 사카/~) • 이타미 마당(이타미/~) • 통일마당 고베(고베/~)	• 쓰시마 친구 음악제(나가사키/~)

연도	오사카·교토 지역	그 외 지역
1997	• 고베 국제교류 페스타(고베/~) • 다카라즈카 민족마쓰리(다카라즈카/~) • 통일마당 교토(교토/··~?)	• 후쿠야마 마당(후쿠야마/~) • 안녕 페스타 한·일 우호친선 후레아이 광장(격년 개최, 삿포로/~)
1998	• 모이자 히가시하리마 마당(가코가와/~) • 고베 어린이 마당(고베/~)	—
1999	• 동아시아·페스티벌(국제 네트워크 도요나카 (재)도요나카국제교류협회)	• 한·중·일 시민교류페스타(요코하마)→2000년부터 Earth 페스타 카나가와로 명칭변경 • 한국문화를 만나는 모임&프리마켓 in 후츄공원(후츄/~)
2000	• 히라가타 다문화 페스티벌(히라가타/~)	—
2001	• 오사카 하나 마쓰리(오사카/~2005) • 히라가타·백제 페스티벌(히라가타/~)	• 리틀 부산 페스타(시모노세키/~)
2002	• 다카라즈카·국제교류 페스타(다카라즈카/~)	—
2003	• 국제교류시민 net 마쓰리(토요나카/~) • 사이좋게 가코가와 미니마당(가코가와/~)	• 후레아이 마당 in 히가시쿠(삿포로/~?) • MINDAN FESTIVAL(도쿄/~)
2004	• 좋아요! 오츠미 다문화교류 페스티벌(오쓰/~) • 재일외국인과의 공생을 생각하는 모임「마당의 바람을 담수호에서」(쿠사츠/~) • 후카에 다문화 어린이 마쓰리(고베/~)→2010년부터 다문화페스티벌 후카에로 명칭변경	• KAWASAKI 대교류제(가와사키/~)
2005	• 센난 마당(센난/~?)	• 한일 교류마쓰리(서울/~) • 글로벌 페스타 JAPAN(치요다구/~) • OKUBO 아시아 마쓰리(신주쿠/~)
2006	• 코리아타운 이카이노 마쓰리(오사카/~) • 미타 마당(미타/~격년 개최) • 모두 모여라! 우리학교마당(오쓰/~)	—
2007	• 다문화교류 페스티벌(고베/~)	• 도래인 마쓰리(마츠모토/~)
2009	—	• 다문화공생교류페스티벌 국제도시 신주쿠·춤의 제전(신주쿠/~)
2010	• 고베 국제교류페스타(고베/~) • 하나·마당 아마가사키(아마가사키/~)	• 재일코리아문화페스티벌(신주쿠/~)

연도	오사카·교토 지역	그 외 지역
2012	• 히가시쿠죠 봄 마쓰리(교토/~) • 교토 코리아·페스티벌(교토/~)	• Korea×Japan 가나가와 유스페스타 (요코하마/~)
2013	• 히가시쿠죠지역·다문화교류 마쓰리(교토/ ~) • 오사카 키타 마당·월드 페스티벌(오사카 /~)	• 한·일 국제교류문화제「가교」(신주 쿠)

※ 마쓰리 명칭 (개최지/~) ~는 현재에도 지속되고 있음을 나타냄.
출처: 藤井幸之助. 2013. 「民族まつり・マダン開始年表」『コリアンコミュニティ研究』Vol.4. 110~114 참고.

으로 생겨나게 된 이유는 일본 전국에서 모여든 재일코리안들이 이쿠노민족 문화제에 영향을 받아서 자신들이 살고 있는 동네, 지역에서도 이러한 형태의 마쓰리를 만들어야겠다는 생각에서 확산되어 나갔다. 반면, 일본인 중에서도 재일코리안과 공생을 주제로 혹은 일본인이지만 스스로를 드러내지 못하고 사는 사람들을 위해 이쿠노민족문화제와 같은 형태의 지역축제를 기획하고자 하는 움직임도 보였다고 한다.[4]

재일코리안의 민족문화를 통한 자기 정체성을 확인한 마쓰리와 마당은 일본의 사회적 환경변화에 맞추어 영향을 받으며 변화되었다. 1990년대의 경우 일본의 국제화 캠페인의 영향으로 재일코리안 민족 마쓰리의 명칭에도 '국제', '국제교류'라는 명칭이 포함되기 시작한다. 예를 들면 1996년의 히가시오사카 국제교류 페스티벌, 1997년 고베 국제교류 페스타 등을 들 수 있다. 그러나 2000년대에 들어서면서부터 일본 국내의 다문화공생 정책 표방에 따라 2000년 히라가타 다문화 페스티벌, 좋아요! 오츠미 다문화교류 페스티벌, 재일외국인과의 공생을 생각하는 모임, 후카에 다문화 어린이 마쓰리(2010년도부터 다문화 페스티벌 후카에로 명칭 변경), 2007년 고베 다문화교류 페스티벌, 2009년 다문화공생교류 페스티벌 국제도시 신주쿠·춤의 제전 등의 마쓰리 등에서 볼 수 있듯이 '다문화', '다문화공생'의 명칭의 마쓰리가 생겨나기 시작했다.

---

4) 2014년 4월 18일 13시, 코리아NGO센터에서 가진 J씨의 인터뷰 내용 중

이렇듯 일본 사회 안의 재일코리안의 마쓰리는 일본사회의 변화와 연동하면서 전개되어 왔음을 알 수 있다. 이쿠노민족문화제를 시작으로 전개되어온 마당의 공통점은 '민족'을 테마로 했다는 점, 특정 종교적 전통이 없다는 점, 소수의 개인의 발의에 의해 시작되었다는 점 등이다(飯田, 2006: 45).

2) 가시적 존재화: 눈에 보이지 않는 존재에서 보이는 존재로

이쿠노민족문화제의 두 번째 의의는 사적인 공간에서 진행되었던 재일코리안 문화가 공적 공간으로 가시적으로 나타난 것이라 할 수 있다. 예를 들어 재일코리안의 문화는 주로 가정 내에서 유교적 의례인 조상에 대한 제사 등과 같이 사적인 공간에서 내부 사람끼리 행하는 것으로 일반 일본인이 접할 수 있는 기회는 거의 없었다. 그러나 이쿠노민족문화제가 열리면서 '재일코리안 문화'는 일본사회에 가시화되었다(飯田, 2006: 52).

특히 재일코리안 문화의 가시화에 커다란 역할을 한 것은 전야제의 길놀이였다. 이 전야제는 100여 명의 어린이들과 청년들이 함께 민족의상을 입고 그리고 민족 악기를 들고 지역을 돌며 농악 퍼레이드를 한다. 이것은 재일코리안에게 있어서 매우 감격적인 깃이었다. 즉 일상생활 속에서 말과 문화는 물론 역사를 배울 기회조차 없었으며, 본명을 숨기며 자신이 한국인임을 부정하며 살아왔던 재일코리안에게 있어서 민족의상을 입고 당당하게 본인이 생활하는 지역을 활보하는 것은 '마음속으로 해방감'을 맛볼 수 있는 귀중한 기회인 것이다. 이것은 어떤 의미에서 처음으로 민족 악기와 민족문화를 접하는 장(場)인 동시에 생활의 터전인 이쿠노 지역에서 본인이 한국인임을 처음으로 주장하고 표출하는 장으로서 큰 의미를 가진다(高二三, 1990: 268~269). 또 이쿠노민족문화제는 방과 후에 일본학교의 민족학급에서 배운 민족문화를 더 넓은 장인 지역사회의 공간에서 많은 동포들과 함께 만나면서 자신이 결코 고립된 존재가 아니라는 것을 확인하는 장이기도 했다. 그리고 민족학급 학부모 모임을 비롯한 이 지역에서 시민운동을 하는 사람들이 한 곳에 모이는 장이기도 했다. 이것은 바로 재일코리안이 이쿠노라는 이 지역에서 '우리도 여기에 있다'라는 것을 호소하는 뜻이기도 했다.

이쿠노민족문화제에 참여한 젊은 재일코리안들은 단 이틀 동안 마쓰리 참가에 그치는 것이 아니라, 준비과정을 통해 많은 동포들과 만나는 기회가 되었고, 이 과정을 통해 한국인이라는 자각을 가지게 되었다. 이들은 지역에서 혹은 학교에서 그리고 본인들의 자식들에게 민족교육을 시키는 등 다양한 형태로 활동범위를 넓혀갔다(高二三, 1990: 274~275). 이러한 재일코리안의 내부에서 일어나는 변화는 그동안 차별 받으면서 형성되었던 부정적인 민족정체성이 긍정적으로 변화하는 데 일조하였다. 즉, 이쿠노민족문화제는 민족문화를 매개로 재일코리안으로 태어난 것이 '한(恨)'이 아니라 자긍심으로 바뀔 수 있는 장을 만드는 중요한 계기를 만들었다. 그리고 이쿠노민족문화제를 통해서 지금까지 공적·사적 부분에서 눈에 보이지 않았던 존재였던 재일코리안이 자기 목소리와 민족적 정체성을 외부사회로 표출함으로써, 눈에 보이는 존재로 변화되었다고 할 수 있다. 이쿠노민족문화제는 이러한 변화를 이끄는 전환점 역할을 했다.

3) 다문화공생의 공간으로서 토대형성

마지막 세 번째로 이쿠노민족문화제가 외부사회인 이쿠노 지역 커뮤니티와 일본사회에 미친 영향을 들 수 있다. 첫째, 지역공간의 공유성이다. 지금까지 지역사회에서 재일코리안이 함께 살고 있다는 것을 인식조차 못했던 일본인들이 이쿠노민족문화제를 계기로 '이쿠노'라는 지역 안에 일본인뿐만 아니라 재일코리안들이 함께 살고 있다는 것을 인식하게 되었다. 즉 이 지역이 본인들만의 공간이 아닌 나와 다른 타자들과 함께 공유하는 공간이라는 인식이 공공연화되었다.

둘째, 문화의 다양성이다. 이쿠노민족문화제를 통해서 재일코리안 자신들이 긍정적인 민족적 정체성을 형성함으로써, '한국인, 일본인이 서로의 인권을 존중하고 대등한 관계에서 서로의 차이를 인정할 수 있는 지역'(高二三, 1990: 278)을 형성하는 데 일조하였다. 예를 들어 해를 거듭할수록 이쿠노민족문화제에 대한 취지를 이해하고 동조하는 일본인들이 늘어났다. 문화제가 개최되는 가을이 되면 "이제 조금 있으면 문화제가 개최되네요"라고 말을 걸어오는 일본인도 늘어났고, 또 민족문화제의 포스터를 붙이는 작업을 도와주는 일본인들도 많이 생겨나게 되었다(高二三, 1990: 273~276). 즉 이쿠노민족문화제는 재일코리안만의 축제가 아닌, 일본사회의 다양성, 혼종성, 타자인식에도 긍정적인 영향을 미쳤다고 할 수 있다(박수경, 2010: 277).

이쿠노민족문화제를 통해 이쿠노지역과 커뮤니티에 뿌리 내린 다른 다른 문화에 대한 수용적인 태도는 다문화공생의 공간을 형성하는 토대가 되었다. 이쿠노의 이러한 공간적 특성은 문화적 다양성이 실현되는 공간, 경계지로서 새로운 역동적인 문화가 생성되고 창조되는 '문화 플랫폼'으로서의 가능성을 엿볼 수 있게 한다.

5. 현재의 오사카 이쿠노 코리아타운 축제[5]

재일코리안 축제가 전국적으로 확산되는 가운데 이쿠노 코리아타운에서도 새로운 마쓰리가 탄생하였다. 1993년 조선시장에서 코리아타운[6]으로

---

5) 5장의 내용은 고찬유, 「コリアタウンに生きる―洪呂杓ライフヒストリー―」, エンタイトル出版 (2007)을 참고하여 정리함.

6) 코리안타운에는 동상점가, 중앙상점가, 서상점가의 세 상점가가 있다. 동상점가와 중앙상점가 입구 네 군데에 게이트가 조성되었으며, 동상점가는 「KOREA TOWN」, 중앙상점가는 「미유키모리 중앙」과 「KOREA ROAD」라는 명칭을 새겼다. 또 약 10미터마다 가로등을 설치하였으며, 도로는 바둑판 모양의 돌을 새로 깔았다. 이후 동상점가와 중앙상점가는 「코리아타운」으로 명칭을 통일하였다.

새롭게 태어난 것을 기념으로 1994년 '코리아타운 아시아 마쓰리'가 개최되었다. '코리아타운 아시아 마쓰리'의 상황을 동년 3월 2일자 아사히신문 기사에서는 다음과 같이 전한다.

중앙(中央)·동상점가(東商店街)는 가로등, 아치, 칼라포장 완성 등을 기념하여 조선청년연맹 이쿠노서서부지부(朝鮮青年連盟生野西支部)를 중심으로 청년 약 40명이 저고리, 바지저고리를 차려입고 〈농악대〉를 결성, 청년들은 장구로 불리는 악기를 어깨에 메고 상점가를 누볐다.

1996년 동상점가는 부산 자갈치 시장과 자매결연 체결 후 이를 기념하기 위해 동상점가와 미유키모리 제2공원에서 '코리아타운 아시아 민족 마쓰리 야키니쿠 김치 페어'를 개최하였다. 이 마쓰리는 동상점가가 주최하였으나, 중앙상점가도 적극 협력하였다. 지금까지 각 상점가가 따로 진행하던 이벤트를 서(西)·중앙(中央)·동(東)상점가가 함께 이벤트를 추진할 수 있는 발판을 마련하기 위하여 1997년 새롭게 코리아타운 추진위원회가 조직되었다. 추진위원회가 조직된 이후 1997년 3월 16일 '공생의 거리 이쿠노 좋아요! 코리아타운 마쓰리'가 개최되었다. 오랫동안 조선시장으로 인식되었던 이쿠노가 일본 국내 최초로 '코리아타운'을 브랜드로 전면적으로 내세운 출발이었다. 이쿠노 코리아타운 내에서 개최되었던 마쓰리를 정리하면 아래 〈표 4〉와 같다.

표 4 코리아타운 마쓰리 변천

개최 연일	마쓰리 타이틀	비고
1994.3.27.	코리아타운 아시아 민족 마쓰리	코리아타운 기념
1996.3.27.	코리아타운 아시아 민족 마쓰리	부산자갈치시장 자매결연 기념
1997.3.16.	공생의 거리 이쿠노 좋아요! 코리아타운 마쓰리	코리아타운추진위원회 발족

개최 연일	마쓰리 타이틀	비고
1998.3.15.	공생의 거리 이쿠노 코리아타운 아시아 마쓰리	—
1999 11.7.	윈 코리아 페스티빌 in 이코노 코리아타운	—
2000.6.10.	오사카 동포청년학생제	韓靑 · 朝靑 주최
2001.11.4.	좋아요 미유키모리도오리 좋아요! 코리아 통일 마쓰리 원 코리아 페스티빌 in 이쿠노 코리아타운	一商店街一國運動
2002.3.24.	코리아타운 백제마쓰리 · 청년 페스타	—
2002.11.9.	좋아요 미유키모리도오리 좋아요! 2002년 통일 마쓰리 in 이쿠노 코리아타운	一商店街一國運動
2003.3.9.	이쿠노 코리아타운 · 코리아재팬 공생 마쓰리	一商店街一國運動
2003.10.5.	코리아타운 코리아재팬 공생 마쓰리	一商店街一國運動
2003.11.9.	좋아요 미유키모리도오리 좋아요! 코리아 통일 마쓰리	一商店街一國運動
2004.10.17.	이쿠노 코리아재팬 어린이 마쓰리	一商店街一國運動
2004.10.31.	좋아요 미유키모리도오리 코리아타운 2004 공생 마쓰리 in 이쿠노 코리아타운	一商店街一國運動
2005.3.27.	한류 페스티벌 2005 코리아타운	—
2005.10.30.	코리아타운 이카이노 어린이 마쓰리	一商店街一國運動
2005.11.13.	코리아재팬 2005 공생 마쓰리 in 이쿠노 코리아타운	一商店街一國運動
2006.7.15.	이카이노 여름축제 코리아재팬 놀이문화축제	
2006.11.12.	코리아타운 이카이노 마쓰리	一商店街一國運動
2007.4.22.	60주년 미유키모리도오리 환갑잔치 코리아타운 마쓰리	—
2008	좋아요 코리아타운 공생 마쓰리	—
2009	좋아요 코리아타운 공생 마쓰리	서 · 중앙 · 동상점가 함께 개최
2010	코리아타운 공생 마쓰리	—
2011	이쿠노 코리아타운 공생 마쓰리	—
2012	이쿠노 코리아타운 마쓰리	'공생' 단어 누락, 명칭 변경

개최 연일	마쓰리 타이틀	비고
2013	이쿠노 코리아타운 마쓰리	—
2014	이쿠노 코리아타운 마쓰리	—

출처: 고찬유, 「コリアタウンに生きる―洪呂杓ライフヒストリー―」, 168~175, 2007을 참고하여 필자 작성

오사카시는 2008년 올림픽 개최유치를 위해서 국제교류사업의 일환으로 일상점가일국운동(一商店街一国運動)을 전개하였다. 이 캠페인은 어느 한 곳의 특정 상점가가 어느 한 국가를 선택하여 그 국가와 관련된 이벤트를 개최하는 것을 말한다. 이쿠노 코리아타운의 상점가 또한 이 사업의 지원을 받아 각 상점가마다 한국 관련 마쓰리(축제)를 개최하였다. 〈표 4〉에서 보는 바와 같이 2003년부터 2006년에 걸쳐서 같은 해 여러 번의 마쓰리가 개최된 것은 이러한 연유이다. 1997년 코리아타운추진위원회가 설립 이후 11년 후인 2008년 서·중앙·동상점가 세 상점가가 함께 개최하는 '좋아요 코리아타운 마쓰리'를 개최되었으며, 현재에 이르고 있다.

그림 6 (왼쪽) 이쿠노 코리아타운 마쓰리 당일 서상점가 입구, (오른쪽) 길놀이
출처: 2014년 11월 손미경 촬영

프로그램의 내용은 매년 큰 변화가 없으며 길놀이, 건국학교·조선학교 학생들의 민족예능, 이 지역에서 활동하는 판소리, 한국전통춤연구소의 춤 공연, K-Pop공연(커버댄스), 이 지역에서 활동하는 일본 북 연주자들의 연주 등이 주요 프로그램으로 등장하며, 이쿠노 지역에 제주도 출신자가 많은 지역적 특징을 반영하여 제주도 '한문화네트워크'가 매년 참가하고 있다.

6. 맺음말

해방 후 재일코리안 사회는 일본사회에서 민족차별과 편견에 의해 주변부로 내몰려 거의 모든 기회에서 배제되었다. 당시 재일코리안은 일본사회에서 차별과 배제는 물론 외부적으로는 조국이 남과 북으로 분단된 상황에 처해 있었다. 그러나 적어도 1960년대까지 조국에 귀속의식을 가졌던 대부분의 재일코리안 1세들은 한반도가 통일되면 조국으로 돌아갈 생각을 하였다.

그러나 통일은 고사하고 오히려 통일과는 점점 더 멀어지는 조국의 상황과 일본에서 태어나고 자란 2세들이 주류가 된 1970년대부터 재일코리안은 일본사회를 향하여 자신들의 '목소리'를 내기 시작하였다. 일본사회의 부조리에 대하여 이의를 제기하는 등 행동에 나섰다. 이것은 동시에 재일코리안으로서 자부심을 가지면서 일본사회에서 살아가는 것을 선택했음을 의미한다. 항상 정치적 상황에 휘둘렸던 재일코리안은 이념 논쟁과 대립에서는 아무것도 만들어질 수 없음을 호소하며 민족문화를 통한 민족 정체성을 확보하고자 했다. 당시는 지금까지와는 비교조차 할 수 없을 정도로 편견과 차별이 심했다. 따라서 '이쿠노민족문화제'는 혼자가 아닌 많은 동포가 있다는 것을 확인하는 장(場)인 동시에, 재일코리안이 결속해서 자신들의 존재를 저고리를 입고 민족 악기를 손에 들고 선언하는 장(場)이기도 했다.

재일코리안은 지금까지 일본사회 안에서 항상 자신의 존재를 숨기면서 일본사회에 맞춰 살아갈 것을 강요당했다. 이쿠노민족문화제는 마쓰리가 갖는 지역 커뮤니티의 단결을 추구하는 속성을 답습하면서 개최되었다. 그래서 외부적으로는 일본인을 배제한 내셔널리즘으로 보이기도 하지만, '재일코리안에 의한', '재일코리안을 위한' 자신을 표현할 수 있는 장이 필요했던 것이다. 따라서 당시의 재일코리안들이 처한 상황을 비춰보면 결코 단순하게 내셔널리즘이라 단정 지을 수는 없다. 오히려 이쿠노민족문화제를 통해서 재일코리안 커뮤니티의 존재를 인식함으로써 이쿠노 지역은 물론 일본사회가 진정한 다문화공생 사회로 나아가는 데 있어서 중요한 역할을 했다는 점이 강조되어야 할 것이다.

본 연구는 이쿠노민족문화제의 역사적 맥락을 통해서 재일코리안의 민족축제의 확산에 기여했다는 점, 내부적 의미에서 재일코리안 사회와 문화를 일본사회에 가시화했다는 점, 외부적 의미에서 일본이 진정한 다문화사회로 나아가는 데 선구적 역할을 했다는 점을 밝혀냈다. 이러한 의미에서 본 연구는 이쿠노민족문화제를 구체적이고 입체적으로 분석하고자 시도했다는 점에서 의의가 있을 것이다.

그러나 여전히 더 많은 논의가 필요하다. 이쿠노민족문화제의 연구는 단편적인 시각이 아니라 보다 구체적이고 입체적인 시각의 분석이 요구된다고 할 수 있다. 즉 이쿠노민족문화제의 내용을 자세하게 분석하고, 참가한 사람들의 인터뷰를 통해 당시의 이쿠노민족문화제의 상황을 좀 더 현실감 있게 재현해 낼 수 있는 연구가 필요할 것이다. 이러한 후속 연구를 통해서 향후 재일코리안의 문화 활동 재구축의 방향성 제안은 물론, 나아가 세계적으로 산재해 있는 재외동포와 한반도를 연결하는 매개체로서 마쓰리(축제)가 담당하고 있는 역할에 대한 의미부여를 할 수 있기를 기대한다.

참고문헌

高二三, 1990, 『イギョラ! トンカンさんの指紋裁判-金德煥氏の外登法裁判を支援する會』, 新幹社.

梁民基, 2012, 『みずからの文化を創りだす』, 梁民基記錄集 梁民基記錄編集委員會.

外村大, 2009, 『在日朝鮮人社會の歷史的研究—形成・構造・変容』, 綠陰書房.

高贊侑, 2007, 「コリアタウンに生きる—洪呂杓ライフヒストリー——」, エンタイトル出版.

문재원・박수경, 2011, 「이카이노의 재현을 통해 본 재일코리안 디아스포라 공간의 로컬리티」, 『로컬리티 인문학』 제5호.

박수경, 2010, 「재일코리안 축제와 마당극의 의의-이쿠노민족문화제를 중심으로」, 『일본문화학보』 제45집.

손미경, 2012, 「일본 전통문화의 재해석과 현대적 활용-신일본양식과 아오모리 네부타 마쓰리를 중심으로」, 『글로벌문화콘텐츠학회』 통권 제9호.

이종구, 1999, 「이쿠노지역 재일동포의 사회운동」, 『한국사회학회 후기사회학대회 발표문 요약집』.

황혜경, 2010, 「재일코리안에 있어서 민족축제 의미와 호스트사회와의 관계-오사카시와 가와사키시를 중심으로」, 『일본문화학보』 제46집.

金光敏, 2013, 「多文化共生保育—希望の家カトリック保育園の取り組み」, 『多文化共生を生きる』, 京都市地域・多文化交流ネットワークサロン.

社團法人部落問題研究所, 2014, 「在日コリアンの歷史と生活」, 『人權と部落問題』 2月号.

陳太一, 2013, 「共生・協働のまつり東九條マダン—日本籍朝鮮人としての關わり」, 『多文化共生を生きる』, 京都市地域・多文化交流ネットワークサロン.

飯田剛史, 2006, 「在日コリアンと大阪文化-民族祭りの展開-」, 『フォーラム現代社會學5』.

コリアンコミュニティ研究會: http://kocoken2009.blog68.fc2.com/blog-date-201308.html (검색일 2014. 4. 10.)

저자 소개

고정자

고베대학교 외 겸임교수. 2005년 종합연구대학원대학(국립민족박물관) 지역문화학 문학박사취득. 1998년부터 해방 후 제주도 출신자들의 생활에 관한 구술조사를 비롯하여 최근에는 재일코리안의 민족문화계승과 정체성에 관한 연구를 하고 있다. 또 2009년부터 국제고려학회이사와 코리아NGO센터 이사를 역임하고 있다.
이메일: kojeongja2002@yahoo.co.jp

손미경

오사카시립대학교 도시연구플라자 특별연구원. 2013년 한국외국어대학교 일반대학원 글로벌문화콘텐츠학과에서『문화플랫폼으로서 도쿄·오사카 코리아타운 연구』로 박사학위취득. 오사카 이쿠노를 필드로 문화적 측면에서 이쿠노 코리아타운과 재일코리안에 대한 연구를 수행하고 있다.
이메일: aoimorisuki@gmail.com

공항에서 코리아타운까지 가는 교통편

1. 간사이공항에서 오사카 이쿠노 코리아타운 가는 방법
   ① 전철
   간사이공항에서 JR칸쿠쾌속(關空快速)을 타고 텐노지(天王寺)에서 하차(약 50분 소요)→텐노지에서 JR오사카루프선(JR大阪環狀線) 츠루하시·쿄바시(鶴橋)·京橋방면 탑승(간사이공항에서 츠루하시까지 편도요금 1060엔)→ 츠루하시 하차
   이쿠노 코리아타운은 츠루하시 역에서 도보 약 10여 분 소요(※간사이공항에서 난바 등에서 츠루하시로 오는 방법도 있으나, 난바 역보다 텐노지가 환승하는 곳이 복잡하지 않음)
   ② 리무진 버스
   제1터미널 1층 국제선에서 택시-리무진 버스 정류장에서 오사카시내 킨텐츠 우에혼마치(大阪市內近鐵上本町)(신사이바시心齋橋·OBP, 7번 정류장)행 탑승→우에혼마치 하차(약 55분 소요, 편도요금 어른 1550엔, 어린이 780엔) 후 킨텐츠오사카선 타카야스행(近鐵大阪線高安行) 탑승→츠루하시 하차(요금 편도 150엔)

2. 이쿠노 코리아타운은 츠루하시 역에서 도보 약 10여 분 소요

4

가와사키 재일코리안 축제에서의 지역적 문맥*

하시모토 미유키(릿쿄대학 외 겸임강사)

1. 우리 동네의 축제, 가와사키대교류제

내가 가와사키대교류제(이하, '대교류제')를 알게 된 것은 가와사키시 주민이 된 후이다. 신문과 같이 배달된 대형판 전단지 〈그림 1〉에는 'I LOVE KAWASAKI'라는 구절과 여러 나라 국기 그림이 나란히 있어서 '한번 가볼까?'라고 일반 시민들이 느낄 만한 친근한 분위기를 띄고 있었다. 나 또한 장구를 배우고 있기 때문에 장구 부대를 보고 싶은 마음에, 10월의 맑은 일요일 행사장인 가와사키조선초급학교(川崎朝鮮初級学校)에 갔다. 가보니 장구반 동료들 몇 명이 보였다. 장구 공연은 근 2년 동안 행사 프로그램에서 빠졌지만 그곳에 가면 반드시 무언가 재미있는 일들과 만나게 되었다.

대교류제는 조선학교 관계자뿐만 아니라 다양한 계층의 방문자들도 함께 즐길 수 있는 대중적인 축제이다. 본고는 대교류제를 중심으로 가와사키시 가와사키구(川崎市 川崎区)의 재일코리안이 관여한 축제 3가지를 소개하고 검토하는 글이다. 축제의 상세한 점은 나중에 다시 언급하겠지만, 대교류제

---

* 이 글은 『한민족공동체』 제21호(2014. 7)에 실린 것을 보완한 것임.

그림 1 가와사키 대교류제 전단지(소형판. 앞면/뒷면)

의 주요 주최자는 조총련 계열의 젊은 상공인들의 조직인 조선청년상공회(청상회)이다. 대교류제에 있어서 한반도의 두 나라(즉 '조국', 여기서는 북한을 중심으로 가리킴)와 거주 지역인 일본이라는, 재일코리안들과 상관이 깊은 세 나라의 위치설정에 대해 생각하고자 한다. 그들은 어떤 형식으로 축제에 국가적인 의미를 부여하는가 혹은 부여하지 않는가? 그리고 일본, 여기서는 가와사키에 살고 있다는 사실은 축제에 있어서 어떻게 반영되는가? 또한 국가라는 요소가 있다 하더라도 자율적이라고 할 수 있다면 그것은 어떤 방식으로서인가? 일본에서 오래 생활하면서 한편으로는 한반도 정세의 급변 속에서 그들은 자신들의 자리를 어떻게 그려 나가는가?

가와사키구에도 1980년대 이후 일본으로 이주해 온 소위 뉴커머(new comer)라 불리는 한국인들이 많이 살고 있기는 하지만, 본고는 위와 같은 관심사에 준하여 올드커머(old comer)인 재일코리안에 초점을 맞추고 있다. 여기서 재일코리안이란 일본의 식민지 지배로 인해 일본으로 이주해 온 한반도

출신자 및 그 자손들을 가리키며, 한국 혹은 조선 국적 표기를 유지하는 자들을 말한다.[1]

이하, 다음과 같은 순서로 논의하고자 한나. 먼저 축제의 무대인 가와사키구의 개요와 거기서 살고 있는 재일코리안과 민족단체에 대해 간략하게 언급하겠다. 그리고 재일코리안 주민이 관여하고 있는/있던 그 지역의 축제 세 가지를 소개하겠다. 마지막으로, 대교류제의 배경인 '조국'과 거주지역인 일본 지역사회에 대해서는 현재 조사 중이므로 그에 대해서는 시론적으로 고찰하고자 한다.

2. 가와사키구에 거주해 온 재일코리안과 그 활동 거점

여기서 대상으로 하는 지역은 도쿄도(東京都)와 가나가와현(神奈川県) 요코하마시(横浜市) 사이에 있는 가와사키시로 그중에서도 특히 남부에 위치한 가와사키구이다. 가와사키구는 재일본조선인총연합회(在日本朝鮮人総聯合会, 이하 '조총련') 가와사키지부가 관할하는 지역이기도 하다. 이곳에는 가와사키시에 거주하는 한국 · 조선적(韓国 · 朝鮮籍)자의 절반가량이 살고 있고,[2] 특히 가와사키조선초급학교가 위치하는 사쿠라모토(桜本)와 그 일대는 관동지방(関東地方) 제일의 재일코리안 밀집지역이다.[3]

---

1) 이러한 의미로서의 재일코리안은 현재 37만 명으로 그 수가 날로 감소하고 있다. 참고로 원래 국적이 한국 혹은 조선이었던 귀화자 또한 누적된 수가 33만 명이 존재한다. 1947년 외국인 등록령 시행시 한반도 출신자들 전부 국적란에 출신 지역으로 '조선(朝鮮)' 표기가 의무가 되었으나, 그 후에 '한국'으로 바꾸는 사람들이 나타났고, 그 수 또한 증가하면서 현재는 한국 국적이 대부분이다. 조선 국적 표기를 유지하는 사람들을 포함하여 거의 대부분의 재일코리안들의 고향은 한반도 남부이다.

2) 2013년 3월을 기준으로 가와사키시의 총인구는 142만 명, 그중 가와사키구의 인구는 22만 명 (15%)이다. 그에 비해 가와사키시의 한국 · 조선 국적자는 8,060명, 그 가운데 가와사키구 거주자는 3,775명(47%)이다. 따라서 한국 · 조선 국적자는 가와사키시 중에도 가와사키구에 많이 있다고 볼 수 있다.

3) 본고가 소개하는 축제의 무대는 '오오힌지구'(橋本, 2013)에 초점을 두었다.

현재 가와사키구가 된 이 일대에는 1세기 전부터 게이힌공업지대(京浜工業地帶)가 형성되어 발전되었다. 1923년의 관동대지진 및 제2차 세계대전 당시의 군수 확대, 그리고 전쟁 후의 고도 경제 성장기에 곳곳에서 많은 노동자가 모였고, 그중에는 징용되어 온 노동자들, 혹은 일자리를 찾아 온 사람들, 그리고 차별을 피해 일본 내에서 이주해 온 가족들 등 한반도 출신자가 많았다. 일자리와 살 곳이 있다는 사실이 입소문을 통해 퍼지면서 조선인을 대상으로 한 가게가 몇몇 생겨났고, 동포끼리 서로 돕는 동업자 단체나 금융기관, 민족학교 등 여러 사회기관들도 만들어졌다.

재일코리안의 주요 민족 조직인 조총련 및 민단(재일본대한민국민단, 在日本大韓民国民団)의 가와사키지부도 이 밀집지역에 위치한다.[4] 그중 조총련 가와사키지부는 그 활발한 활동으로 일찍부터 유명해졌다. 1959년에 시작된 재일코리안들의 북한 귀국운동 당시, 가와사키지부의 한 분회가 김일성에게 보낸 '귀국 희망' 편지가 계기가 되었다는 일화가 있다. 조총련 지부사무소는 여성동맹, 청상회, 상공인회 등 각 지부의 거점과 2002년에는 고령자 데이서비스 사업소도 개설하였다.

가와사키구 중에서도 공업지대에 접한 이 일대는 공해 문제와 빈곤 문제가 심각하여 주거환경이 매우 열악하였다. 게다가 1970년대 이후, 중화학공업이 정체되면서 공업 노동자가 급격히 줄어들어 상업발전이 더 이상 이루어지지 않자, 인구가 감소하기 시작했다. 그러한 상태로 인해 사쿠라모토 등의 상점가들이 코리아타운의 요소를 활용하면서 공존경영을 시도하거나, 재일코리안을 비롯한 재일외국인과 일본인들이 공생하는 지역창조를 목적으로 한 가와사키시 후레아이관(후에 기술)이 개관되면서 사쿠라모토 주변은 특색 있는 코리아타운으로 알려지게 되었다(橋本, 2013). 또한 가와사키시 당국

---

4) 가와사키 시내에 있는 또 하나의 조총련지부·조선학교는 가와사키구 이 외의 가와사키시 6구를 관할한다. 이를 통해 가와사키구(특히 사쿠라모토 지구 주변)의 재일코리안이 집중되어 있다는 점을 알 수 있다.

도 노동자가 많은 도시, 외국인 시민이 많은 도시란 특징에 입각한 정치를 오래 전부터 전개해왔다(山田, 2007).

그림 2 가와사키시의 위치와 지도, 그림 중 오오힌지구 주위가 가와사키구
출처: 필자 작성

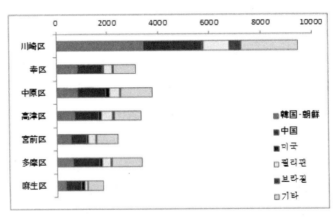

그림 3 가와사키시 구별 국적별 외국인수
출처: 가와사키구(2010년도 국세조사 보고서)에 근거하여 작성

3. 가와사키의 재일코리안 축제

가와사키에는 어떤 재일코리안 축제가 있는가? 여기에서는 가와사키지부 조총련계의 각 조직들이 주최하거나 공동 주최한 축제, 혹은 관여한 축제 3가지-가와사키대교류제(2004년~), 가와사키동포하나페스티벌(2000년), 일본축제(1984년~ 그 속에서 사쿠라모토풍물놀이, 포장마차 등의 기획)-를 간략하게 살펴보고자 한다. 이를 통해 대교류제의 특징을 부각시킨 뒤, 오사카의 민족 축제들(飯田, 2002)과 관련지어 설명하겠다.

1) 가와사키 대교류제

먼저, 입장객의 관점으로 대교류제를 한 바퀴 돌아보자. 자전거로 조선학교에 도착하면 똑같은 티셔츠를 입은 시원시원한 청년들이 이웃 공원을 빌려 마련한 자전거 주차장으로 안내해 준다. '동포'와 '일반'으로 나뉘어진 입구에서 프로그램과 앙케이트 용지를 받는다(조선학교를 소개하는 DVD를 받았던 해도 있었다). 입장객은 같은 티셔츠를 입은 스탭들과 남녀 노소, 가족들로 북적거리는 회장 안을 각각 마음대로 돌아다닌다. 사용 언어는 거의 일본어라서 조선어를 모르는 일반 주민도 전혀 불편한 점이 없다.

이벤트의 두 축은 무대공연과 회장 안 행사, 이 두 가지가 있다. 무대 공연으로는 가와사키시내에서 활동하는 가수나 코미디언의 공연, 어린이용 텔레비전 프로의 전대(戰隊) 히어로 쇼, 조선학교 학생들의 합창이나 춤, 한복 패션 쇼, 태권도나 일본 북 동아리인들의 발표 등이 단골 행사이고 그 외는 해마다 약간씩 다르다. 일계(日系) 브라질인 젊은이들의 댄스가 있었던 해도 있었다. 민족 문화라는 관점에서 보면 한반도의 전통 문화 일색이 아니라 오히려 일본적이거나 현대적인 것, 어떤 것이든 상관없는 분위기이다. 주최자 및 내빈의 인사는 낮 시간대에 이루어진다. 회장 중앙에 설치된 테이블 자리에서 무대를 보면서 식사를 한 뒤에 앙케이트를 작성한다. 장내 이벤트로는 코리안 푸드 코너, 프리 마켓, 팔씨름 대회 등과 입장객 참가형 경기, 한복 기념 촬영 등 스탭이 주관하는 것으로 보이는 것들과 상인들의 미니 동물원이나 마사지 가게 등이 있었다. 모두 무료 혹은 아주 싸게 물건을 구입하거나 체험할 수 있다. 해에 따라 가와사키 조선학교 교장선생님의 안내 하에 학내 견학, 교과서나 학교 연혁 판넬 등의 전시가 있다. 돌아갈 때 출구에서 앙케이트 용지를 건네주면 음료수로 교환해준다.

대교류제는 2004년에 시작되어, 2014년으로 제11회가 되었다.[5] 제1회는 동포끼리의 '교류제'였는데, 제2회부터 행사명에 '대'를 추가하여 대상을 일반 시민으로 넓혔다. 입장객 수는 첫 해의 150명에서 점차 증가하여 제5회에 1,000명을 돌파했다. 최고 기록은 제8회(2011년)의 2,500명이었다. 그중 8할은 일본인('일반' 입구 입장객을 가리킴)이었다고 한다.[6] '동포들끼리 즐기는 것뿐만이 아니라 지역 사람들에게도 우리 학교를 알리자'란 취지로 축제를 처음으로 제안한 사람은 청상회 OB인 A씨(남성, 40대)이다. A씨에 의하면 일본인 지역 주민들을 주된 대상으로 하는 이 축제는 조총련 전체에서도 전례가 없어 처음에는 이해받지 못했다. 그러나 현재는 매년 4월이 되면 지부 회원들 모두 '하지 않고서야'라며 각오를 다지고 준비를 시작한다고 한다. 청상회가 총괄하고 조총련, 조선학교, 어머니회와 아버지회, 여성동맹, 상공회가 서로 협력해서 참여하는 가와사키지부의 일대 행사가 되었다. 대교류제는 다른 지부들로부터도 주목을 받고 있다.

'대교류제'가 시작되고 난 뒤부터 전단지 배포를 주변의 일본 초·중학교, 유치원 등 총 4곳에 부탁하였다. 게다가 제6회부터는 배부 의뢰 범위를

---

5) 대교류제의 지금까지의 흐름에 대하여 발안자인 A씨에게 조총련 가와사키 지부에서 청취 조사를 실시하였다(2014. 2. 26.). 대교류제에 관한 아래의 기술은 주로 A씨의 인터뷰 메모 및 지부가 발행하는 뉴스레터(지역동포정보지 동네 소식 가와사키) 각 호별에 근거하였다.

6) 입장 게이트에서 입장객들의 수를 파악한다고 한다. 그래서 하루에 몇 번 입퇴장을 한 경우 한 명당 여러 번 카운트되는 경우가 발생한다.

넓혀 가와사키 구내의 초등학교 20개 학교로 넓혔다. 처음에는 거절했던 학교들도 아이들로부터 좋은 평판을 듣게 되자 대응을 바꾸면서 제7회부터는 거의 모든 학교가 흔쾌히 수락했다고 한다. 그 과정에서 가와사키시가 후원을 시작했고[7] 2012년 일본 중학교가 사용하는 공민과(公民科) 자료집의 가와사키시 판에서 대교류제가 소개되기도 하였다. 그 때문에 A씨는 일본 사회의 인식도가 높아지는 걸 느꼈고, 지속적으로 개최해 온 것의 의의를 강조했다. 또한 A씨는 동포들이 서로 같은 목표를 향해 단결된 것뿐만 아니라, 동포 이외의 사람들과도 연결되어 가까워지는 기회가 되었다는 의의에 대해서도 언급했다.

전단지에 쓰여있는 'I LOVE KAWASAKI'라는 구절에 관한 A씨의 생각은 '가와사키인(川崎人), 서로의 나라와 문화의 차이를 존중하면서'라고 했다. KAWASAKI에 특별한 의미를 부여하지는 않지만 이 지역에 우연히 같이 살던 사람들끼리 교류하는 곳 혹은 연계를 만들 수 있었으면 좋겠다고 했다. A씨와 친분이 있는 민단계의 청년상공회의 지인으로부터, 대교류제에 대해 개인적으로서는 '좋은 행사'라고 생각되지만 조직으로서는 '협력할 수 없다'고 말했다고 한다. 정치색은 되도록 나타내지 않으려 하고 있으나, 지방자치체로부터 조선학교 보조금 정지 문제가 거론되었던 2013년도에는 조선학교에 대한 후원을 늘리기 위해 학교의 현 상황에 대한 설명을 프로그램에 추가하였다. '지역동포정보지 동네 소식 가와사키'의 최신호에 의하면 경비절약에 신경쓰면서 운영한 결과, 재정난이 심각한 가와사키 조선학교에 예년보다 많은 금액을 기부할 수 있었다고 한다.

인터넷에서 발견한 한 입장객의 감상문을 소개하고자 한다. 아이돌 오타쿠에 30대 일본인 남자로 보이는 인물의 블로그이다.

---

7) 단 가와사키시의 협력은 전단지 배부에 한정된다.

가와사키준조코마치(川崎純情小町)를 찾아 가와사키 조선학교의 행사인 가와 사키대교류제에 갔다. 생각보다 가와사키역에서 멀어, 버스에서 내렸더니 가와사 키준조코마치의 공연은 벌써 시작되어 있었다. 입장할 때, '일본인'과 '농포(원문 은 同朋)'로 나뉘어져 있는 것에 조금 당황했다. 가와사키준조코마치의 공연 중 촬영은 금지되어 있어서 아쉽지만 영상은 없다. (중략. 보러 온 가수 이외의 무대 사진들을 다수 게재) 체육관 안에는 소문의 초상화가 있으려나... 라고 생각했지 만 아무것도 없었음. 평범하게 동네 사람들도 다 오는 축제 같은 느낌이었다. 가 나가와현에는 조선학교에 대한 급부금 문제가 논의되고 있다. 그 점에 대해 관심 이 가는 내용도 있었지만, 굳이 언급하지는 않겠다.

출처: しげちゃん(시계짱의 블로그)

다소 경계하면서도 꽤 축제를 만끽하는 모습을 중간의 사진들을 통해 알 수 있다. A씨가 말하는 '가와사키인에게 학교를 알린다'란 취지를 뒷받침 한다고 볼 수 있다.

내가 이 축제에 흥미를 갖게 된 것은 그러한 개방적인 분위기 때문이다. 재일한국 · 조선인 연구 과정에서 조선학교를 방문한 적은 몇 번이고 있었지

그림 4 2014년 대교류제 입구

그림 5 '대교류제'가 시작된 이후 처음으로 체육관에서 개최되었다.

만, 대부분 학교 공개수업이나 문화제라서 손님에게 보이기 위해 준비된 학교 공간을 '외부인'이 들여다보러 온 듯한 느낌이었다. 그에 비해 대교류제는, '동포'도 아닌 그저 지역주민인 나도 그곳에서 함께 지내도 괜찮다고 느껴져 축제 자체를 즐겼다. 그 가운데 친구들도 만났다. 자연스러운 포용력이 있는 축제에 "역시 가와사키 코리아타운이구나"라고 감탄했던 기억이 있다. 〈그림 4〉와 같이 2004년 때는 하루 종일 비가 심하게 내린 날이었다. 그럼에도 불구하고 사람들이 많이 모여서 체육관 내에서 신나게 지냈다.

2) 가와사키 동포하나(한마음) 페스티벌

가와사키대교류제가 시작되기 4년 전. 그 해 6월, 김대중 대통령과 김정일 국방위원장이 평양회담을 통해 남북정상공동선언을 발표하였다. 이를 통해 일본 각지의 민단·조총련 관계 기관이 행사를 공동 개최하려는 움직임이 생겨났다. 가와사키에서도 8월, '한마음'이란 의미의 하나페스티벌이 열렸다.

민단 산하와 조총련 산하에 있는 상공인 조직이 처음으로 공동주최하기로 기획한 것이었다. 행사 개최를 위한 회의가 6·15선언 이틀 뒤에 발 빠르게 시작되어 조총련과 민단이 교대로 회장으로 맡아 매주 상의했다. 조총련 가와사키지부의 과거의 활동을 정리한 책자 『가와사키동포 애국애족운동사 20세기의 발자취』의 연표에는, 2000년 8월 26일 란에 다음과 같이 기술되었다.

공동선언 지지환영 가와사키동포하나·페스티벌개최

'이 하나페스티벌은 가와사키조선인 상공회와 가와사키 한국상공회의 10회에 달하는 합동 회의에서 토의를 통해 결정하여 가와사키 시립 사쿠라모토 초등학교 교정에서 공동 개최되는 가와사키의 역사적인 하나페스티벌이었다. 2000명의 관중들은 감동의 눈물, 감격과 흥분에 취해 있었다.' (川崎同胞愛國愛族運動史20世紀の足跡編集委員會, 2001:43)

『민단신문』과 『조선신보』(조총련 계열의 신문)의 기사를 근거로 당시의 상황을 재현해보자. 페스티벌에는 1500명부터 2000명에 이르는 사람들이 입장했다. 주최자 인사에 이어 양측 상공단체 회장, 민단 및 조총련 가나가와현 본부·가와사키지부의 각 대표자, 총 6명이 스테이지 위에서 손을 맞잡고 높이 들어 올렸다. 가와사키시장과 한국영사가 축하를 위해 급히 달려왔고, 한국 어당대표로부터 축전도 도착했다. 한반도에 인연이 있는 가수들과 조선학교의 학생들 그리고 조총련 산하의 가무단 등의 공연이 행사장의 분위기를 고조시켰다. 민단·조총련산하의 지부와 여성조직 및 청년조직에 의한 간이식당에는 긴 줄이 늘어섰고, 행사장 곳곳에서 대화를 나누는 사람들의 웃음소리와 재회의 기쁨을 나누는 모습이 곳곳에서 보였다.[8] 페스티벌은 민단·조총련 양 산하단체의 합동농악대가 행사장을 돌 때 최고조에 달했다. 농악대의 뒤를 따르는 사람들이 이어지면서 행렬이 점점 많아졌다고 한다.

---

[8] 행사가 있기 며칠 전 친분이 있던 할머니가 함께 가자는 권유의 전화를 해주었지만 그 시절 동경에 살던 나는 너무 멀어 가지 못했던 것을 지금은 후회하고 있다. 지금 생각해보면 한 번뿐인 귀중한 이벤트였다.

그림 6 가와사키동포 하나페스티벌
출처: 川崎同胞愛國愛族運動史20世紀の足跡編集委員會, 2001, 뒤표지

그리고 이 날의 주요 이벤트는, 두 상공회의 장이 공동으로 발표한 '가와사키 선언' 4항목[9]이라고 할 수 있지 않을까. 당시의 재일조선인가와사키상공회(이하, '가와사키상공회')의 회장이었던 B씨(남성, 70대)와 가와사키한국상공회의소(이하, '한국상공회')의 D씨, 조총련계·민단계 각각의 주최자에 의하면[10] 실은 공동 행사 기획은 남북회담 전부터 시작되었다고 한다.

양쪽 단체의 간부들은 개인적으로 친했던 야끼니쿠가게 주인을 문병하러 갔을 때 마주쳤던 일을 계기로 6년 전부터 매년 골프경기를 통해 교류를 쌓고 있었다. 당시의 가와사키 시장과 시의회 의장은 그 이야기를 듣고 찬동

---

9) 가와사키선언 4항목은 다음과 같다. (1)남북정상회담과 6.15 남북공동선언을 열렬히 지원하며 환영한다. (2)남북공동선언에 힘입어, 조국의 자주적인 평화통일과 상호 번영을 위해 더욱 더 노력한다. (3)이번 획기적인 하나페스티벌을 계기로 이곳 가와사키에서 민족문화와 권리를 준수하고, 서로 한층 더 친목과 교류를 심화시키기 위해 노력한다. (4)일본 주민과의 우호친선과 교류를 심화시켜 지역사회 발전에 기여한다. (민단신문 2000. 8. 30.)

10) 하나페스티벌에 대해 조선인상공회 회장이었던 B씨와 그 부인인 C씨는 B씨의 부동산 사무실에서 (2014. 3. 18.), 그리고 한국상공회 회장이었던 D씨는 D씨가 시장인 회사의 야끼니쿠 가게에서 (2014. 4. 3.) 각각 인터뷰를 했다.

하여, 시장배와 의장배를 기획해주었다. 양 단체의 이러한 관계를 기초로 '가와사키에서 38선을 초월하자'란 취지로 무언가 해보자는 이야기가 막 나왔을 때, 6 · 15 회담이 실시되었다. 한국상공회 회장이었던 D씨(남성, 60대)는 말했다. 최종적으로 양쪽 회장이 책임을 맡겠다고 각오를 다졌지만, 남북 우호의 기운이 재일코리안 내에서도 일본 내에서도 높아져서 원활하게 진행할 수 있는 분위기였다. 민단 조직의 상부인 가나가와현 본부와 본국과 연결된 한국영사관의 생각을 사전에 확인한 결과 적극적으로 추진되어, 그 후 모든 일들에 탄력이 실리게 되었다.

그리고 당시 재일본조선인 가와사키 상공회 회장이었던 B씨가 말했다. 축제의 이름, 내용과 전단지 제작은 양쪽 단체나 한국, 북한이 평등한 위치가 되도록 세심한 주의를 기울였다. 행사장을 사쿠라모토 초등학교로 한 것도 조선학교에서 하면 마음에 걸릴 사람이 있을까 싶어 배려한 것이었다. 사쿠라모토 초등학교 직원실에 갔더니 여러 나라들의 국기와 함께 북한과 한국의 국기도 진열되어 있었다. B씨의 부인이면서 당시에 여성동맹 회장이었던 C씨에 의하면, 당일에는 무척이나 분위기가 고조되어 내일이라도 당장 통일될 것 같은 기세였다고 한다. B씨도 "다 함께 기뻐하고, 모두의 사이가 좋아질 수 있겠다고 생각했다"고 한다. 그리고 D씨는 "북쪽이든 남쪽이든 상관없이, 일본 분들을 포함해 전부, 정말 좋은 일을 했다고 평가해 주셔서 하길 잘 했다고 생각했다"고 회상했다.

그러나 몇 개월 후, 양 계통 민족 단체의 합동 행사는 없어졌다.[11] 가와사키선언이 제창하는, 남북 조선의 관계 개선을 향한 노력과 가와사키에서의 친목 · 교류, 지역사회 발전에 기여가 진전되었는가 하는 점에 대해서는 부정적이다. 그 이유를 묻자 B씨는 "역시 두 나라 사이의 영향이 있었다"고 하면서, 그 뒤 얼마 안 되어 회장직을 그만두었기 때문에 "그 후의 전개는 나

---

11) 같은 해 11월에 조총련과 민단이 가와사키시에 고령자 처우개선 요청서를 합동으로 제출, 다음 해 봄에 합동 벚꽃놀이를 했다. 그 후로는 개인적인 교류를 나누는 정도인 것 같다.

도 이해되지가 않는다"며 구체적인 것은 모른다고 했다. 관여하고 있던 개개인을 넘는 문제가 있었을지도 모르겠지만 구체적으로는 명확하게 알 수 없었다. 다음 장에서는 조금 다른 각도에서 하나페스티벌에 대해 언급할 것이다.

3) 일본 축제(사쿠라모토 풍물놀이와 간이식당)

가와사키의 재일코리안 중심지로 알려진 사쿠라모토. 전쟁 전부터 조선인을 포함한 다수의 이주자들의 증가와 함께 형성된 동네이다. 고도성장기를 지나 상공업의 정체기에 들어선 1983년, 상황 타개를 위해 사쿠라모토 상점가는 제1기 근대화사업에 착수하게 된다. '일본 축제'는 이 사업의 일환으로서 개최하게 되었다. 당시의 일본에는 흔한 지역갱생 행사였으나[12], 이 축제의 특징은 거기에 1990년부터 농악대 퍼레이드, '사쿠라모토 풍물놀이'가 포함되었다는 것이다(전단지 참조).

사쿠라모토에 위치한 가와사키시 후레아이관(川崎市ふれあい館)이 주최하는 성인대상 강좌 혹은 어린이 장구 교실, 후레아이관을 활동 거점으로 하는 코리아문화 자주서클, 그리고 동경에서 장구 등을 연습하며 풍물을 즐기는 사람들이 연 1회 이곳 사쿠라모토에 집결한다.[13] 전단지를 보면 잘 나타나지 않지만 풍물놀이는 이제 이 지역에 정착됐다고 볼 수 있다. 일본인도 많이 포함된 100명을 넘는 출연자들과 함께 길가의 구경꾼—그중에는 재일코리안 1세 및 그 외의 재일외국인, 지방 출신 일본인들도 많다—들이 다같이 고조되어 '일본 축제'의 마지막을 장식했다.

일본 축제 행사장에는, 개인 혹은 그룹들이 응모하여 간이식당을 출점

---

12) 이로카와 다이키치에 의하면, 고도 경제성장이 일단락된 곳에서부터 전국의 대부분의 지역에서 성대한 축제가 시작되었다. 종교색이 현저히 옅어진 한편, 상업 자본이 중심이 되어 많은 관광객이 모였다(色川1990→1994: 60).

13) 관동지방에서는 유일한 동네 풍물놀이라고 한다.

한다. 그중 몇몇은 조선 음식으로, 2011년에는 조총련 산하의 여성동맹이 첫 출점했다. 그 밖에도 필리핀이나 남미 혹은 중국 등 세계 각지의 식당이 늘어서 있고, 거기에 와 있는 이주자들이 고향의 맛을 재현한다. 최근에는 지역밀착형 신문을 만들어 무료로 보급하는 신문회사가 주최하여 김치를 테마로 한 이벤트가 홍보 활동에 한 축을 담당했다.

후레아이관은 '일본 축제'가 다양한 주민구성을 반영한 다문화 축제의 양상을 지니게 되는 데에 있어서 촉매 역할을 하고 있다. 후레아이관은 가와사키시 조례를 근거로 1988년에 설치되어 사회복지법인 청구사(靑丘社)가 운영하고 있다. 원래는 재일코리안 주민이 많은 그 지역의 생활개선 문제에 대한 활동을 위한 사회교육 시설이었으나, 1990년대 이후 근래에 와서는 뉴커머인 외국인 주민의 증가를 반영하여 사업을 좀 더 다문화 방면으로 전개하고 있다.

이 후레아이관은, 외국으로 연결되는 다문화 주민 각 당사자들의 자문화 요소를 널리 알리는 기회로서, 일본 축제를 최대한 활용하고 있다. 지금까지 재일코리안 주민은, 거주기간이 길어도 당당하게 민족 문화를 나타낼 수 있는 기회가 없었다. 후레아이관 조례가 규정하는 '일본인과 한국·조선인을 중심으로 한 재일외국인들이 함께 살아가는 지역사회의 창조'를 실현하기 위해서는 구체적인 계획이 필요하였던 것이다.[14] 다만 반은 공적인 시설인 이상, 후레아이관이 특정 민족 조직에 관여하여 정치성을 띠는 일은 피하고 있다.[15]

한편, '일본 축제'는 쇠퇴 위기에 직면한 사쿠라모토 상점가가 살아남기

---

14) 후레아이관은 가와사키시가 조례에 근거하여 설치되어 사회복지법인인 청구사가 운영해왔다. 가와사키시 후레아이관 조례(1988년)제1조에는 후레아이관의 설치목적을 「일본인과 한국·조선인을 중심으로 한 재일외국인이 시민으로서 상호교류를 추진하여 서로의 역사 및 문화 등을 이해함으로써 기본적인 인권존중의 정신에 근거하여 함께 사는 지역사회 창조에 기여하는 것을 목적으로 한다고 규정되어 있다.

15) 단, 근년의 고등학교 무상화 제도에 있어, 조선학교 배제의 문제 등에 대해서는 관심을 보이고 있다.

위해 시작했다는 이야기도 있다. 이 지역에 기초를 둔 사회복지시설 및 공설
민영시설과 관계해 오면서 '민제(民際, 민간단체나 개인끼리의)외교', '배리어 프
리'(Barrier Free), '다문화 공생'의 관점을 적용한 특색 있는 마을 만들기가 전개
되어, 상점가 축제에 풍물놀이를 환영하는 분위기가 조금씩 만들어지게 되
었다. 그 연장선 위에 여성동맹의 조선 음식 출점도 가능해지게 된 것인지도
모른다.

그림 7 2014년도 일본축제 전단지(앞면)
출처: 櫻本商店街振興組合

그림 8 사쿠라모토 풍물놀이
출처: 社會福祉法人青丘社, 2015

4. 성(聖)스러운 민족과 '지역성'

위에서 살펴본 가와사키의 3가시 축제는 아래의 표로 정리한 바처럼 개최 주체, 시기와 횟수, 취지는 서로 완전히 다르다. 장소가 사쿠라모토이고 총련지부가 관여했다는 점은 다 같지만 축제의 배경은 다양하다.

이다 다카후미(飯田, 2006)는, 1980년대부터 90년대까지 오사카에서 잇달아 시작된 대규모 민족축제-이쿠노(生野)민족문화제, 원 코리아 페스티벌, 시텐노지(四天王寺) 왔어-를 소개하였고 그러한 축제의 특징을 일본인 사회의 일반적인 축제의 특징과 비교하여 ① 지역성, ② 정기성, ③ 공개성, ④ 종교성, ⑤ 전통성이라는 5가지 특징으로 정리한다. ①, ②, ③은 일본의 일반적인 축제와 공통된다. 단지 ① 지역성이라고 할 때는 지역의 밀착 정도에 차이가 있다고 지적할 뿐이고 그에 대한 분석은 별로 없다. 그리고 ② 정기성이라고 해도 계속 지속되고 있는지는 미지수라고 한다. 한편 ④와 ⑤는 일본인 사회의 축제에서는 당연시되고 있지만 재일코리안 축제에는 적용되지 않는다. 즉 민족 축제의 특징은 ❹ '비종교성'과 ❺ '창조성'이다.[16]

표 1 가와사키 재일코리안 축제

	가와사키대교류제	가와사키동포하나페스티벌	사쿠라모토풍물놀이, 간이식당 in 일본축제
주체	총련산하의 가와사키 지부청상회	조총련계 · 민단계 상공인 단체	사쿠라모토상점가, 후레아이관, 여성동맹 가나가와
시기 회장	2004년~ 11회 가와사키조선초급학교	2000년 1회 가와사키시립사쿠라모토 소학교	1990년(일본축제1983년)~25회 사쿠라모토상점가와 동네의 공원
취지	나라와 문화의 차이를 넘어서 서로 존중하는 가와사키인의 교류	가와사키동포끼리 38선 을 초월하여 남북공동선 언을 환영하며 촉진하자	사쿠라모토상점가의 진흥 및 공생 마을 만들기로서의 다문화교류를 실 천

16) 경제적 · 정치적으로 여유가 있던 시기에 개최 주체 혹은 표현 수단에 있어서 자유도가 비교적 높았을지 모른다. 또한, 비종교성, 창조성은 1980년대에 시작된 일본 축제에도 적용된다.

비종교적이기는 하지만, 민족 축제에서는 '성스러움'의 특징으로서 '민족'을 주제로 내세우고 있다고 지적한다(飯田, 2002: 309-10). 가와사키의 축제들을 '상징적인 민족'을 성화한다는 시점에서 생각해보겠다. 먼저 대교류제의 경우는 그렇게 보기는 어렵다. A씨에 의하면, 전단지를 장식한 국기 아이콘[17]은, 일조친선을 중앙에 두면서도 주변국도 우호적이기를 바라는 마음으로 한 줄로 늘어놓았다고 한다. 축제의 내용을 보면 특별히 민족문화를 내세우는 경우는 없다. 개최 연도에 따라 장구발표나 치마저고리(한복)패션쇼를 안 하는 해도 있으며 일본 북이나 브라질 댄스 등 다른 민족 문화프로그램도 같은 선상에서 이루어진다. 코리안 푸드라고는 하나 부침개나 잡채와 같은 조선음식뿐만 아니라 야키소바(볶음면)나 초코바나나도 있다. 동네의 재일코리안 주민의 세속적인 일상의 연장선이라는 느낌이다.

그에 비해, 하나페스티벌에 있어서 '가와사키에서 먼저 38선을 없애자', '대동단결'이라는 재일동포 모두의 이상을 민족지 기사에서 강조하였다. 그렇기는 하지만 그것이 반드시 상징이라고는 할 수 없다. 왜냐하면 그런 생각을 불러일으킬 만한 사건이 전제되어 있었기 때문에 그 말의 내용은 그 당시에는 실체였다. 사쿠라모토 풍물놀이에서 민족이라는 테마는 당사자들이 이 지역에서 곤란함을 가지면서 살아오는 현실의 출발점이고, '다문화공생' 실천의 주체이다. 그리고 여성동맹이 처음 출점한 것도 기회를 얻어 그들의 존재를 밝히고 일본 지역사회에 나선 행위 실천이라 생각할 수 있을 것이다.

가와사키 축제 3개의 특징을 찾으려고 할 때, 성스러운 민족이 아니면 무엇이 있을까. 재일코리안이 일본의 지역사회에서 살아가는 데 있어 축제에 무엇인가를 요구한다면 그것은 무엇일까. 이다(飯田)가 말한 것처럼 과연 어디까지나 그들은 일본인 사회의 축제와 다른 '민족문화'일까? 축제의 특징인 ① '지역성'이란 점에서 좀 더 뭔가 말할 것이 있지 않을까? 다음 절에서

---

17) 북한, 일본, 한국, 중국 외 베트남, 필리핀, 인도, 몽골이 나열되어 있다. 다만, 일조한중 외의 어떤 나라의 국기를 고를까는 깊은 의미를 두지 않았다고 한다.

가와사키의 지역적 문맥을 가져와서 검토해 보고자 한다.

사실은 일본의 축제도 비슷하다. 도시사회학자인 마츠다이라 마코토는, 일본 축제의 변천을 지역과의 관계라는 관점에서 다음과 같이 묘사한다. ① 마을의 매년 공동농업의 일환으로서 신에게 기도하는 행사, ② 동네의 유행병을 없애기 위해서 구경꾼도 불러 성대하게 치루는 도시제례, ③ 신도 없고 동네의 상호적 체계도 없는 도시사회에 있어서의, '보는' 사람들을 전제로 한(= '보여주다') 21세기의 축제. 그리고 제3의 유형에 대해 말하자면 '지연(地緣)을 깨고, 새로운 도시생활의 연계를 찾으려고 하는 축제가 만들어지고 있다'는 것이다(松平, 2006:182).

비교적 새롭기 때문에 토착성이 낮은 가와사키 재일코리안의 축제, 특히 2004년에 시작한 대교류제는 그중 제3의 유형에 가장 가까운 것이다.

5. 가와사키대교류제의 배경에 있는 '조국'과 'Kawasaki'

제1회 "교류제"는 2004년, '우리 학교에 사람을 모으자'라는 취지로 시작했다. 제2회부터 "대교류제"로서 다시 시작한 이유는 일본인은 조신학교에 대해 폐쇄적인 이미지를 가지고 있었기 때문에 사실은 열려 있는 실제의 모습을 알기를 바란다는 뜻에서였다고 한다.

A씨에게 인터뷰하기까지 나는 하나페스티벌의 연장선상에 직접 대교류제가 있다고 내다보고 있었다. 하지만 실제로는 주최단체도 취지도 달랐다. 게다가 청상회는 하나페스티벌에 관여하지 않았고 A씨는 그 축제에 대해 잘 모른다고 말했다. 당시는 청상회가 결성된 지 얼마 되지 않아서 그런 것이 아닌가 하고 추측된다.

이번에 관계자들 몇 명과 인터뷰를 거듭하면서 역시 그 축제들은 서로 관련이 있음을 알게 되었다. 지역 주민끼리 연결하겠다는 발상은 과연 대교류제 때 처음으로 나온 것인가? 주최자는 달라도 그들을 포함하는 그 지역의 분위기가 계속 작용한 것은 않을까.

이하, 시도적으로 가와사키의 재일코리안의 축제의 배경으로서 '조국' 의 위치와 거주 지역의 사회적 문맥에 주목해서 고찰하겠다.

1) '조국'과 조선학교의 위치 변화

2001년 발행된 『20세기의 발자취(증거)』에 담겨진 조총련 가와사키지부 의 연표는 남북회담 후의 변화를 바라보는 정도로 끝났다. 하지만 2002년 9 월 일본 고이즈미 수상(당시)의 북한방문 후, 일본미디어의 북한에 대한 화제 는 일조 국교정상화가 아닌 납치문제 일색이었다. 지역수준으로도 당사자 개인 간의 관계는 제외하고 가와사키선언이 주장한 조총련 · 민단 사이의 '친목과 교류'가 표면상 어려워지게 된 것은 상상하기 어렵지 않다.

오규상 조선대학교 교수가 조총련활동을 돌아본 연재기사에 의하면, 2003년경, 조총련 활동을 둘러싼 상황은 조총련 결성 이래 '최악의 상황'이 되었고, 조총련 사업은 조직의 옹호에 집중했다(조선신보 2004. 3. 27.). '반공화 국, 반조총련의 움직임이 강해지는 가운데, 조총련과 동포들의 민족교육을 지키면서 발전시키기 위해 여느 때보다 힘을 쏟았다'(조선신보 2004. 3. 30.).

조선학교의 시작은, 해방 후 귀향에 대비해서 어린이들에게 조선말을 가르치기 위해 500개 정도 전국 각지에 만들어진 국어강습소에 있다. 가와 사키에도 사쿠라모토 외 7개소가 개설되었다. 재일조선인의 자주적인 생활 옹호조직이었던 재일본조선인연맹(在日本朝鮮人聯盟. 조총련의 전신)은 국어강습소 를 체계화하였는데, 1966년에 당시 상황에서 자주학교로 안정될 때까지 가 와사키조선학교는 운영주체[18], 입지 등 온갖 격동 속에 있었다. 동시에 가와

---

18) 조선학교는 정확히는 '각종학교'이다. 학교교육법 제1조에서 말하는 '학교'가 아니기 때문에, 문부과 학성이 지정한 커리큘럼이나 검정교과서를 사용할 의무로부터 면제되어 독자적 교육이 가능하다.

사키 재일코리안들은 조선학교를 지원하기 위해 진력해서 가와사키시 당국과 교섭하면서 학교 환경을 정비해 왔다. 조선학교 자체도 주변 일본학교들과 교류하거나 가와사키시가 연 축제에 참가하거나[19] 가나가와현에서 맨 처음에 가와사키시로부터의 보조금을 받게 되면서 대외관계를 돈독히 하고 그 지역에 뿌리를 내려갔다. 규모를 보면 조선학교는 1970년대까지 확대된 후에 축소되는 경향이 있다. 2010년 현재의 학생 수는 67명이다(유치반을 포함하면 90명. 최전성기인 1954년에는 455명이었다. 2010년 10월 19일. E 교장 인터뷰조사에서).

　　E 교장선생님의 말에 따르면 먼저 부모님 세대들이 일본인과 결혼하는 경우가 많아진 것 또한, 재정난을 겪고 있는 조선학교에 취학시킴으로 인해 학부모의 학비부담이 커진 것, 그에 더해, 부모들에게는 북한에 대한 불신감이 있다(E 교장에 대한 인터뷰조사 2010. 10. 19.). 여기서 세 번째인 조총련이 규정한 '조국'과의 관계에 신중한 부모들이 증가했을 것에 주목하고 싶다. 조총련이나 북한의 뉴스가 나올 때마다 부모들은 조선학교의 아이들을 괴롭히지 않을까 두려워 아이들의 조선학교 취학을 주저한다. 이것 자체는 일본의 폐쇄성의 문제이지만, 한편으로는 부모 자신의 조직이탈도 있었을 것으로 생각된다. 인류학자인 송기찬이 말한 것과 같이, 재일 3세들과 같은 젊은 세대의 '조국관(祖国観)'의 변화, 즉, '더 이상 조국을 로맨틱한 존재로 보지 않고 그저 '저편에 있는 것'으로 보며, '이곳(일본)에서 살아가는' 자신들의 생활에서 조국을 구별하는 움직임(朱, 2012: 63)이 추측된다.[20]

　　가와사키대교류제는 조총련의 동향과 학부모들의 관심 정도에 따라 '우리학교'의 토대가 된다고 생각하면 좋겠다. 2014년, 재일코리안이나 조총련

'학교'가 아니어도 '각종학교'로서 인가를 취득하면, 교육행정의 일정한 혜택을 받는 것이 가능하다.

19) 1978년은 제1회 개최한 이래 36회를 맞이했다. 입장객은 50만 명.

20) 조선학교는 고조기였던 1966년에는 전국의 학생 수가 34,388명에 달하였으나, 2012년에는 8,500명이다. 1950년대부터 2000년대까지는 교과서 개정의 변천을 보면 교육목적은 당초의 '사회주의조국건설' 공헌에서 70년대부터 일본정부의 실정을 고려하는 요소가 포함되면서 전자를 억제하고 학부모의 요구에 맞추면서 후자의 비중을 높이는 흐름이 보였다(朱, 2012: 142-3).

이나 조선학교의 아이들에 대한 주위의 공격은 심했다. 신주쿠나 오사카, 쿄토 코리아타운에서의 헤이트스피치, 고등학교 학비무상화(無償化) 정책에서의 조선학교 제외, 몇몇 자치체의 보조금 정지 등. 2013년 대교류제에 대한 중지의 목소리도 내부에 있었다. 하지만 이럴 때일수록 동포의 지혜와 힘을 모으자는 합의 형성이 이루어져 기념할 만한 제10회를 성공시켰다(『地域同胞生活情報誌동네だより川崎』, 22호, 2013.). 조선학교는 동포사회의 '생명선'(『地域同胞生活情報誌동네だより川崎』, 22호, 2013.)으로서 새로운 의미를 갖게 되었다.

여기서 지적하고 싶은 것은 대교류제의 취지의 중심이 조금씩 이동하고 있다는 점이다. A씨의 말을 요약하면 '우리학교에 사람들을 모으기'→'일본사회에서 인지도를 얻기'→'서로 가와사키인으로서 존중하기'처럼, 자율적인 주민상호의 관계 만들기에 대한 비중이 높아지면서, 상위에 존재해 있던 말하자면 상징적인 조국은 상대적인 존재가 되어가는 것으로 사료된다.

2) 'I LOVE KAWASAKI'라는 유산

전단지에 쓰여진 'I LOVE KAWASAKI' 문구를 친근하게 느낀 것도, 내가 대교류제에 흥미를 갖게 된 이유이다. 그러나 결혼을 계기로 17년 전에 가와사키에 이사온 A씨는 'KAWASAKI'에 특별히 깊은 의미를 부여하지는 않았다고 한다. A씨는 대교류제를 계속해 오는 동안 기뻤던 예로서 대교류제가 일본의 학교 교재에 소개되었던 점, 가와사키시가 후원해주었던 점, 전단지 배부에 협력적인 일본학교가 증가한 점 등을 들었다. 일본(혹은 가와사키시, 가와사키구)의 타인과 연결되었다는 느낌 또는, 연결되는 것이 가능하다고 전망하게 된 것 등이 대교류제를 통해 얻은 것이 아닐까. 나는 이 축제는 가와사키이기 때문에 실현시키는 것이 용이했고 가와사키에는 그것을 가능하게 할 만한 토양이 있었다는 생각이 떠나지 않는다.

대교류제가 획기적이었던 점은 조총련계 행사로서 주된 대상을 재일동포로부터 지역의 일반주민으로까지 넓혔던 것이다.[21] 다만 가와사키시(민)을 끌어들인 전례로서 하나페스티벌이 있다. 그 페스티벌도 "갑자기 할 수 있었던 것이 아니다"라고 B씨는 반복해서 말했다. 왜냐하면 B씨에게는 1980년대 조선인과 조선학교에 대해 비교적 이해도가 높았던 가와사키시 간부들과 교섭하는 과정에서 형성된 신뢰관계나 90년대 민단과 조총련 상공인 간의 교류나 재일외국인의 정치 참가를 가와사키시가 추진했던 사실이 2000년의 하나페스티벌 개최의 '기초'가 되었다는 인식이 있었기 때문이다.

사쿠라모토 상점가의 일본축제는 언뜻 문맥이 다른 행사 같지만 가와사키시 남부 지역 변화의 큰 흐름 위에 있다. 풍물놀이를 도입한 후레아이관 자체가 가와사키시 교육행정에 있어서 1980년대 전환의 결과이다. 가와사키대교류제는 가와사키에서 살아온 재일코리안의 윗세대가 쌓아온 새로운 '지연'을 기초로 하고 있는 것이 아닐까. 이 지역의 유산은 토지와 관련하여 옛날부터 내려오는 지연을 기초로 한 관계가 아니다. 그냥 여기에 사는 주민들 서로가 존중하고 좋은 관계 안에서 앞으로도 이 가와사키에서 함께 살면 된다. 이러한 목표가 그것에 공감하는 사람들을 끌어당기고 있는 것이다. 개인이든 집단이든 사람은 자신의 거점이라고 말할 수 있는 장이 있음으로써 삶이나 활동의 안정적 토대를 얻는다.

조선학교를 거점으로 명확하게 한 결과, 조총련 가와사키지부 조직의 각 파트가 재활성화된 것 같다. 하지만 대교류제에서 작용한 것은 조직 자체의 '구심력'뿐만이 아닌 것 같다. '원심력'(松平, 2008: 23-4)이라고 말해야 할, '지역의 아이들의 학교'를 중심으로 한 네트워크 만들기도 대교류제를 위해 중요한 역할을 했다고 생각된다. 다른 한편으로 입장객 또한 자신이 흥미를 가진 콘텐츠만을 소비하여 축제체험을 끝내지는 않는다. 이질성이 혼재하는 장에서 무언가 친근감이나 즐거움을 경험하는 것으로, 축제는 참가자들에게

어떠한 형식으로든 흔적을 남긴다.

〈부기〉 본고 작성에 있어서 이경아(요코하마대학교 대학원생) 씨가 일부분의 한국어 수정과 번역을
도와주었다.

하시모토미유키, 2012, 「공생하기 위한 가와사키 코리아타운: '오오힌 지구'의 지역적 문맥」, 임영상 외 지음, 『코리아타운과 한국문화』, 북코리아.

飯田剛史(IDA Takafumi), 2002, 『在日コリアンの宗教と祭り‐民族と宗教の社會學』, 世界思想社.

色川大吉(IROKAWA Daikichi), 1990→1994, 『昭和史 世相篇』小學館.

川崎朝鮮初級學校創立60周年記念行事實行委員會(Kawasaki Chosenshokyugakko Soritsu 60syunenkinengyoji Jokkoinkai), 2006, 『川崎朝鮮初級學校創立60周年記念誌』.

川崎同胞愛國愛族運動史20世紀の足跡編集委員會(Kawasaki Doho Aikoku Aizoku Undoshi 20seikinoashiato Henshuinkai), 2001, 『川崎同胞愛國愛族運動史20世紀の足跡(あかし)』.

松平誠(MATSUDAIRA Makoto), 2008, 『祭りのゆくえ‐都市祝祭新論』中央公論新社.

宋基燦(SONG Kichan), 2012, 『「語られないもの」としての朝鮮學校‐在日民族教育とアイデンティティ・ポリティクス』, 岩波書店.

山田貴夫(Yamada Takao), 2007, 「地方自治体の外國人住民施策‐川崎市を事例として」, 富坂キリスト教センター・在日朝鮮人の生活と住民自治研究會, 『在日外國人の住民自治‐川崎と京都から考える』, 新幹社, 35-81.

朝鮮新報社(Chosenshinposha), 『朝鮮新報』

- 「ざいにち發コリアン社會 南北共同宣言支持 各地で總聯、民団がジョイント」
  http://www1.korea-np.co.jp/sinboj/sinboj2000/sinboj2000-9/sinboj000901/71.htm(URL取得 2014. 3. 16.)

- 「總連第20回全体大會に向け知ろう總連の歩み(32)」
  http://www1.korea-np.co.jp/sinboj/j-2004/01/0401j0327-00001.htm(URL取得 2014. 3. 16.)

  「總連第20回全体大會に向け知ろう總連の歩み(33)」
  http://www1.korea-np.co.jp/sinboj/j-2004/01/0401j0330-00003.htm(URL取得 2014. 3. 16.)

川崎區(Kawasakiku)『區政概要 平成25年度版』
  http://www.city.kawasaki.jp/250/cmsfiles/contents/0000049/49782/kuseigaiyou.pdf(URL取得 2014. 3. 16.)
  http://www.city.kawasaki.jp/kawasaki/page/0000026330.html (URL取得 2014. 3. 16.)

民団新聞社(Mimdanshimbunsha)『民団新聞』
  http://www.mindan.org/shinbun/000830/topic/topic_o.htm(URL取得2014. 3. 16.)

社會福祉法人靑丘社(Shakaifukushihojin Seikyusha), 2015, 『櫻本保育園 ふれあい館 ほっとライン』(2015年版 法人紹介リーフレット)

しげちゃん(Shigechan)「しげちゃんのブログ」
  http://ameblo.jp/insflash180/entry-11743890676.html(URL取得 2014. 3. 16.)

동네다より事務局(Tonnedayori Jimukyoku)『地域同胞生活情報誌동네다より川崎』(URL取得 2014.

3. 16.)
-http://www.elufa-tv.net/mgzn/kawasaki/kawasaki4.pdf
-http://www.elufa-tv.net/mgzn/kawasaki/kawasaki8.pdf
-http://www.elufa-tv.net/mgzn/kawasaki/kawasaki12.pdf
-http://www.elufa-tv.net/mgzn/kawasaki/kawasaki16.pdf
-http://www.elufa-tv.net/mgzn/kawasaki/kawasaki19.pdf
-http://www.elufa-tv.net/mgzn/kawasaki/kawasaki22.pdf

저자 소개

하시모토 미유키(橋本みゆき)

일본 릿쿄대학(立教大学) 능 겸임강사. 2006년 릿쿄대학 사회학연구과에서 사회학박사 취득. 주요 연구물은『재일코리안의 친밀권: 배우자선택의 이야기에서 읽는 민족의 현재(在日韓国・朝鮮人の 親密圏──配偶者選択のストーリーから読む〈民族〉の現在)』(社会評論社, 2010), 「웹사이트 박물 관 '가와사키 재일코리안 생활문화자료관'이 전시하는 것: 역사를 기록하는 실천의 논리(ウェブサ イト「川崎在日コリアン生活文化資料館」が展示するもの──歴史を記録する実践の論理)」『다언 어다문화─실천과 연구(多言語多文化──実践と研究)』1 (東京外国語大学多言語多文化教育研究セ ンター, 2009)이다.
이메일: mieux@bf6.so-net.ne.jp

공항에서 코리아타운까지 가는 교통편

1. 도쿄국제공항, 하네다공항(東京國際空港, 羽田空港)에서 가와사키조선초급학교에 가는 방법:
   ① 공항에서 요코하마(横浜) 방면의 게이큐전철(京急電鐵)을 타서 약 20분 후, 게이큐가와사키(京急 川崎)역에서 하차.
   ② 가와사키에키 히가시구치(川崎驛東口)에서 린코버스(臨港バス) 가와(川) 21계통 혹은 시영버스 가 와 10계통의 미즈에초(水江町)행 혹은 히타치조센(日立造船)행을 타서 약 15분 후 린코케이사츠 쇼마에(臨港警察署前)에서 하차. 거기서부터 걸어서 4분.
   지도: http://daikouryuusai.iinaa.net/access.html

2. 가와사키대교류제 회장: 가와사키조선초급학교(川崎朝鮮初級學校)
   (우)210-0833 가와사키시 가와사키구 사쿠라모토(川崎市川崎區櫻本) 2-43-1

3. 문의: 가와사키대교류제 실행의원회(川崎大交流祭實行委員會)
   (우)210-0851 가와사키시 가와사키구 하마쵸(川崎市川崎區浜町) 3-3-5
   전화번호 81-044-322-7280

5

도쿄 재일코리안 사회와 축제

유연숙(메지로대학 겸임강사)

1. 머리말

    뉴커머 코리안이 일본에 온 지 30여 년이 지났다. 뉴커머의 도일이 시작된 것은 1980년대 초기 이후로 유학이나 취업, 친족방문이 목적이었고, 본격적으로 진행하게 된 것은 1989년 한국 해외여행자유화 정책 이후부터이며 도일 목적과 방법 또한 다양해졌다.[1] 1980년대 이후에 도일한 재일 한국인을 본고에서는 '뉴커머 코리안'이라고 표현한다.[2] 뉴커머 코리안이 도일하기 전부터 일본에는 올드커머 코리안이 생활하고 있었지만 양자의 본격적인 교류는 없었다고 해도 과언이 아니다. 40년 이상의 공백기간, 세대교체에 따른 정체성의 재편성, 한국계 민단과 북한계 조총련에 의한 분단상황, 일본의 동화정책 등으로 인해서 지금까지 서로가 합류할 계기가 없었음은 물론 그럴 필요성을 느끼지 못한 것도 사실이다.

    뉴커머 코리안은 일본에서 생활기반을 구축해 가기 위해서 고독한 작업을 계속해야 했다. 한국계 민단이 있다고는 하지만 올드커머 단체로서의 성격이 강했기 때문에 이른 시기에 이주한 뉴커머는 영주권이 없으면 민단에

---

[1]   뉴커머 코리안의 이주요인과 프로세스 등에 대해서는 柳(2013)를 참조.

[2]   일본에서 생활하고 있는 한국인(올드커머, 뉴커머)을 표현할 때는 '재일코리안'이라고 표현한다.

가입할 수조차 없었다고 한다.[3] 동일한 경험과 생각을 공유하는 뉴커머 비즈니스 리더들이 모여서 단체를 조직했다. 2001년 5월 20일 '재일본한국인연합회(이하 한인회)'가 탄생되었으며 활동의 중심지는 그들의 일터이면서 생활지이기도 한 신주쿠구 오쿠보 지역이다.[4]

2000년도 중반 이후 한류열풍이 피크를 이룬 시기로 그 중심지는 한류의 최대시장이 된 신오쿠보 지역이다. 한인상가가 밀집하고 일본 전국에서 방문객들이 모여들기 시작하면서 신오쿠보 지역은 '코리아타운'으로 불리게 되었고, '어둡고 불결한 지역'이었던 오쿠보 지역은 관광지로 널리 알려지게 되었다. 하지만 이제 한류붐은 종료되었다고 보는 견해가 일반적이다. 2012년 8월 10일 이명박 전 한국 대통령의 독도(다케시마) 상륙을 계기로 시작된 정치적 문제는 '재특회'를 대표로 하는 일본 보수세력이 '반한류' 혹은 '혐한류' 바람을 일으키면서 한국 노래와 드라마는 일본의 매스컴에서 모습을 감추게 되었다. 오쿠보 지역 또한 한류붐의 약화와 일본 보수 세력의 집중공격으로 관광객의 발길이 뜸해지게 되었다. 2013년에는 코리아타운으로 알려져 있는 오쿠보도 데모의 대상지역이 되었다.

하지만 한국 문화를 좋아하는 한류 팬들은 가만있지 않았다. 신오쿠보 코리아타운을 공격하는 재특회의 데모에 맞서서 더 큰 데모행렬로 맞섰다. 동년 10월 데모에서 재특회를 반대하는 사람들의 시위자 수가 많아짐으로써 사실상 오쿠보 지역에서의 데모는 사라지게 되었다.[5]

한류열풍은 지나갔다고 할 수 있을지 모르지만 한류열풍과 코리아타운이 창조한 '신오쿠보 스타일 문화'는 일본에서 또 하나의 새로운 '문화'로서 자리매김했다고 해도 과언이 아니다.

도쿄 신오쿠보 코리아타운과 한인사회의 축제에 눈을 돌리면, 신오쿠보

---

3) 재일본한국인연합회 초대 회장 김희석 씨 인터뷰(한인회HP).
4) 오쿠보지역 뉴커머 코리안의 비즈니스와 한국문화의 발신역할에 대해서는 유연숙(2012)을 참조.
5) 2014년 6월 16일 고려박물관 사무국원의 설명(조사기록에서).

그림 1 2013년 10월에 개최된 재특회 데모와 이에 반대하는 데모
출처: 고려박물관

에 뉴커머 코리안이 모여들면서 지역사회가 주최하는 축제에 참가하거나 혹은 주체적으로 기획해왔지만 1~2회 개최되다가 계속되지 못하고 흐지부지 없어졌다. 그러던 중에 2012년부터 시작된 오쿠보 지역에 대한 집중 공격으로 인해서 현지를 찾는 관광객의 발길이 뜸해지면서 신오쿠보를 지키자는 위기감과 사명감에 의해서 '신오쿠보 드라마&영화제(이하, 영화제)'가 탄생하게 된 것이다. 지금까지 일본 지역사회의 활동에 보조적으로 참가해 왔던 뉴커머 코리안이, 처음으로 올드커머 코리안은 물론 일본인과 힘을 합쳐 주체적으로 영화제를 기획하고 실천하게 되었으며 2015년 8월 중순에는 2회째의 개최를 기획하고 있다.

본 연구에서는 도쿄지역 뉴커머 코리안이 어떻게 지역의 축제에 참가하고 있으며 또 주체적으로 어떤 축제를 기획, 실천하고 있는지에 대해서 살펴봄으로써 일본의 다문화공생 사회로 나아감에 있어서 필요한 조건과 양상을 생각해보고자 한다. 첫째, 도쿄지역 뉴커머 코리안은 지금까지 지역사회가 주최하는 축제에 어떻게 참가해 왔으며 그 성격은 어떤 것인가를 살펴본다. 둘째, 2014년 3월 말에 주체적으로 실천한 '영화제'의 기획배경과 성격, 2015년의 계획과 그 의의를 살펴본다. 셋째, 신오쿠보라는 다문화공생 에스닉 타운에 있어서 외국 국적 주민들의 축제는 어떻게 이루어져야 하는가에 대해서 몇 가지 제언을 시도한다.

2. 지역사회 축제 참가와 뉴커머 코리안

본 장에서는 지역사회가 주최한 축제는 어떤 것이 있으며 이들 행사에 뉴커머 코리안은 어떻게 참가해 왔으며 그 의의에 대해서 살펴보고자 한다.

1) 일한교류마쓰리

'일한교류마쓰리'는 한국에서 개최되는 '한일축제 한마당'의 일본행사 명칭이다. 2005년의 '일한우정년'을 계기로 한국에서 단독으로 '한일축제 한마당'이 시작되었는데 여기에 부응하는 형태로 일본에서는 5회째인 2009년 이후 도쿄에서 '일한교류마쓰리'라는 명칭으로 개최되어 2014년에는 6회째를 맞이했다. 제1회는 2009년 9월 20일부터 21일까지 이틀에 걸쳐서 '롯폰기 아리나'에서 유인촌 전 문화체육관광부 장관이 이명박 전 대통령의 축사를 대독함으로써 '한일축제한마당 2009 in Tokyo'가 시작되었다. 일본측에서는 하토야마 유키오 전 총리대신의 부인인 하토야마 미유키(鳩山幸) 씨를 비롯하여, 한일의원연맹 이상득 회장, 권철현 주일대사 등 한일 각계 인사들이 참석함으로써 성대하게 진행되었다.

2011년에는 10월 1~2일에 걸쳐서 '롯폰기 아리나'에서 이루어졌다. 한국인 테너가수 배재철 씨의 개막식 축하공연과 함께 일본인 아마추어 그룹의 K-Pop 춤과 노래, '한국가요 콘테스트 2011 본선대회'도 개최되었다. 이밖에 한일 양국 문화 소개와 체험 이벤트가 개최되었다. 도쿄 신오쿠보 뉴커머 코리안의 대표적인 단체인 한인회가 일한교류마쓰리에 본격적으로 참가하게 된 것은 2011년부터라고 할 수 있는데, 한인회 회장과 이사장단, 임원들이 참가했을 뿐 아니라 최대 40여 명의 자원봉사자를 마쓰리에 파견했고 기부금 200만 엔을 기부함으로써 적극적으로 협력했다(한인회 HP).

2012년에는 9월 29일부터 10월 2일까지 이례적으로 4일간에 걸쳐서 대대적으로 실시되었을 뿐 아니라 지금까지와는 달리 뉴커머 코리안이 밀집되어 있는 신주쿠 지역에서 마쓰리가 개최된 것이 특징이다. 주요 회장으로는 '신주쿠 문화센터'가, 보조회장으로는 '오쿠보공원'이 사용되었다. 보조회장 이벤트의 테마는 '동일본대지진채리티 & 한국농수산식품전(東日本大震災チャリティー募金&韓国農水産食品展)'이다. 당일 오쿠보공원에서 열린 행사는 한국요리

그림 2 2012년 日韓交流祭り HP
출처: 日韓交流祭りHP

의 판매와 김치 담그기 대회, 한국전통문화 퍼포먼스와 전통의상 퍼레이드, 일본인대상 K-Pop 커버댄스대회, 한국농수산식품전이다. 2012년도 마쓰리를 통한 뉴커머 코리안(한인회)에 대한 기대는 이전까지와 같은 협력 차원이 아니라, 일본의 동일본대지진 피해복구를 위한 자선 활동이 기대된 중심적 역할 차원이었다.

2013년과 2014년도의 행사는 장소를 변경해서 히비야공원에서 실시되었다. 2013년 9월 21일에는 줄타기 한국곡예와 한일떡치기 대회, K-Pop커버댄스, 전통음악과 무용을 중심으로 한 일한교류 스테이지, 한식 퍼포먼스, K-Pop 콘테스트 2013년 일본전국대회가 열렸다. 22일에는 일한교류 스테이지, 일한곡예 퍼포먼스, 한식 퍼포먼스, K-Pop 콘서트가 열렸다. 양일에는 일한자치단체 관광홍보 코너, 한식판매 코너, 체험코너(한복착용, 한국농식품 소비자 체험, 한류전) 부스가 설치되었다(日韓交流祭りHP).

2014년에는 크게 4가지 테마로 나뉘는데 '만남', '다가감', '나눔', '연계'이다. '만남'에서는 한일전통 북 공연과 박타기가, '다가감'에서는 K-Pop 커버댄스와 한일교류 스테이지, K-Pop 콘테스트 2013년 일본전국대회가, '나눔'에서는 한일교류스테이지가, '연계'에서는 K-Pop 콘서트가 각각 개최되었다.

지금까지 살펴본 바와 같이 일한교류마쓰리는 민간단체인 NPO 법인 '한일축제한마당협회'가 주도하고 있지만, 일본과 한국에서 동시에 개최되는 행사인 만큼 양국 간의 정부 차원, 재정적인 측면에서의 기업 차원의 후원이 뒷받침된 행사라고 할 수 있다.[6]

---

6) 본 마쓰리의 특별협력 단체는 일본 문화청이다. 한편 일본측의 후원은 외무성과 국제교류기금, 일한경제협회이고, 한국측은 외교부(주일본대한민국대사관, 한국국제교류재단), 문화체육관광부(한국관광공사), 농림축산식품부(한국농수산식품유통공사), 재일본대한민국민단, 재일한국경제인네트워크(재일한국기업연합회), 도쿄한국상공회의소, OKTA TOKYO, 재일한국농식품연합회, 재일한국인귀금속협회, 재일본한국인연합회(일한교류마HP)와 같이 정치적, 재정적인 여력이 있는 곳들 임을 알 수 있다.

2) 오쿠보마쓰리

도쿄의 재일코리안이 협력하고 있는 지역사회 마쓰리의 하나로서 '오쿠보마쓰리'를 들 수 있다. 일본의 상점가는 소규모의 상가 단체가 각 지역마다 존재하는데, 오쿠보도리(大久保通り)[7]에 위치하는 상가를 관할하는 '신오쿠보상점가진흥조합(新大久保商店街振興組合)'이 존재한다.[8] JR신오쿠보역에서 메이지도리까지 약 600m 거리에 위치하는 상점가로, 뉴커머 코리안이 경영하는 점포가 밀집되어 있는 지역이기도 하다. '오쿠보마쓰리'는 신오쿠보상점가진흥조합이 중심이 되어 주최하는 지역형 축제이며, 매년 '체육의 날(매년 10월 둘째 주 월요일)'에 개최되고 있다.[9]

상점가 단체가 주최하는 마쓰리는 주로 가두 콘서트와 얼굴 페인팅, 떡치기대회, 특산품의 특가판매, 빙고게임 등이 있고 오쿠보도리에서 퍼레이드가 진행된다. '오쿠보마쓰리'에 한인회가 참가하기 시작한 것은 2001년(제20회)부터이다. 이 행사에 한인회는 주로 한국음식을 만들어서 판매하는 형태로 협력했다. 2010년에는 한국의 백석대학교와 백석문화대학교에서 학생들이 자원봉사로 참가하여 지짐이, 떡볶이는 물론 일본 야키소바에 김치를 넣어서 볶은 '김치야키소바'를 요리해서 판매하기도 하였는데 특히 지짐이는 인기가 많아 1,000여 장이 판매되어 한국 음식문화를 보급하는 데 기여했다.

한국음식에 대한 인기는 여전해서 2012년 마쓰리에서는 한인회에서 홍보국장을 맡고 있는 조선옥요리연구원의 멤버가 800인분의 요리를 준비하기도 했다. 지짐이, 떡볶이, 잡채를 판매했으나 그중에서도 지짐이의 인기는

---

7) 오쿠보 지역에 위치하는 중심차도의 명칭.

8) 1947년에 설립된 '商光會'가 전신이다. 1977년에 30주년을 맞이하는 기념행사로서 제1회 '오쿠보마쓰리'가 실시되었다.

9) 일본국민의 공휴일의 하나로, '일본국민의 축일에 관한 법률(國民の祝日に關する法律, 1948년 7월 20일 법률 제178호)'에 의해서 1964년 '동경올림픽'의 개최일이었던 10월 10일로 정해졌으나, 2000년도부터는 매년 10월 둘째 주 월요일로 변경되었다. 동 법률의 취지는 '스포츠를 통해서 건강한 심신을 단련하자'(제2조)이다.

50미터의 줄이 생길 정도로 많아서 오후 2시에는 모두 매진될 정도였다. 한편 당일은 일본에서 인지도가 높은 생막걸리를 회원이 기증해서 판매함과 동시에, 매년 행사를 준비하고 있는 상점가 진흥조합 관계자, 소방서, 신주쿠 구청 분소, 파출소, 인근 절 등에 선물함으로써 진흥조합으로부터 감사의 인사를 받았다. 당일의 한국요리와 막걸리의 수익금은 전액 동북지역의 부흥자금으로 진흥조합에 기증하였다(한인회 HP).

3) 사츠키마쓰리

지역 간 결속을 중요시하는 일본사회에는 한국의 반상회와 같은 작은 규모의 모임이 많다. 오쿠보 '사츠키마쓰리'는 매년 사츠키꽃(철쭉꽃의 종류)이 피는 시기인 5월에 지역 주민들이 기획하고 운영하는 방식으로 개최된다. 마쓰리에서는 주로 프리마켓이 열리고 간단한 음식과 음료수가 판매되어 왔는데, 최근에는 외국 국적을 가진 주민들의 증가를 고려해서 세계 각국의 음

그림 3 화관무와 검무를 선보인 동경한국학생과 부모
출처: 한인회 HP

악과 놀이를 소개하는 이벤트 등이 추가되고 있다.

2010년에는 제16회 마쓰리가 5월 9일에 개최되었는데, 당일 이벤트에는 한국과 필리핀계 주민들이 참가했다. 한인회는 동경한국학교 학생들을 출전시켜서 화관무와 검무, 경기도 민요의 창을 선보였다(그림 3). 세계 각국의 민족의상을 소개하는 패션쇼와 놀이체험도 이루어졌는데, '세계각국 의상 패션쇼'에서 한인회는 한복을 입고 참가한 후 옷을 대여하기도 했는데, 많은 참가자들이 한복을 입고 사진촬영을 하기도 했다.

4) 신주쿠구 다문화공생 페스타

'다문화공생 페스타'는 신주쿠구에서 매년 가을에 실시하는 마쓰리로 주최는 '신주쿠구 다문화공생 연락회'이다.[10] 2011년 9월 17일 오쿠보공원에서 '다문화공생 페스타 신주쿠'라는 명칭으로 열린 페스타는, 2011년 3월 11일에 발생한 대지진으로 인해서 일정이 연기되었던 이유로 특별히 성대하게 개최되었다. 페스타에서는 아시아 각국의 문화행사와 먹거리, 춤 등이 선보였고, 지진피해자에 대한 부흥자금을 마련하기 위해서 신오쿠보를 중심으로 활동하는 K-Pop가수들(SOS, SEED)이 대거 출연했다. 이 외에도 미얀마의 버간 왕조(1044~1287년) 시대의 의상을 입은 초중등 학생들이 미얀마의 춤과 악기를 연주함으로써 주목을 받았다. 옆 건물에서는 우호도시의 어린이들이 그린 그림이 전시되는가 하면, 다문화공생 플라자 건물에서는 다문화공생에 대한 퀴즈대회, 한국의 민족의상인 한복과 일본의 유카타를 체험할 수 있는 코너가 설치되었다.

오쿠보공원 내 스포츠광장에서는 시각장애자를 위한 스포츠 '블라인드 축구' 체험코너가 마련되어 어린이들이 아이마스크를 끼고 축구에 도전하기

---

10) '신주쿠구 다문화공생 플라자'를 이용하는 외국 국적자와 지역주민, NPO, 외국인 지원단체, 자원봉사자들 간의 네트워크를 추진하는 단체이다.

그림 4 2011년도 '다문화공생 페스타 신주쿠'에서 선보인 한국 사물놀이
출처: 한인회HP

도 했다. 관계자의 말에 의하면 2011년 마쓰리는 다문화공생뿐만 아니라, 장애자와 고령자 등 다양한 입장을 가진 사회적 약자와의 '공생'에 대한 메시지가 담겨져 있다고 한다. 한인회에서는 준비 단계부터 전면적으로 행사에 협력하면서 각 지역 단체들과 교류를 나누었다.[11]

5) 교주콘 오쿠보 아시아마쓰리(OKUBOアジアの祭)

'오쿠보 아시아마쓰리'는 오쿠보 지역을 중심으로 활약하고 있는 시민그룹 활동가의 모임인 '외국인과 공생하는 신주쿠구 마을 만들기 간담회(이하, 교주콘)'[12] 주최로 주로 오쿠보도리와 근린 도야마공원에서 실시되어 왔다. 제1회 마쓰리가 시작된 것은 2003년이며 한인회와 공동주최로 이루어졌다.

---

11) https://www.city.shinjuku.lg.jp/whatsnew/pub/2011/0917-01.html
12) 「外國人とともに住む新宿區まちづくり懇談會(共に住む懇談會)」의 약자.

2003년 마쓰리의 주제는 '생명의 연결(いのちの環)'이다.

오쿠보 아시아마쓰리는 교주콘의 중심 멤버인 세키네 미이코(関根美子) 씨를 중심으로 이루어지고 있는데, 세키네 씨에 의하면 마쓰리를 시작하게 된 계기는 다음과 같다. 오쿠보를 거점으로 인쇄업을 경영하고 있던 세키네 씨는 1995년 고베에서 발생한 '한신 아와지 대지진(阪神淡路大震災)'의 피해 소식을 듣고 활동멤버와 같이 인쇄기를 들고 피해가 컸던 나가타구(長田区) 지역에 들어가서 '데일리니즈'(関根みい子, 1999년)라는 정보지를 발행함으로써 피해자들을 도왔다. 몇 년간의 활동을 마치고 오쿠보 지역에 돌아온 세키네 씨는 오쿠보와 나가타구와의 지역적 유사성을 생각해서 주민들 간의 커뮤니티를 형성하려면 무엇이 필요한지를 생각하게 되었다. 양 지역이 모두 건물간의 간격이 좁고 외국인이 많이 거주하고 있다는 공통성이 있다는 것이다.

세키네 씨는 오쿠보를 '흐르는 마치, 흐르는 사람들'이라고 표현한다. 일하는 사람, 식사하는 사람, 쇼핑하러 온 사람들로 구성되어 있는 것이 오쿠보의 인구구성이라는 것이다. 그러나 주민들 간의 관계가 밀접한 나가타구에 비하면 옆 집에 누가 사는지도 모르는 곳이 오쿠보로, 이와 같은 상황에서 지진이 발생하면 피해규모는 막대해지리라 생각해서 평소에 주민 간의 친분관계를 맺으려면 마쓰리밖에 없다고 생각했다.[13] 마쓰리의 필요성에 대해서 세키네 씨는 다음과 같이 말한다. "마쓰리는 즐기기 위한 것만이 목적은 아니지요. 즐거운 시간을 공유함으로써 서로 친해지고 교류를 맺는 계기를 만든다면 긴급시에는 상부상조할 수 있는 관계가 자연스럽게 형성되지 않을까요?"라고. "왜 그런 생각을 하게 되었나요?"라는 필자의 질문에 세키네 씨는 "오쿠보(지역)를 아주 좋아하기 때문이지요."라고 대답한다.

지금까지 마쓰리에서는 주로 오쿠보도리에서 일본인은 본오도리를,[14]

---

13) 교주콘 세키네 미이코(關根美子) 씨 인터뷰(2014년 2월 3일).

14) 본오도리(盆踊り)는 오본(お盆) 시기에 죽은 이들을 공양하기 위해서 추는 춤이다. 광장 중앙에 무대를 설치하고 '온도(音頭)'를 리드하는 사람이 노래를 하고 참가자는 그 주위를 돌면서 온도에 맞

그림 5 본오도리(2006년)와 미얀마 전통무용(2006년)
출처: 교주콘대표 야마모토(山本重幸) 씨 사진제공

외국 국적 주민은 출신국의 민속춤을 추면서 자유스럽게 거리를 행렬하였
다. 안타까운 것은 제1회인 2003년 9월 14일 행사는 한인회와 공동 주최로
이루어졌지만, 제2회째부터 한인회가 공동주최자에서 협력자의 입장으로
바뀌었다는 것이다. 2회 이후부터 한인회는 주로 사물놀이 공연을 하거나
한국음식을 만들어서 판매하는 형식으로 행사에 참가해 왔다.[15] '오쿠보 아
시아마쓰리'는 2009년 이후부터 예산 등 제반 문제로 인해서 규모를 축소시
켜 현재는 오쿠보도리에서의 퍼레이드를 중지하고 도야마공원에서 방재훈
련이 실시되고 있다.

3. 뉴커머 코리안 사회와 기존의 축제

본 장에서는 오쿠보 뉴커머 코리안 사회에서 기획하고 실시되어 왔던
축제와 행사에 대해서 내용과 그 의의를 살펴보고자 한다. 오쿠보 지역에 한

추서 춤을 추는 것이 일반적이다. 한편, 오본은 음력 7월 15일을 중심으로 일본에서 실시되는 선조
의 영을 공양하는 행사이다.

15) 2008년에는 한인회 측에서 마쓰리에 대한 공동주최를 제안해 와서 포스터까지 제작했으나 제반 사
정으로 인해서 중지되었다고 한다(교주콘대표 야마모토(山本重幸) 씨의 인터뷰, 2014년 2월 3일).

국인 상업시설이 모여들고 한인회가 결성된 이래 뉴커머 코리안이 주최한 축제는 다음과 같이 3가지로 분류된다.〈표 1〉

표 1 뉴커머 코리안이 주최한 축제 및 행사

축제 및 행사의 목적	축제 및 행사의 종류
한국(문화)을 알리기 위한 행사	한가위 민속놀이 한국영화 상영회 한국요리교실
영리목적과 홍보활동	한류시장 마쓰리
지역사회 공존	신오쿠보 드라마&영화제

먼저, 한국을 알리기 위한 행사로서 '한가위 민속놀이', '한국영화 상영회', '한국요리교실'을 들 수 있다. 음식점 대사관에서 열린 '한가위맞이 민속놀이 대회'는 2002년 9월 21일 추석을 맞이하여 아침 11시~밤 22시까지 3부 구성으로 이루어졌다. 주위에는 한국 포장마차가 설치되었고 사물놀이, 춤, 제기차기와 널뛰기 등이 이루어졌는데 많은 일본인이 참가해서 성황을 이루었다(共住懇, 2002). 본 축제는 2003년 9월 14일 구정에도 '한가위 대잔치'라는 이름으로 개최되었지만 아쉽게 계속되는 축제행사로서 발전하지는 못했다.

한국영화 상영회는 오쿠보 지역에 위치하는 음식점 대사관과 한인회 공동주최로 2002년 8월 9일에 열렸다. 이 행사는 2002년 월드컵 한일공동개최로 인해서 오쿠보 내 한국인의 상업시설이 매스컴의 주목을 받게 되었고 한인회가 결성됨으로써 한국문화를 알리는 행사의 하나로서 주최되었다. 이 상영회는 매스컴의 주목을 받아 NHK, 아사히TV, 마이니치 신문에 보도되었지만 정기적인 행사로는 이어지지 못했다.

한국요리교실은 한인회 주최로 제1회 교실이 2012년 8월 22일 오쿠보 지역에 위치하는 조선옥요리연구원에서 개최되었다. '한 나라의 문화를 이해하기 위해선 먼저 그 나라의 습관과 풍습 등이 배여있는 식문화를 접해 봐야 한다'는 취지 하에서, 한국요리 연구가로 알려져 있는 조선옥 원장(당시 한인회 홍보국장)의 기획과 운영에 의해서 이루어졌다. 총 31명이 참가한 당일 행사에서는 애호박 지짐이와 당근 지짐이를 만들었는데, 조선옥 원장이 직접 만든 팥 시루떡과 겉절이 김치, 보쌈 고기가 소개되었다. 약 3시간에 걸쳐 진행된 요리교실에 참가한 일본인은 '요리교실의 프로그램 내용과 취지에 대단히 만족한다'며, 앞으로도 정기적으로 개최되길 희망한다고 소감을 말했다(한인회HP).

두 번째로 영리목적과 홍보활동을 위한 축제로서 '한류시장 마쓰리'를 들 수 있다. 'K-Pop에서 K-Culture까지'라는 선전 구호를 내건 제1회 '한류시장 마쓰리'는 음식점 대사관과 조선옥요리연구원의 협찬으로 2013년 11월 2~3일에 걸쳐서 실시되었다. '음식은 물론 김치 만들기 체험, 떡 만들기 체험, 한국 명인이 만든 술과 각종 한국식품의 판매, 전통과자 시식'이 축제의 목적으로, '먹고 마시고 체험하면서 한국 시골의 시장을 체험하자'는 설명을 전면으로 내세우고 있다. 2일째인 11월 3일은 '〈오션(5tion)〉과 만드는 김장대회'라는 테마로, 한국남성 5인조 보컬그룹과 같이 김치를 만들었을 뿐만 아니라, 같이 만든 김치를 6천 엔에 구매할 수 있도록 했다.[16]

세 번째로 지역사회와의 공존을 주요 목표로 내건 축제로서 '영화제'를 들 수 있다. 뉴커머 한국인이 중심이 되어 자발적으로 실시한 축제는 처음이라고 할 수 있으며 지역사회에서도 주목받은 행사인 관계로 다음 절에서 자세하게 고찰한다.

---

16) http://www.asian-hana.com/2013/10/5tion2013.html

4. 문화를 통한 공존사회의 실현을 위한 영화제의 개최

본 장에서는 2013년도부터 실시되고 있는 오쿠보 뉴커머 코리안이 지역주민과 관계자들을 동원해서 주체적으로 기획하고 실시한 '영화제'를 중심으로 개최배경과 방법, 결과에 대해서 고찰하고자 한다.

1) 영화제의 개최배경과 기본 이념

2012년 8월 10일 이명박 전 한국 대통령의 독도(다케시마) 상륙을 계기로 시작된 정치적 문제의 여파는 일본 보수 세력의 집중적인 공격지로 변하면서 신오쿠보를 찾는 관광객의 발길이 뜸해지게 되었다. 매경미디어 MK그룹에서 발행하는 '임상균 특파원의 'Japan Now'(2013년 7월 16일)[17]는 예전에 비해서 한산해진 신오쿠보 코리아타운에 대해서 다음과 같이 기술하고 있다.

> 2011년 도쿄 지역에서 공시지가가 상승한 지역은 도쿄 스카이트리가 건설된 지역과 신오쿠보 지역 단 2곳뿐이었다. 하지만 이제 신오쿠보는 분위기가 완전히 바뀌었다. 한국음식점, 식료품이 입주한 복합 건물인 K플라자 앞길에는 무심히 스쳐 지나가는 행인들만 있을 뿐 저녁식사 시간이 다가왔지만 음식점 내부의 테이블에는 절반 정도만 손님이 앉아 있다.

앞에서도 언급한 바와 같이 코리아타운이 위치하는 오쿠보 1~2쵸메, 햐쿠닌쵸 1~2쵸메의 외국인 거주자 비율은 약 36%로 약 8천 명에 달한다. 그중에서 한국 관련 상점은 약 400점포 이상이 들어서 있지만, 1년 동안 100점포 이상이 문을 닫거나 상점 주인이 바뀌고 있는 실정이다. 주변 역의 이용 승객자수는 2013년 5월 현재 신오쿠보역 41,545명, 오쿠보역 24,387명, 히가시신

---

17) 매경이코노미 제1716호.

그림 6 신오쿠보 드라마 & 영화제 포스터
출처: 신오쿠보 드라마&영화제 HP

주쿠역(東新宿) 25,063명으로, 이것은 전년에 비해서 85%로 저하된 수치이다.[18]

한일 간의 정치, 외교적 문제로 인해 신오쿠보 내 코리아타운 한국인 사업가들은 한국과 일본 측으로부터 '더블 펀치'를 얻어맞은 것이다.[19] '영화제'는 이러한 위기감에 대한 대응의 하나로 기획하게 되었다. 즉, 오쿠보의 지역적 특성을 재인식함으로써 '문화 발신지로서의 신오쿠보'로 다시 태어나게 하고, 이를 통해서 일본인과 한국인이 진정으로 교류할 수 있는 장을 만들자는 것이 취지이다.[20]

제1회 영화제의 기본이념에 대해서 주최자측은 '공생형, 자주형, 참가

---

18) <新大久保ドラマ&映畫祭>實行委員會(2014. 2. 18. 일).

19) 영화제의 위원장 이승민 씨 인터뷰(2014년 3월 15일).

20) スポーツソウルドットコム(2013. 11. 30.).

형 문화교류 이벤트=더불어 살아가기'라고 발표하고 있다. 즉 '다국적화/다문화가 진행되고 있는 지역 사회(신주쿠구 130개 이상 국적 거주자)에서 서로의 문화를 존중하고 상호 이해를 심화하기 위해 문화콘텐츠를 제공함으로써 공생사회 실현을 지향한다'고 밝히고 있다.[21] 다국적화가 진행되고 있는 오쿠보 지역에서 '사회적 약자'의 상호문화를 존중함으로써 서로를 이해할 수 있는 기회를 마련하고, 이를 통해서 오쿠보 지역에서 활동하고 있는 일본인과 외국인이 서로 힘을 합쳐서 하나가 될 수 있는 계기를 마련한다는 것이다.

2) 기획과 운영 방법

제1회 영화제는 기본적으로 오쿠보 혹은 한국문화 관련 사업을 하는 기업가들을 중심으로 자원봉사 형식으로 진행되었다. 뉴커머 한국인이 중심이지만 일본인과 올드커머 한국인과 힘을 합쳐서 수행된 것이 특징이라고 할 수 있다. 실행위원회는 대표(위원장) 1명과 공동위원장과 부위원장 각각 4명씩으로 구성되어 있다. 대표는 오쿠보 지역에서 한국어 어학원을 경영하고 있고, 공동위원장과 부위원장은 전원 동일지역을 중심으로 무역업 유통업, 음식업 경영자이다. 실행위원회 총 9명 중 1명이 올드커머 코리안이고 나머지 8명은 전원 뉴커머 코리안이다. 실행위원회의 주요 임무는 영화제 운영에 대한 재정적인 역할을 담당하는 것이다.

다음은 하부조직으로서의 사무국에 대해서 살펴보자. 사무국은 사무국장(프로그램 디렉터 역임)과 10개 분야의 세부적 업무 담당 분야(사업총괄 프로듀서, 홍보선전 프로듀서, 이벤트 기획 프로듀서, 테크니컬 디렉터, 프로그램 상영 담당, 커뮤니케이션 담당, 마케팅 담당, CI 담당, 회계 담당, 자원봉사 담당)로 구성되어 있다. 각 분야의 책임자 총 11명 중 일본인이 3명, 뉴커머 코리안이 8명이다. 이들은 담당한 업무분야의

---

21) 〈신오쿠보 드라마&영화제〉 실행위원회(2014년 4월).

사업과 단체의 대표자이거나 혹은 전문가들이다. 영화제 개최를 위해 고도의 전문기술을 소유한 사람들을 자원봉사자로 활용함으로써 저렴한 비용으로 영화제를 성공적으로 마칠 수 있었다.

한편, 본 영화제는 실행위원회나 사무국 외에도 일본인과 재일코리안, 타국 출신자들의 자원봉사에 의해서 운영되어 온 것이 특징의 하나라고 할 수 있다. 자원봉사자는 영화제의 홈페이지와 지인의 소개 등으로 모집되었는데 그 수는 총 130명으로 그들의 직업은 학생, 주부, 회사원이다. 개막식과 폐막식은 물론 영화제 상영기간에 매일 10여 명 정도가 투입되어 각자의 일정과 사정에 맞춰서 일이 분담되었다. 봉사를 희망한 대부분은 여성이 압도적으로 많았지만 남성도 적지 않았으며, 젊은 대학생에서 중노년자에 이르기까지 다양했다. 봉사자에게는 소정의 교통비가 지급되는 한편, 영화나 드라마를 관람할 수 있으며 기타 이벤트에도 참가할 수 있는 특전이 주어졌다. 응모자의 대부분은 관동지역에서 모였지만, 그중에는 지방에서 신칸센을 타고와서 근처 호텔에 숙박한 사람도 있었다. 시즈오카 지역에서 응모한 자영업자 일본인 A씨(남성, 47세)는 "그 역사적인 순간에 제가 참석을 안 할 수가 없지요? 신오쿠보에서 한국인들이 영화제를 하는 것… 상상만 해도 기뻐요. 그래서 회사 문을 닫고 1박 2일로 지원하고 왔습니다."라고 말했다.[22]

한편, 대학생인 B씨(여성, 23세)는 대학에서 한국어를 전공하고 있는데 같이 한국어를 공부하고 있는 친구로부터 영화제 개최소식을 듣고 봉사자로 참석하게 되었다고 한다. 한국어를 유창하게 구사하는 B씨는 "한국어를 배우면서 한국을 아주 좋아하게 되었어요. 한일관계가 항상 좋게 되면 좋겠어요. 영화제에서 자원봉사를 할 수 있어서 아주 기뻐요."[23]라며 활짝 웃는 얼굴로 얘기했다. 봉사자들 중에는 한국인과 일본인 외에 타 국적자도 포함되어 있었다. 관동지역에 위치하는 대학교에 유학생으로 도일한 중국인 C씨(여성, 25세)는

---

22) 한국어로 대답한 인터뷰 내용을 그대로 표현했다.
23) 한국어로 대답한 인터뷰 내용을 그대로 표현했다.

교양수업으로 한국어를 배우고 있는데 한국어 선생님으로부터 영화제 소식을
전해 듣고 참가하게 되었다. "자원봉사 활동을 하면서 생각지 않게 얻게 된 것
은 한국인과 일본인 친구를 많이 사귀게 된 것이에요. 지금도 그때 같이 자원
봉사한 사람들과 라인으로 연락하고 있는데 덕분에 친구까지 생겼어요. 한국
어로 잘 표현하지 못할 때는 일본어와 영어로 하고 있지만 한국어가 더욱 더
좋아졌어요"[24]라고 말하는 C씨는 장래 한국유학을 희망하고 있었다.

3) 영화제의 진행 방법

표 2 신오쿠보 드라마&영화제의 성격과 내용

성격	내용	구체적인 행사
공존형	영화제의 개최장소를 지역 전체에서 실시	• 한국문화원에서 개막식을 개최 • K-STAGE-O에서 영화 상영 • CAFÉ ON과 THE SECRET에서 드라마 상영 • 문화센터 아리랑에서 심포지엄1 개최 • 아스카 신용조합에서 심포지엄2 개최 • 오쿠보지역센터에서 심포지엄3 개최 • SHOW BOX와 음식점 대사관 광장에서 이벤트 개최 • SHOW BOX 2층에서 '한국 유명 작가 4인전' 개최
자주형	다양한 콘텐츠를 자주적으로 발신	• 드라마 • 영화 • K-Pop • Silent Disco 5C 야외 이벤트 • 학술 심포지엄 • 예술작품 전시
참가형	지역 주민, 일반 시민의 자주적인 참가	• 협력단체: 주일본대한민국대사관 한국문화원, 한국콘텐츠진흥원 일본사무소, 동일본여객철도주식회사, 신오쿠보역 • 후원단체[*25]의 영화와 드라마 관람자 4,000명 • 관련 이벤트 참가자 3,000명

* 신주쿠구, 한국관광공사, 동경지사, 국제교류기금, 한국농수산식품유통공사, 동경 aT센터, 서울시, 경주시,
학교법인 카나이학원

출처: '신오쿠보 드라마&영화제 사업보고서'(2014년 4월)를 기초로 필자 작성.

---

24) 인터뷰에 대한 대답은 일본어이다.
25) 주최단체는 제외함. 주최단체의 상세한 내용은 앞의 제2절 기획과 운영을 참조.

제1회 영화제는 2014년 3월 21일 개막식을 개최로 시작되어 3월 30일까지 총 10일간에 걸쳐서, 영화와 드라마, K-Pop의 3가지 콘텐츠를 살리는 것에 중점을 두었다. 같은 기간 동안 영화 17개 작품이 3회씩 합계 30회 상영되었고, 드라마 5개 작품이 두 장소에서 합계 19회 상영되었다. 영화제는 크게 3가지 특징을 살리는 이벤트로서 개최되었다. '공존형', '자주형', '참가형' 성격을 띤 행사로, '민간주도형 종합문화 교류 이벤트'라고 평가할 수 있다.

(1) 공존형

우선 공존형 이벤트로서의 성격이다. 영화제는 한국인과 외국인 상가가 모여있는 오쿠보 지역을 중심으로 개최되었는데, 장소성을 강조하기 위해서 가능한 한 영화제의 행사가 오쿠보 지역 전체에서 실시될 수 있도록 기획했다. 개막식은 요츠야에 위치하고 있는 한국문화원에서 개최되었지만, 그 외 영화제 관련 행사는 전부 오쿠보 지역에서 실시되었다. 영화상영 장소는 'K-STAGE-O', 드라마 상영 장소는 'CAFÉ ON'과 'THE SECRET'이다. 심포지엄 개최 장소로서, 심포지엄1은 올드커머 코리안이 운영하고 있는 '문화센터 아리랑', 심포지엄2는 올드커머 코리안의 금융회사인 '아스카 신용조합', 심포지엄3은 일본의 관공시설인 '오쿠보지역센터'이다. 한편, 야외 이벤트는 음식점 대사관의 '마당'에서, 실내 이벤트는 'SHOW BOX'에서 주로 개최되었다.

오쿠보의 복수 지역에서 이벤트를 개최하게 된 하나의 이유는 '계획적이면서 단계적으로 광고활동을 전개함으로써 지역 전체를 활성화시킨다'는 목표가 있었기 때문이다. 영화제에 대한 광고를 위해서 광고지 30,000장, 포스터 1,000장, 지도와 내용이 같이 인쇄되어 있는 프로그램 10,000부를 준비했으며, 그 외에도 영화제에 재정적으로 협력한 점포에는 전용 스티커를 입구에 붙여서 눈에 띄게 고안했다. 그 외에도 영화제의 광고활동에는 인터넷 공식 홈페이지와 각종 SNS를 동원했다. 보고 싶은 영화를 미리 홈페이지를 통해서 예약하게 함으로써 관객의 수를 미리 파악함과 동시에 예약상황을 알 수 있게 함으로써 가능한 한 많은 사람들이 한국문화에 관심을 갖고 공평하게 영화를 감상할 수 있도록 했다.[26]

(2) 자주형

다음은 자주형 이벤트로서의 성격이다. 영화제에서는 다양한 콘텐츠를 자주적으로 발신할 수 있는 장을 마련했다. 영화제에서 주로 대상이 된 콘텐츠는 드라마와 영화, K-Pop, Silent Disco 5C 야외 이벤트, 학술 심포지엄, 예술작품 전시를 들 수 있다.

영화제의 기본이념은 '다국적화/중층화가 진행되고 있는 신오쿠보에 있어서 상호문화를 존중함으로써 서로 간의 이해를 촉진시킨다'는 것이다. 이와 같은 취지에서 특히 개막 작품과 폐막 작품의 선정에 있어서는 신중을 기했는데, 다른 영화에 대해서도 국적, 성별을 불문하고 누구나 즐길 수 있는 작품을 선정했다. 개막 작품으로 선정된 '완전 소중한 사랑'(2013)은, 자살을 결심한 원 K-Pop스타와 소아암을 극복하고 새로운 인생을 사는 음악밴드 리더(온유. 임지규)의 사랑과 갈등을 그린 내용이다. 폐막 작품인 '마이 라띠마'(2013)는 코리안 드림을 품고 포항에 시집온 타이여성 라띠마를 통해서 이주민의 고뇌를 잘 드러내는 작품이다. 두 작품을 통해서 '사회적 약자'들이 계층과 젠더, 민족/에스니시티의 벽을 초월해서 공존할 수 있는 메시지를 일본사회에 던진 것이다.[27]

본 영화제의 특징은 영화와 드라마, K-Pop 외에도 오쿠보 지역을 연구하고 활동하는 사람들이 중심이 되어 조직된 심포지엄 3종류가 개최되었다는 점이다. 심포지엄1은 세계의 코리아타운에 대한 공동연구자 팀(대표 임영상 교수)과 일본에서 활약하고 있는 조선족연구학회가 공동으로 개최한 '에스닉

---

26) 이승민 대표의 설명(실행위원회 회의 기록 노트에서, 2014년 1월 24일).
27) 실행위원회 회의 기록 노트에서(2014년 3월 15일).

타운과 오쿠보와 문화플랫폼'이라는 국제학술회의이다. 발표자는, 필자 유연숙의 「다문화 공생의 공간 오쿠보」, 손미경의 「문화 플랫폼으로서 신오쿠보 코리아타운의 방향」, 신명직의 「동아시아 시민과 동아시아 공생 영화제」, 임영상의 「뉴욕 플러싱/심양 서탑 코리아타운과 축제」이며 학습원여자대학의 라경수 교수가 토론을 담당했다.

당일 심포지엄에는 조선족연구학회의 회장과 부회장을 비롯해서 수명의 회원이 참가했을 뿐 아니라, 한국과 일본인 연구자들이 참석해서 일본의 다문화 정책과 오쿠보의 지역성에 대해서 열띤 토론이 전개되었다. 당일 축사에서 영화제의 대표 이승민 씨는 "신오쿠보가 독자적인 문화발신지로서 역할을 해야 한다는 인식을 갖게 되었다 … 중략 … 이와 같은 상황에서 한국과 일본, 그리고 중국의 학자들이 한 곳에 모여서 오쿠보에 대해서 논한다는 것은 대단히 의미 있는 작업"이라며 학술회의 필요성과 의의에 대해서 설명했다.[28]

심포지엄2는 지금까지 단절되어 왔던 올드커머와 뉴커머 코리안 사이의 거리를 단축시키는 의도로 개최되었다.[29] '재일한국인 사회를 생각하다'라는 타이틀로 개최된 토론회는 올드커머 코리안의 금융회사인 아스카 신용금고홀에서 개최되었다. 올드커머 측에서는 인권활동가이면서 인재개발 컨설턴트 대표 신숙옥 씨와 동경청년상공회의소 부회장인 고해정 씨, 뉴커머 측에서는 영화제 대표 이승민 씨와 사무국 홍성협 씨가 패널리스트로 참가해서 각자의 입장에서 의견을 발표함으로써 양자 간의 이해도모를 꾀했다.

심포지엄3은 오쿠보 지역에서 10여년 이상 다문화 정책과 외국인의 공존방법에 대해서 조사, 연구를 거듭해 온 다이토문화대학 교수 가와무라 치즈코(川村千鶴子) 씨가 주체가 되어 '다문화공생의 마을, 신오쿠보의 미래 구상'이라는 제목으로 개최되었다. 당일 심포지엄은 주로 일본인 측면에서 본 오

---

28) 에스닉타운 오쿠보와 문화플랫폼 보고서(2014년 3월 22일).
29) 이승민 대표의 인터뷰(2014년 3월 15일).

쿠보 지역에 대한 발언과 토론형식으로 진행되었으며 참가한 신주쿠구 주민과의 토론도 이루어졌다.

(3) 참가형

세 번째로 참가형 이벤트로서의 성격이다. 영화제는 메시지성이 강한 행사인 만큼 근린 지역 주민과 일반 시민이 자주적으로 참가할 수 있도록 노력해왔다. 기본적으로 영화와 드라마의 관람은 취지를 이해하고 협조함으로써 기부한 기업을 대상으로 배포한 초대권과 1엔 이상의 기부를 받는 형식으로 이루어졌다. 영화제를 위해서 10만 엔 이상을 기부한 기업에게 초대권을 100매 증정했고, 초대권을 증정 받은 기업은 고객에게 무료로 배포함으로써 영화 혹은 드라마를 시청할 수 있도록 했다.[30]

이와 같은 노력으로 인해서 영화, 드라마 관람자는 총 4,000명, 관련 이벤트 참가자는 3,000명 정도 되었다.[31] 영화제는 개인적인 참가 외에도 행사의 취지에 협조하는 협력단체의 힘을 통해서도 운영되었다. 협력단체는 주일본대한민국대사관 한국문화원, 한국콘텐츠진흥원 일본사무소, 동일본여객철도주식회사 신오쿠보역 등이 있다. 문화원과 콘텐츠진흥원 등 한국정부 부처는 물론 일본측의 역(신오쿠보역)까지 다양한 단체가 협력했다.

한편, 후원단체로서는 신주쿠구, 한국관광공사 동경지사, 국제교류기금, 한국농수산식품유통공사, 동경 aT센터, 서울시, 경주시, 학교법인 카나이학원 등이 있다. 한국의 관광공사와 서울시, 경주시 등 한국정부 부처는 물론, 신주쿠구와 국제교류기금 등 일본 측 정부관련 단체도 속해 있으며, 그 외에도 한국농수산식품유통공사와 같은 뉴커머 중심의 단체와 기업 등도 포함되어 있다.

---

30) 실행위원회 회의 기록.
31) 〈신오쿠보 드라마&영화제〉 사업보고서(2014년 4월).

4) 영화제를 마치고 나서-앙케이트 조사결과를 중심으로

영화제 개최기간에 사무국에서 실시한 앙케이트 조사 결과를 보자. 질문항목은 인적사항 외에 주로 참가한 이벤트, 동반자, 영화제에 대한 정보 입수 방법, 신오쿠보 방문횟수, 영화제 스태프에 대한 만족도, 좋아하는 영화와 드라마에 대한 정보, 좋아하는 배우, 다음 영화제에서 보고 싶은 작품과 희망사항 등이었다. 2014년 3월 21일~3월 30일까지 10일간에 걸쳐서 실시된 앙케이트 회수작업은 영화의 메인상영 회장인 K-STAGE-O에서만 실시되었기 때문에 드라마 시청자나 다른 이벤트에 참가한 사람은 포함되어 있지 않다.

앙케이트의 유효 회답자 수는 총 593장이다. 집계된 자료에 의하면, 영화제에 참가한 사람은 90%(593명 중 540명)가 여성이다. 참가자의 연령층은 40~50대가 75%(450명)를 차지한다. 10~30대는 20%(121명)로 K-Pop의 영향으로 보인다. 한편 '영화제 참가이유'는 영화나 드라마를 포함해서 한국문화에 관심 있는 사람들이 대부분임을 알 수 있다. '영화제에 대한 정보 수집'(복수회답)은 '지인/아는 사람의 소개'가 220명으로 가장 많지만, 40%에 가까운 회답자(223명)가 인터넷 사이트와 SNS를 통해서 정보를 입수하고 있음을 알 수 있다(그림 10). '차기 영화제에 대한 참가여부'에 대해서는 80% 정도의 참가자가

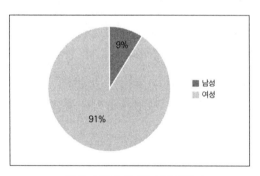

그림 7 영화제 참가자 성별 구성비

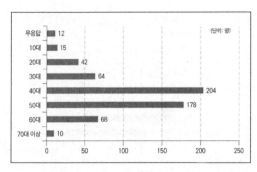

그림 8 영화제 참가자 성별 구성비(단위: 명)

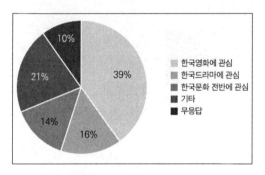

그림 9 영화제에 참가한 동기

'적극적으로 참가희망'(302명), '참가할 생각이다'(177명)라고 대답했다.

한편, 참가자들의 거주지에 대한 질문에서, 관동 지역(도쿄도, 가나가와현, 사이다마현, 지바현)이 전체의 79%(471명)를 차지하지만, 고신엔스 지역(나가노현, 야마나시현, 시즈오카현), 호쿠리쿠 지역(니가타현, 이시가와현), 간사이 지역(아이치현, 오사카후, 효고현), 규슈 지역(구마모토현)에서 총 30명이 참가하고 있어서 차후 홍보활동에 따라서는 일본 전국에서 참가할 가능성을 보여주었다.

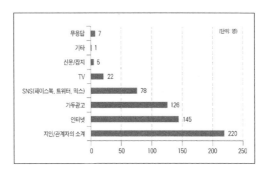

그림 10 영화제에 대한 정보 입수 방법

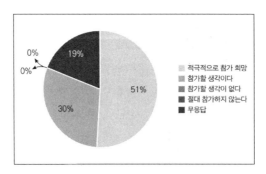

그림 11 차기 영화제에 대한 참가여부

5) 제2회 영화제에 대해서

제2회 영화제는 2015년 8월 14일부터 22일까지 9일간에 걸쳐서 개최될 예정이며 주최측은 다음과 같이 취지를 밝히고 있다.

'신오쿠보영화제'의 원래의 발상은 외적 요인(한류드라마와 K-Pop 등으로 새로운 인기스타가 생겨남으로써 매상이 증가되는 플러스 측면, 일한 양국 간의 정치문제로 인한 마이너스 측면)이 지역의 장래를 좌우하는 것이 아니라, 지역 자체가 문화의 발신지가 되어 문화교류를 촉진하자, 또는 많은 사람들이 신오쿠보를 방문할 수 있도록 지역 내부의 매력을 높여가자는 발상이다.

영화제의 취지를 제1회와 비교하면 양쪽 다 '외부요인' 중에서도 '재특회' 등으로부터의 '정치적 문제로 인한 타격에 대해서 간접적으로 언급하고 있다. 한편, 제2회에서는 영화제의 취지를 좀 더 다양한 입장의 사람들과의 공존을 위한 것으로 상정하고 있음이 다른 점이라고 할 수 있다. 제1회에서는 '일본인과 뉴커머 한국인, 올드커머 한국인' 외에도 장애자나 외국인과 같이 '사회적 약자'라고 표현하고 있는데 비해, 제2회에서는 뉴커머와 올드커머의 구분 없이 '한국인'으로 규정하고 대신 '일본, 한국, 중국, 베트남, 타이, 네팔'과 같이 구체적인 국명을 언급하면서 '서로 간의 국적과 이해를 초월해서 하나가 되자'고 쓰고 있다. 이와 같은 취지에서 뉴커머 한국인 외에도 일본인과 올드커머 코리안과 조선족 출신자를 포함해서 제(諸) 외국적 출신자들이 얼마나 영화제에 대해 공감하고 협력할 수 있는지에 대해서 주목하고 싶다.

영화제의 테마는 '미래를 향해서 같이 나가자-공생사회 실현을 위한 영화제의 역할'로 제1회에 비하면 추상적인 표현이 사용되고 있다. 주최측은 영화제의 취지를 '다국적화/중층화가 진행되는 신주쿠구에서 영화라는 콘텐츠를 통해서 상대방의 문화를 존중하고 상호이해를 심화한다'고 밝히고 있다. 이와 관련해서 영화제에 대한 협력기관으로서 주일한국대사관은 제1회와 같으나, 제2회에는 주일본중화인민공화국 대사관문화부가 새로 가담하고 있는 것이 하나의 큰 특징이라고 할 수 있다. 한 가지 추측되는 이유로서 한류붐 저하 이후 오쿠보 지역에 증가하고 있는 중국 출신자들을 상정하고 있을 가능성이 크다.

상영 작품은 한국, 일본, 중국, 네팔, 싱가폴, 타이, 벨기에 등 7개국의 작품을 총 35회 상영할 예정이며 동원 관객 수는 만 명(상영 7000명, 관련 이벤트 3000명)이다. 개막 작품으로 일본의 '道~白磁の人~', 폐막 작품으로서 중국의

'の生涯 ~梅蘭芳~'를 선정하고 있다. 주목 작품은 한국의 '나의 독재자'인데, 배우 이병준 씨의 도일 이벤트가 예정되어 있다. 이외에도 네팔의 세계 최연소 감독에 의한 작품인 'Love You Baba', 일본의 여성감독에 의해서 만들어진 국제결혼 커플에서 태어난 2세에 대한 내용을 다룬 'HAFU'가 예정되어 있다. 한편, 제2회 영화제의 특징으로서 제1회에서는 없었던 'K-StageO！' 주차장을 이용해서 먹거리 장소를 준비함으로써 축제다운 측면을 조성해 가고 있다. 또 하나 다른 점은, 영화 상영비로서 제1회에서는 1작품당 1엔 이상의 기부형식으로 진행되었는데 올해는 1작품당 500엔과, 모든 작품을 상영할 수 있는 패스포트(2,000엔) 방식을 채택함으로써 영화제의 운영방식이 점점 더 안정되고 있다고 생각된다.[32]

5. 맺음말

영화제의 개최는 지금까지 일본 지역사회의 활동에 있어서 보조적으로 참가해 왔던 뉴커머 코리안의 자발적이고 중심적인 첫 기획이며 올드커머 코리안과 일본인과의 합동작업이라는 측면에서 의의가 컸다고 할 수 있다. 그리고 단기적인 행사가 아니라 시기는 제1회와 다르지만, 제2회 개최를 위해서 착실히 준비해 나가고 있는 점을 높이 평가할 수 있을 것이다.

하지만 과제를 안고 있는 것도 사실이다. 먼저, 영화제 기획과 실천과정에 있어서 제1회는 한국인과 일본인 외의 다른 에스닉 그룹의 참가가 거의 없었다는 점이었다. 제2회에서는 일본, 한국 외에 중국, 베트남, 타이, 네팔 등으로 표기하고 있지만, 올드커머로서의 재일코리안과 조선족 출신자들에 대한 언급이 없다. 그리고 위 4개국 출신자들에 대한 기준이 무엇이며, 여기

---

[32] http://shinokubofilm.com/

에 포함되지 않은 외국 국적자에 대해서는 어떻게 생각하고 있는지에 대한 언급이 전혀 없다는 것이다. 아울러 주최측은 각기 다른 입장의 사람들로부터 실제적으로 얼마나 협력이 가능하며 구체적으로 어떻게 영화제에 참가할 수 있는지에 대한 언급이 없는 만큼 실제성에 대한 문제제기가 가능하다.

제32회 하계올림픽이 일본 도쿄도에서 2020년 7월 24일~8월 9일에 걸쳐서 개최될 것이 결정되었다. 경제의 글로벌화 등으로 인해서 세계도시로 불리고 있는 도쿄도에는 2013년 현재 주민기본대장에 기록되어 있는 외국인은 38만 5,195명으로 일본 도도후현 중에서 가장 많은 수를 차지하고 있다. 인구비율도 2.93%로 일본에서 가장 높은 수이다.[33] 그중에서도 신주쿠구는 외국인 인구비율이 가장 높은 구로 총인구 326,309명 중 25,742명으로 7.9%를 차지한다. 일본은 2020년 올림픽 개최에 있어서 신주쿠구 중에서도 30%를 차지하고 있는 오쿠보 지역의 외국인의 특성을 살려서 다문화공생 지역으로서 전면적으로 홍보되어야 할 것이다. 제1회 영화제가 외국인 주민을 중심으로 개최되었지만 앞으로는 코리아타운의 한국인이 중심이 된다고 하더라도 일본정부 혹은 자치체가 지원하는 형태로 영화제가 매년 지속되어야 할 것이다. 이때 필요한 것은 타 지역출신 외국인이 다수 거주하고 있는 햐쿠닌쵸의 에스닉타운을 포함해서 구체적인 실천계획을 가진 다문화 축제를 이어갈 필요가 있다.

여기에 일본 시민과 같이 힘을 합쳐야 함은 필수불가결한 조건이다. 오랫동안 이민자로서 미국에서 활동한 후 현재는 한국에서 연구활동하고 있는 주동완 씨는 2014년 2월 도쿄를 방문하여 영화제 발족식에 참석한 후에 작성한 '일본답사 보고서'(2014년 3월 8일)를 통해 한류가 현지의 젊은 층을 비롯한 여성들을 중심으로 호응을 받고 있지만, 자국의 문화에 대해서 고민하는 지식인이나 노년층 등 대다수 현지 국민들에게는 위협적인 것으로 인식될 가

---

33) 日本経濟新聞, 2013년 8월 28일.

능성이 크다고 지적한다. 실제로 10년 넘게 오쿠보 조사를 통해서 느낀 것은 일본인과 외국 국적자 간 의견의 단절이었다. 인터뷰를 통해서 들려오는 이야기는 양자에 대한 이해 부족뿐 아니라 상대방의 입장에 대해서는 생각하고 싶지도 않다는 것이었고 그와 같은 측면이 상상외로 크다는 점에 새삼 놀란 기억이 있다.

교주콘의 세키네 미이코 씨가 '오쿠보 아시아마쓰리'를 기획할 때 주요 목적으로 생각했던 축제를 통한 지역 주민 간 교류는 우선적으로 이루어져야 할 것이다. 필자가 생각하는 영화제에 대한 과제는 행사를 통해서 일본인을 포함한 오쿠보에서 생활 혹은 활동하고 있는 다양한 외국 국적자들이 서로 만나서 대화할 수 있는 기회를 제공할 수 있는가에 있다고 생각한다.

참고문헌

飯田剛史, 2002, 『在日コリアンの宗敎と祭り─民族と宗敎の社會學』, 世界思想社.

小倉紀藏·金容雲監修, 松岡正剛他著, 2008, 『お祭りと祝祭が出會うとき─日韓のまつり文化を比較して』, 河出書房新社.

柳 蓮淑, 2013, 『韓國人女性の國際移動とジェンダー』, 明石書店.

유연숙, 2012, 「동경의 코리아타운과 한류 : 오쿠보 지역을 중심으로」, 재외한인학회, 『재외한인연구』, 25:79~108.

유연숙, 2014, 「도쿄 코리아타운과 신오쿠보 스타일 문화의 창조」(The Fifth Annual Conference of the Research Center for Korean Community at Queens College to be Held on Friday, April 25, 2014)

유연숙, 2014, 「다문화 공생의 공간 오쿠보와 축제」, 『에스닉타운 오쿠보와 문화플랫폼』(2014 에스닉타운과 문화플랫폼 국제학술회의 자료집) 1~14.

飯田剛史, 2003, 「在日コリアンの<祭り> 形成と公共化」. http://www.hmn.bun.kyoto-u.ac.jp/report/2-pdf/3_tetsugaku2/3_03.pdf

飯田剛史. 2006, 「在日コリアンと大阪文化─民族祭りの展開─」, 『フォーラム現代社會學』, 5 : 43~56.

金德煥, 1985, 「民族のマダン(廣場)─生野民族文化祭─」, 『月刊社會敎育』, 29 : 29~34.

江口信清, 1994, 「民族の祭りとエスニック·アイデンティティの高揚─韓國·朝鮮人による生野民族文化祭の事例─」, 井上忠司·祖田修·福井勝義編, 『文化の地平線──人類學からの挑戰──』, 世界思想社 : 253~268.

稻津秀樹, 2002, 在日韓國·朝鮮人運動のカルチュラル·ターン─生野民族文化祭における〈民族〉と〈樂しさ〉」, http://library.kwansei.ac.jp/profile/jc06_02.pdf

小川伸彦, 2003, 「民族まつりへのアプローチ : 京都·東九條マダン研究序説」, 『奈良女子大學社會學論集』, 10 : 69~82.

小川伸彦, 2013, 「民族まつりポスター圖像の內容分析─京都·東九條マダンを事例とした文化社會學的研究─」, 『奈良女子大學社會學論集』, 20 : 23~39 http://hdl.handle.net/10935/3436

매경미디어, '도쿄 신오쿠보에서 본 한류의 현주소…'동방신기'라도 재결합시켜야 할 판'(2013. 7. 16.) http://news.mk.co.kr/newsRead.php?year=2013&no=589875

東洋経済日報, 2014. 3. 21., 「新大久保ドラマ&映畫祭開幕、共生社會願いシンボも」.

統一日報, 2014. 3. 26., 「新大久保ドラマ&映畫祭、街の活性化が目的」.

民団新聞, 2013. 7. 3., 「コリアタウン活氣を取り戻そう」.

재일본한국인연합회(한인회) http://www.haninhe.com/

주동완, 「일본답사 보고서」, (2014년 3월 8일)

韓流市場祭り http://www.asian-hana.com/2013/10/5tion2013.html

共住懇 http://www.ngy.3web.ne.jp/~kyojukon/

新大久保ドラマ&映畫祭　http://shinokubofilm.com/

<新大久保ドラマ&映畫祭>實行委員會，「新大久保ドラマ&映畫祭2014―組織委員會及び實行委員會參加のご案內」．

<新大久保ドラマ&映畫祭>實行委員會，2014. 2. 18.，「新大久保ドラマ&映畫祭2014―開催概要說明」．

<新大久保ドラマ&映畫祭>實行委員會，2014. 4.，「新大久保ドラマ&映畫祭2014―事業報告書」．

〈신오쿠보 드라마&영화제〉실행위원회, 2014. 4., 「신오쿠보 드라마&영화제 사업보고서」.

新宿區　https://www.city.shinjuku.lg.jp/whatsnew/pub/2011/0917-01.html

スポーツソウルドットコム. 2013. 11. 30.，「<新大久保ドラマ&映畫祭>公式發表會に地域關係者100人」　http://m.sportsseoul.jp/economy/read.php?sa_idx=9249

저자 소개

유연숙

오차노미즈여자대학 인간문화연구과에서 박사학위 취득. 문화연구, 에스니시티 & 젠더론 전공. 일본 오차노미즈여자대학, 호세이대학 겸임강사. 오사카경제법과대학 아시아태평양연구센터 객원연구원. 주요 연구물은 『다문화사회, 이주와 트랜스내셔널리즘』(보고서, 2012), 『코리아타운과 한국문화』(북코리아, 2013), 『韓国人女性の国際移動とジェンダー』(明石書店, 2013), 『韓国家族ーグローバル化と「伝統文化」のせめぎあいの中で』(亜紀書房, 2014) 등이 있다. 「동경의 코리아타운과 한류」로 재외한인학회 우수논문상 수상.

이메일: yuyonsuk@gmail.com

공항에서 코리아타운까지 가는 교통편

1. 하네다 국제공항에서 도쿄 코리아타운 가는 방법:
   ① 공항에서 케이큐공항선 전철을 타고 시나가와역에서 내려서, JR야마노테선으로 갈아 타고 신오쿠보역에서 하차. 케이큐선은 410엔, JR야마노테선은 200엔

2. 나리타 국제공항에서 도쿄 코리아타운 가는 방법:
   ① 공항에서 케이세이 특급 전철을 타고 닛포리역에서 내려서, JR야마노테선으로 갈아 타고 신오쿠보역에서 하차. 케이세이선은 1,000엔, JR야마노테선은 160엔
   ② 공항에서 JR 나리타익스프레스 스카이라이너를 타고 신주쿠역에서 내려서, JR야마노테선으로 갈아 타고 신오쿠보역에서 하차. 나리타익스프레스는 3,190엔, JR야마노테선은 160엔

• 도쿄 한인축제는 오쿠보도오리와 쇼쿠안도오리에 위치하고 있는 도로와 건물에서 열린다. 영화제에 대한 자세한 내용은 아래 링크를 참조할 것. http://shinokubofilm.com/

KOREA
TOWN

Part 3

중국의
코리아타운과 축제

6

심양 코리아타운과 한민족문화축제*

신춘호(방송대학TV)·**조민홍**(한국외대 대학원)

1. 머리말

　　본고는 중국 심양의 서탑 코리아타운을 중심으로 개최되고 있는 한민족 문화축제의 현황과 그 내용을 살펴봄으로써 코리아타운의 발전과 축제의 지속가능성, 그리고 서탑 코리아타운이 한민족 문화의 소통과 전파의 매개체, 즉 허브공간이 될 수 있음을 파악하는 글이다. 심양 서탑 지역은 1992년 한·중 수교 이후 중국으로 진출한 한국교민(상사주재원, 가족, 유학생, 사업가)은 물론 북한의 동포(상사주재원, 조교, 탈북자)와 기존의 중국 내 조선족이 한데 어우러져 생활을 영위하는 곳이다. 비록 지난 세월 각기 살아온 삶의 방식이나 문화적 형태가 달라 다소 심리적인 괴리가 있다 하여도 한 가지 바뀌지 않는 것은 바로 민족적 동질성과 우리문화의 원류에 대한 감흥일 것이다.

　　세계 어디를 가더라도 흥겨운 농악소리나 아리랑을 한 곡조라도 들으면 한민족의 어깨는 본능적으로 들썩거린다. 민족의 전통문화를 전승하고 향유하는 방식이 원형을 유지하고 있고, 그러한 정서는 언제 어디서나 함께 어우러져 민족적 동질성을 확인하는 기회로 작용하였다. 이러한 흥은 세계인의 가슴에도 전달되어 '한류(韓流)'라는 이름을 얻었다.[1]

---

* 　이 글은 『한민족공동체』 제21호(2014. 7)에 실린 것을 보완한 것임.
1) 　신춘호, 2011, 「심양 코리아타운 '서탑'과 한국문화: 심양한국주간과 글로벌한상대회의 경우」, 『재

중국 동북의 심양 서탑 코리아타운에서도 그런 감흥을 찾을 수 있다. 그런 점에서 본고의 연구대상은 바로 서탑 코리아타운을 중심으로 펼쳐지는 민족문화와 축제가 중심이 된다. 구체적으로는 심양시조선족문화관과 민족문화축제인 '심양조선족민속절', 북한공연문화의 일면, 대표적인 한류축제인 '심양한국주', 서탑미식문화절, 정월대보름축제 등이 될 것이다. 축제 주관기관의 현황은 물론 축제의 탄생배경과 경과, 성과를 살펴봄으로써 민족문화축제의 의미와 지속가능성도 점검해볼 것이다. 서탑 코리아타운의 한민족축제에 관심을 갖는 이유는 심양 서탑 코리아타운이 동북지역 조선족사회는 물론 중국 내 신흥 코리아타운의 발전모델이자 한민족 문화의 소통과 전파의 '플랫폼', 또는 '허브' 역할이 될 수 있는 위상을 내포(일부 그 위상을 구현)하고 있기 때문이다.[2]

연구방법으로는 문헌조사 외에 질적 연구 방법으로서 심양 서탑 코리아타운 현지조사를 진행하였다. 우선 심양조선족민속절의 산파역이었던 전임 조선족문화예술관 관장을 인터뷰(구술채록)하였고,[3] 심양 한인사회의 전반적인 현황을 파악하기 위하여 심양한국인(상)회 사무국장의 면담,[4] 新서탑 개조프로젝트에 관한 비전을 듣기 위해 서탑가도판사처 박매화 당위서기와의

외한인연구』(제24호), 249~255쪽.

2) 코리아타운이 '문화플랫폼', 또는 '허브' 역할을 할 수 있음을 밝히는 연구는 손미경과 임영상에 의해 논의가 진행된 바 있다. : 손미경·고정자, 2010, 「한국문화 발신지로서의 오사카 이쿠노쿠 코리아타운」; 손미경, 2013, 「'문화플랫폼'으로서 도쿄 오사카 코리아타운 연구」,; 손미경, 2014, 「문화플랫폼으로서 코리아타운의 방향」, 『신오쿠보드라마&영화제 학술제 자료집』; 임영상, 2014, 「심양 서탑 코리아타운의 변화와 민족문화축제」, 『중국학연구』(제70집) ; 임영상, 2013, 「동북 조선족사회와 국내지자체의 민족문화예술교육 협력」, 『민족문제』; 임영상, 2012, 「한국문화의 허브로서의 재외한인사회」,.; 임영상 외, 『코리아타운과 한국문화』, 북코리아.

3) 변시흥 선생(前심양조선족문화예술관 관장) 인터뷰(구술채록)는 2014년 2월 15일(토) 오후 4시~7시까지, 서탑 신락성 한식당에서 3시간 동안 인터뷰 및 저녁식사가 진행되었으며, 조민홍과 신춘호가 참여하였다. 추운 겨울 날씨에도 불구하고 노구를 이끌고 기꺼이 인터뷰에 응해주신 변시흥 前관장님께 지면을 빌어 깊은 감사를 드린다. 아울러 당시 인터뷰를 위해 한국외대 임영상 교수님과 (사)해외한민족연구소 조의방 국장님께서 많은 도움을 주어 역시 감사의 말씀을 드린다.

4) 문충훈 사무국장(現심양한국인(상)회 사무국장)의 인터뷰(면담)는 2014년 2월 13일(목) 오후 3시~5시까지, 서탑 보만빌딩 내 심양한국인(상)회 사무실에서 2시간 동안 진행되었다. 조민홍과 신춘호가 참여하였다. 인터뷰에 응해주신 문충훈 사무국장께 감사드린다.

면담을 진행하였다.[5]

최근 서탑가도판사처는 서탑 코리아타운의 도약을 위해 기존의 낡은 도시 이미지를 개선하는 등 많은 노력을 기울이고 있다. 거리청결운동, 조선족 민족문화거리조성, 재개발 프로젝트 등이 대표적이다. 새로운 서탑 건설은 이러한 도시외관의 변모도 필요하지만, 도시가 갖는 고유한 가치, 즉 문화적 가치가 필요하다. 서탑 코리아타운의 문화적인 가치의 중심은 '한민족의 문화'라는 점에서 서탑 코리아타운은 한민족 문화의 소통과 전파의 허브이자 매개공간으로서 충분한 조건을 내포하고 있다.

본고에서는 현재 진행 중인 한민족문화축제의 일단을 구분해서 살펴볼 것이다. 서탑 코리아타운이 궁극적으로는 조선족, 한국교민, 북한동포가 함께 어우러지는 진정한 한민족문화축제 실현의 장이 되기를 희망한다.

2. 심양의 코리아타운 형성과 발전

한민족이 동북지역으로 이주한 역사는 18~20세기 초, 만주일대에 조선 민족이 대거 유입된 시기와 17세기 중반의 두 번의 호란으로 인한 강제 이주의 시기까지 소급해서 구분하는 시각이 존재한다. 17세기 정묘·병자호란으로 조선의 수십만 백성들이 피로인(被虜人)[6]이 되어 심양으로 대거 끌려왔다. 이를 감안한다면, 분명 심양은 한민족의 고난이 함께 했던 공간이기도 했다. 조선의 왕세자인 소현세자와 강빈, 봉림대군과 재신, 가족들이 심양조선관에서 8년 동안 억류생활을 하였다. 당시 포로로 잡혀온 조선인의 숫자가 약

---

5) 박매화 서기(심양시 화평구 서탑가도판사처 당위서기)의 인터뷰(면담)는 2014년 2월 19일(목) 오후 2시 30분~3시 30분까지, 서탑가도판사처 당위서기판공실에서 1시간 동안 진행되었다. 조민홍이 면담을 진행하였다. 바쁜 일정에도 불구하고 인터뷰에 응해주신 박매화 당위서기께 감사를 드린다.

6) 피로인(被虜人) : 사전적인 의미는 '적에게 사로잡힌 사람'이며, 당시 병자호란의 결과 조선인들이 청의 포로로 잡혀간 이들을 말함.

60여 만 명에 이른다고 하였다.[7] 당시의 피로인들은 대부분 만주족과 한족에 동화되어 살았고, 극히 일부만이 박가보, 박보촌, 김가촌 등의 집성촌을 이루며 명맥을 유지하는 경우가 있을 뿐이다. 현재 중국조선족의 대부분은 18세기 초의 월경민이거나 19세기 일제시기에 이주한 사람들이 그 연원을 이루고 있다. 심양에도 이미 1882년부터 1887년 사이 조선인 서상륜과 백홍준 등이 심양 동관교회에서 성경(聖經)을 조선문(朝鮮文: 한글)으로 번역하였다는 기록이 있고, 이미 그 이전부터 조선인들의 거주가 있었을 것으로 파악된다. 대부분의 조선족이 이 시기를 전후하여 심양시내와 인근지역에 집거지를 이루어 정착하였을 것으로 생각된다.[8]

1) 조선족집거지의 형성과 분포

심양에는 시내를 중심으로 외곽에 이르기까지 크고 작은 조선족집거지가 형성되어 있다. 조선족 밀집지역을 구체적으로 살펴보면 시내 중심의 서탑가(西塔街)와 서북쪽의 황고구 명렴로(明廉路), 서쪽의 우홍구 대흥향 흥성촌, 혼하 남쪽의 소가툰구(蘇家屯區), 동릉구 혼하참의 만융촌과 금선촌 등에 산재되어 있다. 아울러 심양외곽의 각 도시와 농촌 등 요녕성 각 지역에 집단으로 거주하고 있다.[9]

심양시 조선족 인구는 2001년 기준으로 약 13만 명가량이었으나 조선족 동포들의 한국행과 같은 해외이주, 그리고 타 도시로의 전출을 거치면서 많은 인구가 심양을 떠나고 있는 것으로 조사되고 있다.[10]

심양의 대표적인 조선족집거지인 만융촌과 소가툰, 혼남신구는 대체로

---

7) 주돈식, 2007, 『조선인 60만 노예가 되다』, 학고재, 18, 76~77쪽.

8) 신일호 外, 『瀋陽朝鮮族誌』, 瀋陽市民委民族誌編纂辦公室編, 遼寧民族出版社, 1989, 1~3쪽.

9) 위의 책, 3~23쪽.

10) 『연변통보』, 「연변 한족과 조선족 사이 2세들, 민족을 조선족으로 변경 사례 늘어」, 2015년 4월 15일자.

조선족동포들의 거주 비율이 높지만, 한인교민들도 대거 유입되었다. 이는 한국기업들의 진출에 따른 현상이다. 심양한국인(상)회에 따르면, 한국기업들이 대거 진출한 만융촌, 소가툰, 혼남신구는 사업체 주재원과 가족 등 한인교민들도 많이 거주했었지만, 최근 몇 년 사이 경기침체와 엄격한 비자 발급으로 소규모 한국기업들이 철수하게 되면서 한인교민들의 수도 점차 감소하고 있다.[11] 만융촌, 소가툰 등 전통적 조선족집거지의 현황을 살펴보면 다음과 같다.

(1) 만융촌(滿融村)과 혼남신구(渾南新區)

1934년에 조성된 만융촌은 〈그림 1〉에서 보는 바와 같이 심양시내를 흐르는 혼하(渾河)의 남쪽에 위치하고 있다. 만융촌의 인구는 약 1만여 명이고, 거주형태는 새롭게 건설된 아파트단지형이며, 조선족 소학교와 조선족병원 등 교육 및 의료시설이 잘 갖춰져 있다.

2002년에 '심양한국주' 첫 회가 개최될 때 행사의 주요 내용 중 하나가 〈중한만융민족예술절〉이었다. 평소 조선족 민속과 전통문화를 고수해 온 만융촌 주민과 심양 조선족사회의 공연은 한국에서 참여한 한국단체의 공연들과 어우러지면서 한민족 민속전통문화에 대한 향수를 공유하는 자리가 되었다.

만융촌 인근에는 국가급 하이테크 산업개발구인 심양시 혼남신구(渾南新区)가 들어섰다.[12] 혼남신구는 동릉구 혼하참 조선족향과 금선촌 일대의 조선족집거지가 형성되었던 곳으로 현재는 혼하변 신도시개발로 인해 새롭

---

11) 문충훈 사무국장(심양한국인(상)회) 인터뷰 中. : "한인교민들의 수가 감소하는 현상은 심양의 서탑 코리아타운도 마찬가지이다. 최근 몇 년간 한국의 경기침체로 인하여 심양에 진출한 기업들이 판로인 한국 내 내수시장의 확보가 어려워진 탓도 있지만, 중국당국의 경제부문 관리 또한 엄격해지고 있는 이유에서 기인하기도 한다. 여기에 중국 내 인건비의 상승, 연금의 상승 등 제반 경제여건이 예년만 못한 상태이다 보니 사업을 접거나 한국으로 철수하는 일들이 가속화되는 추세이다."

12) 만융촌은 현재 신흥개발구로 성장 중이며, '만융경제개발구'로 부르기도 한다. 만융촌은 민족경제 발전 계획을 토대로 진행되고 있는 개발구이다 보니 공단 조성의 주요 대상은 한국기업이다.

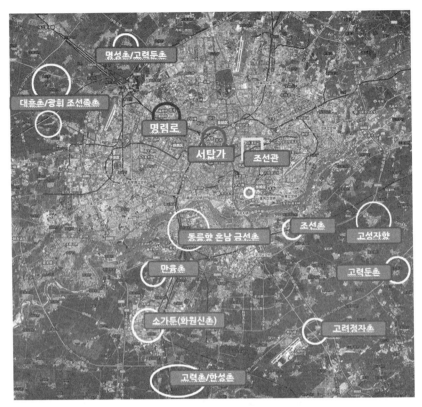

그림 1 심양 코리아타운과 조선족집거지 분포 현황

게 변모하고 있다. 이곳 역시 한국기업들이 진출하면서 주재원 등 교민과 동
포들이 함께 어우러져 살고 있는 신흥 코리아타운이라고 할 수 있다.

(2) 소가툰(蘇家屯)과 연맹촌(화원신촌)

소가툰에 조선족이 유입되기 시작한 것은 1937년 무렵 신흥촌(新興村)에
서 비롯하였다. 주변에 홍성촌, 성광촌, 연맹촌 등이 있었으나 소가툰 일대
로 주민들을 대거 이주시켜 형성된 신흥 조선족집거지이다. 소가툰 남쪽의
화원신촌은 본래 연맹촌으로 불리는 곳이다. 박진관(2007)의 조사에 따르면,

"요녕성의 동포들은 대부분 평안도 출신이 많지만 화원신촌은 이주 초기 경상도 이주민들이 개척해 지금까지 후손들도 경상도 사투리를 그대로 사용하고 있다."고 한다.[13]

〈그림 1〉의 소가툰 아래 사하보진의 고력촌(高力村)과 한성촌(漢城村) 역시 조선족마을이었으나, 이 지역의 지하 광산 개발로 인해 지반 붕괴의 위험이 있어 주민들을 소가툰으로 집단 이주를 시켰다. 이곳은 주로 논농사가 이루어지고 있으며, 과거 병자호란 이후 심양에서 볼모생활을 하던 소현세자와 강빈 일행이 직접 농사를 지어 먹던 '심양·무순지역 5곳 농장경작지'의 한 곳인 '사하보 농장지' 일대로 추정되고 있는 곳이다.[14]

(3) 제2의 코리아타운을 꿈꾸는 명렴로(明濂路)

심양 제2의 코리아타운을 지향하는 명렴로는 1926년에 조선족이 처음 정착하였으며, 서탑의 서북쪽 방면에 위치한 전통적인 조선족집거 지역이자 거리명이다.[15]

한창 도시 재개발이 진행 중인 명렴로는 시내의 탑만가에서 서쪽의 연수가 방향으로 약 1.2km구간에 걸쳐 길게 뻗어있다. '一'자형 도로의 주변으로 대형 물류센터와 상점, 식당, 학교, 관공서, 신축아파트인 신한성이 있다. 명렴로 중간 쯤에 북쪽 탑만으로 향하는 금수가 주변에도 조선족상점과 교회, 조선족 소학교, 시장이 형성되어 있고, 창산로와 더불어 전체적으로는

13) 박진관, 2007, 『신간도견문록』, 예문서원, 383쪽.

14) 이남종 외, 2008, 『譯註 昭顯沈陽日記』1-4, 서울대학교 규장각, 민속원, ; 『심양일기』 1641년 12월 12일에 처음으로 조선관의 식량을 자급자족하라는 청황제의 명이 전달됨. 야판전의 규모에 대해서는 "청나라는 아리강(野里江) 동남쪽에 위치한 왕부촌(王富村)과 노가새(老家塞) 두 곳에 각각 150일 같이와 사하보(沙河堡) 근처의 150일 같이, 무순지역의 사을고(士乙古) 근처 중 150일 같이를 농토로 제공했는데, 하루같이는 장정 한 명이 하루에 경작할 수 있는 면적의 농토였다."라고 한다.

15) 신일호 外, 앞의 책, 6~8쪽.

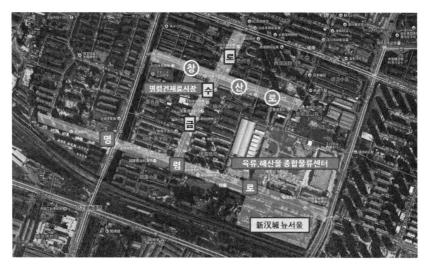

그림 2 제2의 코리아타운 추진 중인 황고구 명렴로 현황

'土'자형의 거리를 형성하고 있다.[16)]

현재 거주인구는 약 17만 2000명(조선족 인구가 전체의 3.2%) 정도이며, 대규모 육류, 해산물 가공식품의 물류기지가 위치한 상업지구라고 볼 수 있다. 황고구 명렴로가도판사처에서는 〈조선족특색상업구(朝鮮族特色商業區)〉 개발을 추진 중이다. 이를 게기로 명렴로를 제2의 코리아타운으로 육성하는 방안을 추진 중이며, 조선족 경제인들과 지역인사들은 향후 '심양한국주'의 일부 행사를 서탑과 명렴로에 분산 개최하여 명렴로의 지명도를 높여나갈 계획이라고 한다.

현지조사를 위해 명렴로의 거리를 둘러보았다. 한국교민들이 많이 거주하게 된다는 新漢城(뉴서울)아파트촌도 거의 완성이 되어가는 중이었다. 서탑에서 거주하던 한국교민들의 일부도 이곳으로 이주하는 사례가 점차 늘고 있다. 전체적으로 서탑지구보다 도시의 규모가 크고 발전가능성이 있어 보

---

16) 중국의 도로명칭은 가로 길은 '로(路)', 세로 길은 '가(街)'로 구분하고 있다. 명렴로는 가로로 길게 뻗은 거리이다. 서탑가는 세로로 조성된 거리이다.

였지만, 대로변의 상가들이 아직 과거의 영세성에서 벗어나지 못하고 있고, 명렴로를 상징하는 대규모 물류센터의 활용성에 대한 문제도 해결해야 할 과제다. 조선족과 한인교민들이 어우러지는 새로운 코리아타운의 그림이 그려지기에는 서탑의 역할이 아직 더 필요해 보였다.

2) 서탑 코리아타운의 현황

1992년 한중 수교 이후 중국과의 교역과 인적 교류가 활발해지면서 중국의 대도시마다 코리아타운이 형성되고 있다. 코리아타운은 한국교민(주재원, 유학생, 가족)은 물론 조선족 동포사회, 중국 현지인들이 함께 어우러져 생활하는 공동생활 형태를 띠고 있지만, 한국의 문화와 생활양식이 깊게 스며들고 있는 곳이라 할 수 있다. 서탑가(西塔街)는 남쪽의 시부대로와 북쪽 하얼빈로를 연결하는 직선 약 670여 m의 거리를 지칭하지만, 일반적으로 서탑, 서탑가는 '한인지역'이자 '조선족 거리'라는 의미로 인식되고 있다. 서탑가를 중심으로 좌우에 조선족과 한국교민들이 거주하는 주거지역들이 밀집되어 있고, 이들 조선족과 교민들이 운영하는 상가, 사무실들이 밀집되어 있어 활발한 경제활동지역, 상업지역, 소비중심지역이라고 할 수 있다.

(1) 서탑(西塔), 조선족집거지에서 코리아타운으로

서탑(西塔)의 유래는 '심양은 예로부터 봉황이 깃든 살기 좋은 곳이라 당시 사람들은 봉황이 떠나지 못하도록 시내 동서남북에 절과 탑을 세우고 네 귀를 단단히 못박아 놓았다고 하며, 서쪽에 있는 연수사의 탑이 위치한 곳이라고 해서 '서탑'이라고 했다.[17] 1901년에 처음으로 조선족이 서탑에 정착하기 시작하면서 이 지역은 점차 조선족들의 집거지로 변모했다.[18]

---

17) 박래겸 저, 조남권·박동욱 역, 2015, 『심사일기(瀋槎日記)』, 푸른역사, 110쪽.

18) 심양조선족의 정착과정에 대해서는 신일호 外, 앞의 책, 4쪽 ; 임영상, 2014, 「심양서탑코리아타

심양은 현재 52개 소수민족이 같이 살아가고 있다. 그중 조선족은 큰 비중을 차지하고 있는 소수민족이다. 서탑은 심양시에서 소수민족의 밀집도가 가장 높은 지역이다. 득히 전체 인구 중 조선족 호적인구가 약 8,338명으로 지역 소수민족의 95%를 차지하고 있다. 서탑지역에는 조선족 호적인구를 제외하고도 외지에 적을 둔 조선족의 인구도 많고 북한동포(조교 및 상무원)와 한국교민(한인)까지 더하면 약 2만여 명의 한민족이 거주하는 그야말로 '코리아타운'의 명성이 어울리는 곳이라고 하겠다.[19] 서탑은 한민족 문화의 특성이 사회, 경제, 문화 등 각 방면에서 다양하게 드러나고 있다. 서탑가도판사처 박매화 서기의 말에 따르면, "2012년 말까지만 해도 한국과 북한의 음식업체 약 200여 개소와 조선족전통음식업체 약 200여 개소, 일용품 도매 및 판매업체 약 40여 개소, 금융서비스업체 약 20여 개소 등이 서탑의 상권을 형성하고 있다."고 할 만큼 번화한 곳이다.[20]

그러나 지금의 서탑지역 상권은 예전보다 다소 위축된 분위기가 없지 않다. 중국의 노무인건비의 상승 등 현지사업체 경영의 어려움이 가속화되면서 초기에 중국으로 진출했던 한국의 기업이나 중소 사업체들이 상당부분 중국 내 다른 도시나 동남아로 철수하고 있는 추세이고, 국내로 철수하는 사례가 늘면서 서탑의 한인들도 많이 줄어들고 있어 전반적으로 서탑의 실물경기가 많이 위축된 분위기라고 할 수 있다.

근래 상권, 특히 서탑 경제의 축이었던 대형 한식당의 위세가 저조하게 된 사정의 하나로 현 중국정부의 사회기풍 쇄신 분위기를 들을 수 있다. 그동안 사회 부조리의 전형으로 인식되었던 공무원들의 접대, 향응문화 등 부패요소 척결을 주창하는 이른바 '8항규정(八項規定)'과 '4풍(四風)' 운동을 강력하

운의 변화와 민족문화축제」, 『중국학연구』 (제70집), 431~444쪽 참고.

19) 조글로미디어, 〈차원높은 도시 아름다운 서탑'건설 프로젝트 가동〉, 2011년 11월 7일자. http://www.87491.cn/zoglo/board/read/m_shehui/93231/0/1010/0

20) 료녕신문 〈서서히 무르익어가는 "서탑타운" 구상 〉, 2012년 11월 16일자. http://www.lnsm.ln.cn/detailMenu.aspx?id=21503&cid=42&tid=2

게 추진하는 과정에서 고급식당들의 타격이 만만치 않게 나타나고 있다는 것이다.[21] 이러한 사회적인 영향 때문인지 고급 한식당들이 고전을 면치 못해 규모를 축소하거나 아예 영업을 포기하는 사례도 생기고 있다.[22]

비록 서탑 경제의 불경기로 인해 한인(교민)사회와 사업체들의 고전하고 있기는 하지만, 이러한 분위기 속에서도 전통적인 조선족 집거지로서, 또한 한인교민들의 주요 활동공간으로서 서탑의 발전과 미래를 위한 노력들은 계속 진행 중이다.

(2) 新서탑 개조 프로젝트

서탑의 행정구역은 심양시 화평구의 서탑가도판사처에 속해 있다. 서탑지구를 관할하는 서탑가도판사처는 새로운 서탑의 미래를 위해 몇 가지 사업들을 진행하고 있다. 낡고 허름한 서탑의 분위기를 일소하고 '新서탑'을 만들기 위한 노력이다. 크게 세 가지 분야로 구분해 볼 수 있다.

첫째는 서탑거리 개선사업이다. 우선 서탑가의 불결하고 음산했던 이미지의 뒷골목을 깨끗하게 정비하고 새로운 분위기의 명소로 거듭나게 하는 일들을 추진해왔다. 서탑의 역사를 고스란히 안고 있는 새끼골목, 개시장, 조선족반찬시장 등을 정비하고 새로운 종합시장도 개설하였다. 백제원 한식당과 조선족백화점 사이의 조선족전통시장 거리를 현대적 면모로 개선하고 〈西塔特色街〉로 명명하였다. 〈그림 3〉의 1번 구역으로 한국에서 재래시장을 현대식 전통시장으로 개선했던 사업과 유사하다고 하겠다. 중한여유상업

---

21) '8항규정(八項規定)'은 민심의 이반을 초래하는 당내 부조리 일소 차원에서 시작되었다. 특히 공무원들의 접대 및 연회, 차량 간소화, 회의시간 축소, 수행인원 축소, 관사 축소, 시찰성 해외여행 금지 등 낭비요소의 축소를 지침으로 내려 사회기풍을 바로잡는다는 의지를 보였다. '4풍(四風)'운동 (관료주의, 형식주의, 향락주의, 사치풍조) 역시 8항규정과 같은 맥락에서 진행되고 있는 사회기풍 쇄신운동이라고 할 수 있다. 이는 〈철저한 부패 처벌, 예방을 위한 2013~2017년 공작계획〉으로 추진되고 있다.

22) 2015년 5월 서탑 조사과정에서 확인한 바로는 서탑 상권의 상징이었던 한식당 경회루는 서탑가 북쪽 외곽으로 식당의 규모를 축소·이전하였고, 백제원은 영업을 멈추고 철거 중이었다.

광장(中韓旅遊商業廣場)은 서탑 연수사의 담장에 잇대어 개설된 중소규모의 무역시장 거리이다. 〈그림 3〉의 3번 구역에 해당한다. 또한 〈그림 3〉의 2번 구역인 연변가 안쪽에 서탑 종합시장(綜合市場)을 개설하였는데 이는, 옛 심양조선족6중학교 운동장 공터를 개조하여 신축한 종합시장이다.

둘째는 서탑의 정체성을 되살리는 사업이다. 가장 중점적으로 진행되고 있는 분야로 서탑조선족문화주제가(西塔朝鮮族文化主題街) 개조 프로젝트라고 할 수 있다. 시정부의 투자지원과 화평구 서탑가도판사처의 주도로 진행된 이 사업은 심양서탑민족문화가(沈陽西塔民族文化街)라는 이름으로 서탑가 약 500m 거리(북쪽 하얼빈로~남쪽 市府大路 사이)에 조성되었다. 서탑가 도로변 건물의 약 89개의 기둥에는 저마다 민속그림과 해설판을 설치하여 '노천박물관'을 연상케 하고, 500여 m에 달하는 회랑과 천정, 기둥에 그려진 그림과 사진들이 밤이면 조명을 받아 더욱 두드러지게 표현되는 등 전체적으로 우리민

그림 3 新서탑 개조 프로젝트 현황

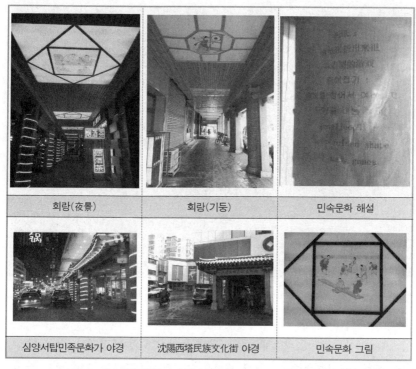

| 회랑(夜景) | 회랑(기둥) | 민속문화 해설 |
| 심양서탑민족문화가 야경 | 沈陽西塔民族文化街 야경 | 민속문화 그림 |

그림 4 심양서탑민족문화가(沈陽西塔民族文化街) 입구와 회랑(기둥)

족의 역사와 민속 문화를 표현하는 사진과 그림을 전시하여 심양 조선족 문화의 특성을 살리고자 했다.

셋째는 新서탑 건설 프로젝트이다. 新서탑 건설은 서탑타운(西塔城)과 서울광장(首爾廣場), 아리랑예술촌 건설 사업을 통하여 새로운 서탑 코리아타운의 완성을 지향하는 사업이라고 할 수 있다. 서탑의 낡은 이미지를 털어내고 새로운 도시면모를 가꾸기 위해 서탑의 랜드마크(서탑타운, 서울광장, 종합시장, 아리랑예술촌 등)를 구축하는 일이기도 하다.[23] 한국풍으로 건설될 예정인 서탑타

---

23) 서탑가도판사처 당공위 서기 박매화에 따르면, "서탑 동쪽 연변가(延邊街)와 단동로, 영구서로, 무순로 일대 6만 9000㎡의 부지를 매입하여 재개발 계획을 추진하고 있다.": 필자가 현지 조사한 바에 따르면, 2013년 말까지 거의 대부분의 건물들이 철거되었고, 2015년 7월 현재 건물 기초공

그림 5 서탑타운-아리랑예술촌-서울광장 건설 예정지

운(西塔城)에는 호텔, 오피스텔, 상가, 주택 등이 입주할 예정이다.[24]

특히 〈아리랑예술촌〉 건설 계획은 조선족의 민족문화를 구현할 수 있는 대형 문화활동 공간으로 종합문화예술센터의 기능을 갖게 된다. 아리랑예술촌의 부지는 서탑가 동쪽의 심양시민정국 차고와 화평구 당교 건물 자리로 예상되고 있다. 아리랑예술촌은 특히 한국에서 설계하였고, 향후 한국의 문화시설을 유입하는 계획도 있어 한류 전파의 거점이 될 가능성이 높을 것으로 예상된다. 〈그림 5〉는 서탑타운과 서울광장, 아리랑예술촌이 들어서게 될 위치를 표시하고 있다.

지금까지 심양 서탑 코리아타운의 형성과 현황, 새로운 서탑 건설을 향한 서탑가도판사처의 다양한 노력들을 살펴보았다. 서탑 코리아타운의 발전

사가 진행되고 있었다.

24) 료녕신문, 〈서서히 무르익어가는 "서탑타운" 구상〉, 2012년 11월 16일자.
http://www.lnsm.ln.cn/detailMenu.aspx?id=21503&cid=42&tid=2

을 기약하는 이러한 노력들은 서탑의 외형을 살찌우는 것들에 해당할 것이다. 그렇다면 서탑 코리아타운의 내면을 알차게 채우는 것은 무엇이어야 하는가? 서탑은 한민족이 어우러지는 공간답게 민족문화와 민족예술이 담겨져야 할 것으로 생각된다. 무엇보다도 아리랑예술촌은 민족문화예술을 체계적으로 교육하고 전승시키는 공간으로서의 기능을 할 필요가 있다고 생각한다.

3. 한민족문화축제의 현황과 특징

본 장에서는 심양 조선족사회와 서탑 코리아타운을 중심으로 이루어지고 있는 한민족문화축제의 현황과 특징들을 살펴볼 것이다. 이를 위해 대표적인 문화축제와 축제 집행기구에 대해 크게 4가지 방면에서 살펴볼 것이다.

첫째는 심양조선족문화예술관이 주최하는 심양조선족민속절이다. 이는 심양 조선족사회를 중심으로 진행되어온 민족문화축제의 대표격이라고 할 수 있다. 둘째는 서탑의 구성원으로서 북한문화의 일단을 엿볼 수 있는 북한식당의 공연문화와 '북한류'이다. 비록 축제나 행사의 성격을 갖진 않지만, 북한 문화의 일면을 참고할 수 있을 것으로 생각된다. 셋째는 서탑코리아타운의 대표적 문화축제인 '심양한국주'와 '서탑조선족미식문화절' 축제이다. 심양한국주는 한국교민사회가 중심이 되어 진행되는 대형 축제이자 한류전파의 축이고, 조선족미식문화절은 심양한국주와 같은 기간에 진행되는 중국조선족 음식문화축제이다. 넷째는 정월대보름 축제이다. 정월대보름 축제는 심양한국인(상)회의 주도로 개최되는 전통민속 축제의 하나다.

1) 심양조선족문화예술관과 심양시조선족민속절

(1) 심양조선족문화예술관

중국 건국 초기에 정부의 홍보수단으로 공산당의 정책을 전달하기 위하여 문화기구를 설립하였는데 그것이 바로 문화관이다. 문화예술의 형식을 통하여 인민들에게 정책이나 사상을 전달하기 위하여 문화관을 활용하였던 것이다. 심양시조선족문화예술관은 1949년 11월에 설립되었으며, 중국에서 가장 먼저 개설된 조선족문화예술을 하는 사업단체 중의 하나이다.[25] 현재 심양조선족문화예술관은 심양시 조선족 및 타 소수민족의 문화예술 활동을 주최하는 주최자이자 문화교류의 중심역할을 하고 있다.[26]

2003년부터 '문화광장공연'이라는 공연에 관심을 갖고 기회를 찾고 있던 중 '심양한국주'행사가 심양시정부와 ㈜선양한국총영사관의 공동주최로 시작하게 되자 예술관에서는 심양한국주 기간에 문화광장 공연을 적극적으로 추진하였다. 조선족문화가 물씬 풍기는 문화광장공연은 심양시민과 한국 교민들의 관심을 모았다. 그 후 매년 시에서 주최한 대형문화광장공연을 계속 해왔고 이 또한 소수민족 문화행사의 한 브랜드로 자리 잡았다.

심양시조선족문화예술관은 타 지역은 물론, 북한과 한국과의 문화교류 활동을 추진하기도 하였다. 1998년부터 한국춘천예총, 2003년부터는 한국 세종예술음악협회, 2003~2004년에는 한국성남시예총과 협력하여 문화강좌를 개최하기도 하였다. 북한과의 문화교류도 활발하게 진행하고 있다.

---

25) 조선족문화관에 관해서는 임영상, 2013, 「동북의 조선족사회와 국내 지자체의 민족문화예술교육 협력」, 『민족문제』; 임영상, 2012, 「동북의 조선족문화관과 콘텐츠기획」, 『역사문화연구』(제44집), 참고.

26) 심양시조선족문화예술관의 본래 취지는 전 시에 분포되어 있는 조선족들에게 조선족의 민속 문화를 향유시키는 것이다. 이에 따라 '문화하향' 행사를 계속 유지해왔다. 예술관에서는 농촌에 맞는 공연을 연출하여 '찾아가는 서비스'를 제공하고 있다. 특히 2004년 심양시 만융조선촌 70주년이 되던 해에 만융촌에서 특별축하공연을 하기도 하였다.

(2) 심양시조선족민속절

조선족은 예로부터 노래와 춤에 능하고 다양한 민속놀이가 풍부하다고 알려져 있다. 건국 전, 심양 주변의 조선족들은 단오나 추석 등 명절날에 같이 모여서 마을 위주의 작은 운동회를 진행하였다. 남자들은 씨름을 하고 여자들은 널뛰기하거나 그네를 타고 놀았다. 마을 주민들은 이날만 되면 일을 쉬고 명절 옷을 차려입고 대회에 나오곤 한다. 심양 시내의 조선족들은 자발적으로 힘을 모아서 1년에 한 번씩 시 체육관에서 체육대회를 진행하였다.[27] 하지만 경비와 장소 등 여러 가지의 제한으로 이런 대회는 지속하기 어려웠다. 건국 후에는 심양시조선족문화예술관이 주최하는 전통 민속을 위주로 하는 체육대회를 주최하였고 임시로 축구, 탁구 또는 장기시합이 있었다. 문화대혁명 기간에는 이런 활동들이 일시 중단되었지만, 개혁개방을 시작하면서 다시 시작하게 되었다.

심양시조선족민속절은 심양시조선족문화예술관이 새롭게 한국 측(해외한민족연구소)의 재정지원과 후원으로 개설한 조선족민속축제이다. 변시홍 前 관장의 증언으로 당시의 진행과정과 분위기를 엿볼 수 있다. 중국의 개혁개방과 한·중 수교는 조선족사회를 크게 뒤흔들어 놓았다. 본시 마을을 위주로 집거하는 조선족은 제 각각 새로운 기회를 찾아서 외지로 나가거나 한국으로 돈을 벌기 위해 나가기 시작하였다. 이러한 상황에서 조선족의 미래를 우려하였고, 민속을 계속 발전시키지 못하고 민족의 만남의 장을 마련해주지 못하는 것에 대하여 고민이 많았다. 와중에 1994년 한국의 (사)해외한민족연구소 조의방 국장과 이윤기 소장이 심양을 방문하면서 그 해결책으로 '심양시조선족민속절' 행사를 처음으로 제안하였다. 이를 계기로 1995년부터 심양시조선족민속절은 해외한민족연구소의 지원으로 매년 9월에 개최하기 시작하였다.

---

27) 신일호 外, 『瀋陽朝鮮族誌』, 瀋陽市民委民族誌編纂辦公室編, 遼寧民族出版社, 1989.

1995년 9월에 심양시 조선족 제1차 민속절 행사를 심양시 동릉구체육장에서 개최하였다. 심양시 조선족문화예술관과 심양시조선족연의회의 공동주최로 민속절의 첫 발지국을 떼었다. 그때부터 시작하여 매년 9월에는 심양시조선족민속절이 진행하였다. 매 차례의 민속절 행사는 심양시의 고위간부들이 참석하여 민속절 행사를 지지하였고, 또 기타 소수민족들도 참석하여 부러움을 감추지 못하였다. 민속절의 형식이나 내용은 이미 틀이 잡혀 있었다. 마을을 단위로 팀을 구성하고 시내에서는 가도나 기업이 한 개 팀으로 하였고 학교별로도 팀을 구성하여 매회 20~30개의 팀이 참가하였다. [28]

심양시조선족민속절은 심양시 조선족 시민들이 민족문화를 느낄 수 있는 체험의 장으로 자리 잡아갔다. 행사는 크게 광장문예공연, 취미체육경기, 전통민속운동대회, 조선전통음식전시 등 4부문으로 나누어 진행하였다. [29] 전통민속운동대회는 씨름, 그네뛰기, 널뛰기, 윷놀이 등이고, 취미경기에는 남자는 지게지고 뛰고 여자는 동이이고 뛰기, 보배 찾기, 병 낚기 등 항목이 있다. 광장문화공연은 운동장을 주 무대로 사용해 참가하는 사람이 아주 많다. 주요 민족 전통춤을 공연하는데 농악무, 장고춤, 북춤, 탈춤, 사물놀이 등이 있다. 민속절 행사의 부대행사인 조선족전통음식전은 사전 선발을 거쳐 10개의 특색 있는 음식점을 선정하여 참가하는데 민족 전통 음식을 준비하고 현장에서 판매하기도 하였다.

심양시조선족민족절에는 매 대회마다 약 1만여 명이 참가하였다. 2013년 제13회 심양시조선족민속절은 심양시 조선족제2중학교에서 진행되었다. 심양시문광전신국, 시교육국, 소가툰구 정부에서 주최하고 심양시조선족연의회, 시조선족문화예술관, 소가툰구 민족사무위원회에서 공동 주관하였다. 심양지역 조선족협회 대표팀과 중소학교 대표팀, 대학교 팀 등 25개의 팀이

---

28) 변시홍 선생의 인터뷰(구술채록 정리) 中에서.

29) 조글로, http://www.ckywf.com/board/read/m_wenhua/86217

적극 참석하였다. 광장문예공연, 취미체육경기, 전통민속운동대회, 조선전통음식전시 등 전통행사도 민속축제의 분위기를 달구었다. 광장문예공연에서는 시조선족연의회 예술단이 광장 집체무를 연출해 짙은 민속특색과 화려한 춤사위로 뜨거운 박수를 받았다. 조선전통음식전시에서는 현장에서 찰떡을 치고 김밥과 김치를 만들어 전시하는 등 현장 시음회를 열기도 하였다.[30)]

당시 행사에 참가한 심양시조선족연의회 길경갑 회장은 "이번 민속문화축제는 주최단위에 처음으로 지방정부가 참여하는 선례를 남겼고, 과거노인 위주에서 학생 위주로 광장문예공연을 진행하였으며, 대중성을 갖춘전통오락을 위시함과 아울러 전통음식시음회를 펼쳐 보이기도 했다."고 자평하였다.[31)] 심양시조선족민속절은 지금까지 13회를 걸어오면서 심양시 조선족의 화합과 만남의 장으로 활용되었다. 특히 조선족의 민속을 계속 보존하고 발전시킬 뿐만 아니라 민족 고유의 전통문화를 발굴하고 계승하는 역할을 해 왔다고 하겠다.

2) 북한류(北韓流)와 북한식당 공연문화

심양 코리아타운에 거주하는 민족구성원은 조선족과 한국교민 외에도북한 동포들이 포함되어 있음은 앞서 언급하였다. 그러나 여전히 서탑 코리아타운을 중심으로 이루어지고 있는 한민족문화축제에 북한이 전승하고 있는 민족문화예술이 들어설 자리는 거의 없다. 하지만 서탑에는 엄연히 같은민족인 북한의 존재가 있고, 언젠가는 함께 해야 하는 우리민족의 일원이라는 점에서 북한문화예술에 대해 관심을 가질 필요가 있다고 생각한다.

베이징올림픽을 거치면서 중국 내 조선족 문화에 대한 인기가 높아지는등 조류(朝流), 즉 조선족류(朝鮮族流)가 각광을 받았다. 그러나 과거로부터 북

---

30) 변시흥 선생의 인터뷰(구술채록 정리) 中에서.
31) 흑룡강코리안. http://korean.com.cn/index.php?document_srl=174316

한의 문화예술에 대한 인기 역시 조류(朝流), 즉 '북한류(北韓流)로 통해 왔다. 중국 내 북한 열풍, 다시 말해 '북한류(北韓流)현상'은 오래전부터 있어 왔던 것이다.[32] 비록 한류의 영향 때문에 북한류가 부각되지는 않지만, 코리아타운에서 간간히 한류와 북한류, 조류(조선족류)가 공존하는 현상들을 엿볼 수 있다는 점은 특이할 만하다.

중국 심양에서 북한문화예술을 접할 수 있는 루트는 북한식당의 공연문화가 꼽힌다. 현재 심양에는 약 10여 개 내외의 북한식당이 영업을 하고 있다. 대부분의 식당은 한인들이 많은 서탑에 밀집되어 있으며, 이들은 평양식음식들을 주요 메뉴로 구성하여 '평양요리', '조선요리'라는 이름으로 선보이고 있다. 북한식당은 음식 외에 복무원들이 직접 노래하고 춤추고 연주하는 가무공연을 상시 열어 손님들의 흥미를 돋우기도 한다. 공연은 주로 손님이 가장 많은 시간대인 저녁 7시~8시 사이에 이루어지며, 주로 북한 노래와 전통 민요 등이 불리고 있다. 한국 손님의 취향을 감안하여 남북관계가 원만하던 시기에는 민중가요를 합창하기도 하였지만, 일반적으로는 전통가요를 주로 부름으로써 민족적 정서를 자아내게 한다.

북한식당을 주로 이용하는 부류는 크게 현지 한인(관광객 포함) 손님과 중국인 손님으로 구분하여 살펴볼 수 있다. 먼저 한인 및 관광객들이 북한식당을 즐겨 찾는 이유는 50여 년 동안 남북 간 문화적 · 인적 교류가 단절되면서 생긴 호기심과 민족적 동질성에 대한 확인 욕구들에서 기인한다. 1992년 한중수교 이후 북한식당에서는 남측 관광객이 북측 복무원과 대화를 나누기조차 쉽지 않았던 반면, 2000년 제1차 남북정상회담[33] 이후부터는 민간에서부터

---

32) 신춘호, 「심양 코리아타운 '서탑'과 한국문화 : 심양한국주간과 2010중국글로벌한상대회의 경우」, 『재외한인연구』 (제24호), 재외한인학회, 2011. 참고. ; 1970년대만 해도 북한과 중국은 정치 · 군사 · 경제 · 문화적인 '혈맹관계'를 앞세워 '교류'가 빈번하였다. 그러나 1980년대 들어 중국이 개혁 · 개방노선을 걸으며 경제성장에 대한 관심이 높아지고, 이내 1992년 8월 한국과 중국이 정식 수교관계를 맺으면서 '북한류'의 흐름도 바뀌게 된다.

33) 제1차 남북정상회담 : 김대중 전 대통령과 김정일 국방위원회 위원장이 평양에서 2000년 6월 13일~6월 15일까지 진행한 정상회담이며, 회담의 결과로 〈6 · 15 남북공동선언〉이 발표되었다. 이후

평양관	新동명관	모란각	능라도

그림 6 심양 서탑의 대표적인 북한식당

화해의 바람이 일었다. 북한 식당에서 복무원과의 담소는 물론, 가벼운 술자리까지 가능했다. 관광객들은 북측의 음식과 가무공연을 접하면서 서로 한민족임을 느꼈을 것이고, 아울러 그들과의 대화까지 가능해짐으로써 자연스럽게 북한 주민들에 대한 이해와 민족적 동질성을 느낄 수 있었을 것이다. 이러한 점들 때문에 북한 식당이 있는 서탑이 관광 코스화되는 데 일조했을 것으로 생각된다. 그러나 근래 경제 침체, 음식가격의 상승, 남북관계 경색국면 등으로 한국인들의 발길이 줄어들고 있다.

중국인들이 북한식당을 자주 찾는 이유는 '조선요리'에 대한 흥미도 있겠지만, 더욱 관심을 갖는 이유는 매일 저녁 펼쳐지는 '문화공연'을 보기 위해서이다. 주로 중장년층에서 노년층이 많이 찾는데, 이들은 대부분 해방과 문혁시기를 거치면서 성장한 이들이다.[34] 한복을 곱게 차려입은 여성복무원들이 직접 기타, 드럼, 아코디언, 키보드를 연주하고 노래를 부르는 모습 속에서 그들이 어렸을 적 접했거나 참여했던 문화혁명 시기의 예술 공연의 한 장면들을 떠올리기도 하고, 과거의 향수를 자극 받기도 한다는 점에서 매우 관심을 갖는다고 한다.

이산가족상봉, 금강산관광, 북한의 남한 주최 스포츠경기 행사참가 등 민간 교류 사업이 본격적으로 진행됐다(출처: 위키백과).

34) 문화대혁명(文化大革命) : 1966년부터 1976년까지 10년간 중국의 최고지도자 마오쩌둥에 의해 주도된 극좌 사회주의운동(출처: 네이버 백과사전).

최근 북한을 관광하고자 하는 많은 중국인들의 여행목적도 '과거 회상'에 맞춰져 있다는 점에서 주목된다. 이는 최근 중국의 젊은이들이 한국과 한국문화에 열광하는 모습과 대조되는 현상이며, 또 다른 한류인 '북한류(北韓流)'의 한 일면이라고 할 수 있다. 과거 1970년대 이후로 형성된 '꽃 파는 처녀'식의 인기몰이와는 비교할 수 없지만, 나이 지긋한 중국인들에게는 과거의 추억을 되살리는 공간으로 북한식당의 이미지가 있다고 하겠다.[35]

중국인에게 있어 '서탑은 곧 한국이다'라는 인식이 팽배해져 있을 정도로 서탑은 외국(한국)의 이미지를 갖고 있다. 반면, 한국관광객에게는 우리사회에서 쉽게 접하기 어려운 북한주민과 북한문화를 접촉할 수 있는 공간이라는 점에서 흥미를 끌고 있고, 이런 점들 때문에 백두산과 주변 관광을 마친 관광객들이 심양을 경유하며 한번쯤은 반드시 들러보는 공간이 바로 서탑이기도 하다.

심양 서탑의 한인사회나 조선족 동포사회가 한국의 경제상황에 따라 부침이 있어 왔던 것처럼, 서탑의 북한 식당 역시 남북관계의 진전속도에 많은 영향을 받는 것으로 보인다. 2014년 2월과 2015년 5월에 서탑 현지조사를 진행하는 과정에서 북한식당의 수가 점점 더 줄고 있다는 인상을 받았다. 사정이 어찌되었건, 심양 코리아타운 서탑에는 현재 '한류', '조선족류', '북한류'라고 하는 '뿌리는 같지만, 형식은 다른' 우리민족의 문화가 공존하고 있다.

---

35) 『헤럴드경제』, 〈조류(朝流)' 잔잔하게 중국을 적시다〉, 2010년 03월 29일자 ; "〈꽃파는 처녀〉는 1930년대 동북지방에서 항일투쟁을 하던 김일성이 창작한 혁명가극이다. 개봉되자마자 중국에 수출돼 중국 관중들의 심금을 울렸으며, 50대 이상의 중국인들 중에 이 영화를 모르는 사람이 없을 정도로 높은 인기를 끌었고, 중국에 북한영화 상영 붐을 일으켰다." http://biz.heraldm.com/common/Detail.jsp?newsMLld=20091007000552

3) 심양한국인(상)회와 심양한국주

심양 서탑은 중국 내에서 북경 왕징, 연길시와 더불어 가장 빠르게 한국 문화가 유입되는 곳으로 인식되고 있다. 심양에서 개최되고 있는 대표적인 한국문화 행사인 '심양한국주'는 중국 동북삼성지역을 비롯한 중국 내에 한국의 문화를 홍보하고 선양하는 가장 대표적인 한류행사로 자리 잡아가고 있다. 심양한국주를 필두로 중국 각 지역에서는 '한국주간' 행사들이 지속적으로 개최되고 있다.[36] 2002년 시작된 심양한국주는 2015년 올해로 14회 차를 맞는다. 심양한국주는 심양과 동북지역은 물론 중국 내 한류 확산에 많은 기여를 하였다. 심양한국주가 성공적으로 진행되어 온 데에는 주관단체인 심양한국인(상)회의 역할이 컸다.

(1) 심양한국인(상)회

심양한국인(상)회는 1992년 한중 수교 이후 심양에 진출한 한국교민의 권익과 친목을 도모하기 위해 만들어진 민간단체이다. 심양한국투자기업협회가 모체가 되어 출발한 심양한국인(상)회는 몇 차례 조직의 변화를 겪으면서 성장해 왔다.[37] 현재 심양한국인(상)회가 파악하고 있는 산하의 한인단체(협회/단체/동호회)는 50여 개 단체에 이른다.[38] 또한 심양한국인(상)회 기업 회원사는 모두 134개 업체에 이른다.[39]

심양한국인(상)회는 한국교민들의 화합과 안전을 도모하는 기본적인 업무 외에 서탑 코리아타운의 발전을 도모하는 일에도 적극 협력하고 있다.

---

36) 현재 중국 심양에서 시작되어 중국 각 도시로 확산되어 개최중인 '한국주간' 행사도시들은 심양, 하얼빈, 장춘, 제남, 청도, 성도, 중경, 대련 등이다.

37) 심양한국투자기업협회(1992~2002년)-심양한인회(2000~2002년)-심양한국인(상)회(2003년~현재)로 발전.

38) 재선양한국인회/재선양한국상회, 『선양한국인』(2014년 1월호), 2014, 81~82쪽.

39) 위의 책, 64~79쪽.

| 그림 7 월간지『선양한국인』표지 | 그림 8 『심양교민 20년』표지 |

2007년 무렵 베이징올림픽을 앞두고 서탑에서는 '신서탑운동'을 전개하였다.[40] 당시 불법, 퇴폐 유흥업소가 난무하는 등 서탑 코리아타운의 이미지가 실추되던 상황에서 이를 타개하기 위해 한인사회가 자정운동에 나선 것이다. 당시 심양조선족기업가협회와 손잡고 서탑 정화운동을 실시하였다. 심양한국인(상)회는 연중 다양한 사업을 기획하고 있다. 한국교민 내부 교류용인『선양한국인』을 매월 발간하고 있으며, 2013년에는 한중 수교 20주년을 맞이하여『심양교민 20년』을 펴내기도 하였다(그림 8, 9 참고). 대표적인 사업은 단연 '심양한국주' 행사를 주관하여 진행하는 일이다.

(2) '심양한국주'의 개최 배경 및 경과

'심양한국주'행사는 심양시 인민정부가 동북진흥전략의 중점기지로 성장하고 있는 심양의 경제발전을 도모하기 위해 한국기업의 심양경제 투자유

---

40) 심양한국인(상)회, 『심양교민 20년』, 2013, 64쪽.

치 목적의 교역행사를 개최하게 된 것이 심양한국주의 시작이다.[41] 비록 심양한국주간이 중국정부(심양시)에서 만든 행사지만 심양한국주에 참여했던 한인사회의 분위기는 대체로 '한국주 행사를 통해 서탑과 심양, 나아가 동북지역에서 활동하는 한국교민과 조선족 동포사회가 한민족이라는 이름으로 한데 모일 수 있는 계기를 만들어주었다'는 인식에 공감하고 있다.

2002년부터 진행된 초창기 심양한국주 행사는 대부분 서탑을 중심으로 진행되어 왔기 때문에 서탑의 지역경제 활성화에 기여를 하는 긍정적 측면이 있었다.[42] 당시 한국주 행사를 진행했던 심양한국인(상)회 부회장 봉용

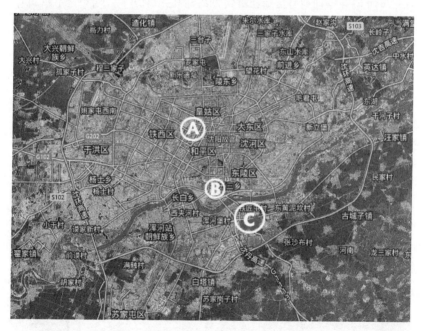

그림 9 심양한국주간 행사 장소

41) 위의 책, 46쪽. ; 2001년, 심양에서는 순수한 경제인들의 이벤트인 〈요녕한국주〉가 개최되었으며, 이는 다음 해 심양한국주의 모태가 되었다.

42) 위의 책, 47쪽.

택씨는 "행사 초기에 심양시 정부 당국의 적극적인 지원이 있었다. 긴 도로를 막아주고, 부스를 설치해주고, 전기를 끌어주고, 소매치기, 싸움꾼 등을 공안들이 다 처리해줬다. 치안유지를 위헤 많은 도움을 주었다. 특히 서탑에서 행사가 치러지던 초기에는 지원이 매우 많았다."고 당시의 분위기를 전했다. 그러나 심양한국주 행사는 초기 성급(省級)행사에서 2007년 국가급 행사로 위상과 규모가 격상되면서 변화를 가져왔다. 〈그림 9〉의 A(서탑)에서 진행하던 행사들이 심양 시내의 B(심양과학궁), C(올림픽축구경기장) 등으로 분산 개최되었고, 행사의 규모나 성격, 지원부분에서 변화가 있었다.

베이징올림픽이 있던 제7회 심양한국주는 중국정부의 대형야외활동 금지조치에 따라 실내행사로 축소하여 개최하기도 하였다. 심양한국주는 회차를 거듭하면서 점차 소규모 행사들은 줄어들고 대형이벤트성 행사들이 개최되기 시작하였다.

특히 제8회 심양한국주간의 메인이벤트이자 대표적인 한류행사인 〈KBS전국노래자랑〉과 제9회 심양한국주간과 2010 중국글로벌한상대회의 메인행사인 〈KBS열린음악회〉는 서탑 지역이 아닌 심양 올림픽경기장(그림 9

그림 10 심양한국주간 행사 팜플렛

표 1 심양한국주간(韓國週) 개최 현황[43]

개최시기		회차	대회명칭	비고
2001년			요녕한국주	심양한국주 전신
2002년	7월 2일~	제1회	중국심양한국주	중국 내 처음 실시한 한중 간의 교류활동
2003년	7월 19일~25일	제2회	중국심양한국주	
2004년	5월 19일~25일	제3회	중국심양한국주	
2005년	5월 15일~21일	제4회	중국심양한국주	오리하체육장
2006년	7월 16일~22일	제5회	중국심양한국주	
2007년	5월 20일~26일	제6회	중국심양한국주	국가급 규모로 격상
2008년	5월 17일~23일	제7회	중국심양한국주	올림픽개최로 인한 실내행사
2009년	9월 13일~18일	제8회	중국심양한국주	심양올림픽체육센터 KBS전국노래자랑(추석특집)
2010년	7월 5일~8일	제9회	중국심양한국주 중국글로벌한상대회	KBS 열린음악회
2011년	7월 13일~17일	제10회	중국심양한국주	서탑소학교운동장특설무대
2012년	8월 24일~28일	제11회	중국심양한국주 제1회 서탑미식문화절	한중수교20주년기념 서탑남경대가 특설무대
2013년	7월 5일~9일	제12회	중국심양한국주 제2회 서탑미식문화절	2013인 대형비빔밥퍼포먼스 서탑민족풍정거리
2014년	7월 18일~22일	제13회	중국심양한국주 제3회 서탑미식문화절	8백만 선양시민 대축제 대형비빔밥퍼포먼스
2015년	9월 10일~ 예정	제14회	중국심양한국주 제4회 서탑미식문화절	7월 행사가 국내사정으로 일정 연기

의 ⓒ)에서 열려 한인들의 거점인 서탑을 벗어나게 됨으로써 한민족의 생활터
전에서 펼쳐지는 '장날'과 같은 축제의 형태는 찾아보기 어려웠다. 이는 현실

---

43) 위의 책, 44~77쪽.

적으로 서탑에서 대형이벤트를 개최할 수 있는 장소가 없었을 뿐만 아니라 초기 행사 때와는 많이 변한 주변 환경 때문이었다.

그러다가 다시 2011년 제10회부터 다시 서탑에서 한국주 행사가 펼쳐지기 시작하였다. 그동안 서탑을 벗어남으로 인해 서탑의 활용성이 떨어지고 경제적인 효과를 보지 못하게 되면서 심양한국주의 서탑 복귀에 대한 요구가 많았기 때문이었다. 10회~13회 모두 서탑 일대에 특설무대를 가설하여 심양한국주 행사를 치렀다. 심양한국주의 개최현황을 정리하면 〈표 1〉과 같다.

(3) 〈KBS전국노래자랑〉과 〈KBS열린음악회〉

심양한국주간 행사가 14회에 이르기까지 가장 규모 있게 진행된 프로그램은 2009년 제8회 〈KBS전국노래자랑〉과 2010년 9회에 열린 중국글로벌한상대회의 〈KBS열린음악회〉라고 할 수 있다. 〈KBS전국노래자랑〉은 중국 지역에서 처음 열린 행사라는 상징성이 있기도 하거니와 추석특집으로 마련되어 동포사회의 명절분위기를 한껏 고조시켰다. 더구나 그동안 한류의 열풍을 뜨겁게 달구었던 중국 땅에 한류 전파의 첨병인 한국의 대중가수, 아이돌 가수들이 대거 출연함으로써 중국 동북지역 조선족사회의 한류 붐과 함께 한국문화예술에 대한 지대한 관심을 끌었다.[44] 하지만 조선족 출연자들은 한국으로 이주한 가족들의 애틋하고 가슴 아픈 사연들을 밝히거나 영상편지로 소개함으로써 현재 동북지역 조선족사회의 가정이 해체되고 있는 현실을 드러내 보여 안타까움을 자아내기도 하였다.

중국에서 첫 한상대회인 '2010 중국글로벌한상대회'가 열렸다.[45] 매년 개최해 온 '심양한국주간' 행사와 연계하여 동시 개최된 관계로 경제교역 외

---

44) 심양시 서탑에 위치한 '조선족 제1중학교 체육관'에서 9월 4일~6일까지 사흘간 진행된 예선에는 심양 및 동북지역뿐만 아니라 상해, 북경, 청도 등 타 지역에서 참여한 전체 1500팀 참가자가 있었고, 그중 중국인 팀이 약 620팀이 참여했을 정도로 관심이 높았다.

45) 신춘호, 앞의 책, 213~217쪽.

에도 한국문화를 소개하는 관련 행사들이 함께 열렸다. 특히 〈KBS열린음악회〉가 메인이벤트로 개최되어 한류를 소개하는 데 많은 역할을 하였다. 이미 2009년 〈KBS전국노래자랑〉을 통해 한국문화에 대한 이해와 관심이 매우 높아진 상태에서 또다시 한국 대중예술문화공연의 대표 격인 〈KBS열린음악회〉가 열리게 됨으로써 심양 한인사회와 동북지역 조선족사회, 나아가 중국에 한류, 한국문화에 대한 관심을 확대하게 된 계기가 되었다. 공연을 위해 한국의 대표적인 대중가수들이 참여하고 아이돌과 걸 그룹이 가세함으로써 전국노래자랑에 이은 또 한 번의 한류 열풍을 불게 하는 원동력이 되었다.[46]

4) 서탑 미식문화절과 정월대보름 축제

(1) 한식세계화축제와 서탑 미식문화절

'한식세계화'는 '한(韓)스타일'[47]의 주요 사업 중 하나로 전통음식인 한식 조리법의 표준화와 국제행사를 계기로 한식 홍보 강화의 목적을 가지고 추진되는 사업이었다. 한식세계화의 일환으로 심양한국주 기간 동안 부대행사로 한식세계화 축제를 열었다. 주요 내용은 '김치 담그기'와 대형 '비빔밥 만들기 퍼포먼스'였다. 관람객들에게 '우리 김치 만들기 강좌'가 단연히 인기가 있었다. 아마도 체험에 참가하여 직접 만든 김치를 가져갈 수 있다는 점에 흥미가 있었던 모양이다. 김장은 고유한 민족문화의 정수로 최근 김치 담그는 법, 즉 '김장문화'가 세계인류무형유산에 등재되기도 하였다.[48]

---

46) 한류, 한국문화의 확산은 아이돌, 걸 그룹들의 활동과 케이팝(K-Pop)의 영향이 매우 컸다. 중국 내 한류확산과 한국문화의 전파에 〈전국노래자랑〉과 〈KBS열린음악회〉의 영향이 컸음은 주지의 사실이다.

47) '한(韓)스타일'은 전통문화 콘텐츠의 생활화, 산업화, 세계화를 통하여 고용 및 부가가치를 창출하고 국가브랜드를 고양시키는 목적으로 2005년부터 추진되었던 사업이다.

48) 2013년 12월 5일 유네스코 제8차 무형유산위원회에서 '김장문화'가 인류무형유산으로 등재되었다.

서탑 미식문화절 역시 전통음식문화 축제이다. 2012년 심양한국주의 부대행사로 처음 개최하였고, 2014년 3회 축제를 치렀다. 조선족 특색의 음식문화를 소개하기 위해 중국조선족사회(서탑가도판사처)가 중심이 되어 만든 축제이다. 서탑 지역에는 약 146개의 사업체가 있고, 이들 대부분은 요식업이 주 업종이다. 이러한 점은 서탑 코리아타운에서 미식문화절을 진행하는 데 유리한 측면이 없지 않았을 것이다.

　　2012년 서탑미식문화절은 중국조선족의 전통 민속과 음식문화를 소개하는 장으로 활용되었는데, 행사의 하이라이트는 대형 비빔밥 퍼포먼스였다. 비빔밥은 한식세계화축제의 주요 콘셉트이기도 했다. 대형 가마에 밥, 고추장, 참기름 등 약 20여종의 배합재료를 넣고 12명의 중한요리사들이 현장에서 비빔밥을 만드는 것이다. 그리고 비벼낸 밥을 2,012명에게 나눠주어 현장에서 무료로 시식하게 하였다.[49)]

　　2013년 제2회 심양 서탑미식문화절은 서탑미식문화 전시뿐만 아니라 서탑조선족민속문화전시회를 같이 열어 조선족의 민속 문화를 소개하는 형식으로 발전하였다. 서탑가를 정돈하여 서탑가 양쪽에 기와와 기둥을 만들었고 천장에는 조선족의 민속을 나타내는 그림을 그려 '심양서탑민족문화가'를 만들었다. 또한 이 행사에 마스코트를 디자인하여 서탑의 주 거리인 서탑가에 조각을 세우기도 하였다. 서탑조선족민속문화전시회는 서탑미식문화

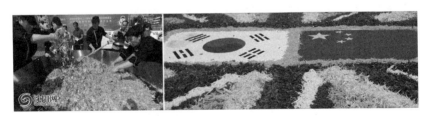

그림 11 서탑 미식문화절의 대형비빔밥 퍼포먼스(왼쪽: 2013, 오른쪽: 2014)

---

49) 2013년에는 2013인분, 2014년에는 2014인분의 비빔밥을 비벼 시민들에게 무료로 제공하였다.

절과 함께 심양한국주의 주요 프로그램으로 자리 잡아가고 있는 셈이다.

(2) 정월대보름 축제

서탑 코리아타운의 전통 민속명절 축제로 정월대보름축제가 있다. 정월에 맞는 보름은 가장 큰 보름이라고 해서 '크다'의 의미를 가진 '대보름', '한보름' 등으로 불리기도 한다. 조상들은 예로부터 정월 대보름날에 여러 가지 의례행사를 하며 하루를 의미 있게 보내곤 하였다. 정월대보름의 민족문화는 음식문화와 놀이문화에서도 잘 드러난다. 정월대보름의 음식은 오곡밥과 다채로운 나물, 즉 9가지의 나물 반찬을 만들어 이웃과 나눠 먹는 풍습이 있다.[50]

정월대보름에는 흥겨운 민속놀이를 즐기며 하루를 즐겁게 보내기도 하였다. 대부분의 정월대보름 놀이는 마을과 마을 간의 화합과 단결을 도모하는 놀이들이 많이 전해진다. 설 명절이 가족 중심에서 집안의 친인척으로 확대되는 혈연구성원 중심의 명절이라면, 정월대보름은 마을공동체구성원들과 함께 즐기는 명절에 가깝다고 할 수 있을 것이다.[51]

민족명절인 정월대보름 놀이는 심양 서탑 코리아타운에서도 면면히 이어져 내려오고 있다. 전통적으로 이 지역에 살아가는 조선족사회는 물론 한국교민사회에서도 민족 명절을 기억하는 행사들을 지속적으로 추진하고 있다. 2014년 2월 심양 현지조사 차 서탑에 들렀을 때가 마침 정월대보름을 전후한 시기여서 필자는 심양한국인(상)회에서 주관한 〈정월대보름맞이 축제 한마당〉을 참관하였다. 이미 정월대보름날인 2월 14일(음력 1월 15일)에는 조선족문화예술회관에서 조선족노인들을 중심으로 〈심양시 제7기 조선족윷놀이 시합〉이 펼쳐졌다. 심양시조선족문화예술관과 심양시조선족노인협회가

---

50) 최문 편역, 2009, 『전통명절』, 연변인민출판사, 57~62쪽.

51) 박승권·김광영 저, 2010, 『조선민족의 민속』, 민족출판사, 16~24쪽.

공동주최한 이날 대회에는 서탑조선족노인협회의 농악무 공연을 시작으로 심양시 8개구의 조선족노인협회와 심양시조선족문화예술관 관원들이 10개의 팀으로 나뉘어 윷놀이 시합을 진행하였다.[52]

다음날인 2월 15일(음력 1월 16일)에는 한국교민사회의 주관으로 대보름맞이 민속축제가 열렸다. 심양 철서구에 위치한 기아자동차 판매 대리점에서 조선족동포와 한국교민 400여 명이 어우러져 〈정월대보름맞이 축제한마당〉이 펼쳐졌다.[53] 이날의 축제한마당에는 심양 조선족노인협회와 조선족

| 정월대보름 맞이 축제한마당 | 조선족동포 단체와 한국교민 단체 |
| 떡메치기와 떡 자르기 | 줄넘기 |

그림 12 2014년 정월대보름맞이 축제한마당

---

52) 료녕신문 http://www.lnsm.ln.cn/detailMenu.aspx?tid=1&cid=39&id=26159
53) 이날 축제에는 한국교민 단체와 조선족 단체 등 모두 39개 단체가 참여하였으며, 혼남, 만융, 무순 등 심양시내와 외곽의 조선족 집거지의 조선족 동포단체도 많이 참석하여 민족의 전통문화를 함께 공유하고 화합을 다지는 장이 되었다. 심양한국인(상)회에서는 서탑에서 버스를 대절하여 편의를 제공하였고, 주선양총영사관에서도 참석하여 많은 관심을 보였다.

문화예술단 등이 참여하여 민속공연, 풍물놀이를 선보였고, 떡메치기, 떡 자르기, 줄넘기, 윷놀이, 투호, 농악무, 제기차기 등 전통 민속놀이가 펼쳐졌다. 코리아타운에 거주하는 조선족과 한국교민이 함께 어울려 진행한 민족문화축제였다. 여전히 현실적인 제약으로 북한교민들이 합류하여 어울리지 못하는 아쉬움이 있었지만, 이러한 민족문화의 전통이 지속적으로 유지되고 있는 현장이 있다는 사실이 반갑기도 하고 가슴 뭉클함을 느끼기도 하였다.

전통명절의 의미를 되새기고 민족문화의 전통을 계승하려는 노력들이 한국교민사회와 조선족 동포사회가 각기 다른 방식으로, 또는 함께 어우러져 유지되고 있는 현장이 바로 서탑 코리아타운의 모습이라고 하겠다.

4. 맺음말

심양 서탑 코리아타운의 형성과정과 新서탑 건설에 대한 비전, 그리고 여러 단체에서 진행하는 한민족문화축제의 현황들을 살펴보았다. 심양 현지조사 과정에서 민족의 전통과 문화를 지켜나가고자 하는 열망은 조선족사회나 한국교민사회 모두 확고하다는 점을 느끼기에 부족함이 없었다.

심양조선족민속절이 조선족사회의 구심이 되는 민족문화축제라면, 심양한국주는 한인교민사회가 주축이 되어 꾸려가는 문화축제이다. 심양시조선족민속절은 비록 한국의 단체에서 경제적 도움을 받아 시작한 민족문화축제지만, 13회를 거치면서 확고히 뿌리를 내려가고 있었다. 타 지역에서도 유사한 민속절 행사들이 생겨나고 있다는 얘기도 구술과정에서 들을 수 있었다. 심양한국주 역시 초기 행사의 모범적 성취로 인하여 타 도시에서 한국주를 개최하거나 유치하는 데 모범사례가 되었던 것이 사실이다. 그리고 보면 두 축제 모두 전개과정이나 성취의 과정이 비슷한 측면을 갖고 있다. 그럼에도 불구하고 산적한 문제가 없지 않다. 빈약한 프로그램과 재정적인 빈곤은 축제의 지속가능성에 의문을 갖게 하는 점이다.

지금까지는 큰 무리없이 심양 코리아타운과 제 단체의 노력으로 한민족 축제들이 진행되어 왔지만, 축제가 지속되고 서탑 코리아타운이 동북지역, 나아가 중국 내 한민족문화의 전승과 확산의 허브 역할을 다하기 위해서는 몇 가지 문제들에 관심을 가져야 할 것으로 생각된다. 우선 네 가지 정도의 문제들을 제기하는 것으로 글을 마무리하고자 한다.

첫째는 '심양한국주'와 '심양조선족민속절'의 지속가능성에 대한 문제이다. 근래 심양한국주는 그동안 13회차 행사를 꾸려오면서 심양시정부의 지원을 받아 활발한 활동을 해온 것은 사실이나, 심양한국주 개최목적의 하나인 경제투자유치의 목표를 일정부분 달성한 상황에서 심양한국주를 바라보는 한중양국 관계자(단체)들의 시각차가 있는 것으로 생각된다. 향후 공동주최자인 심양시의 지원이 없을 경우 대안 모색이 필요하다. 여기서 참고가 되는 것이 '서탑미식문화절'이다. 심양한국주의 향후 전개방향 측면에서 바라볼 필요가 있을 것으로 보인다. 심양시정부에서 점차 심양한국주에 대한 지원과 연계를 줄이고 화평구 서탑가도판사처의 역량을 강화하는 분위기라고 보면, 향후 심양한국주의 위상에도 변화가 있을 것으로 판단된다. 서탑 코리아타운에서 한국교민사회의 위상이 확대될 수 있는 여지가 '심양한국주축제'에 있다면, 서탑미식문화절은 중국조선족사회의 영향력이 확대되는 경향을 띠고 있다. 심양한국주 축제의 지속성을 위해서는 두 축제가 같은 시기에 이루어지고 있다는 점에서 상호 발전적 프로그램의 개발과 협력이 필요할 것이다. 심양한국주가 지속되어야 하는 이유의 하나를 꼽으라면, 단연코 심양한국주가 한류전파의 산실이었다는 점을 들 수 있다. 한국정부(기관, 단체)의 좀 더 적극적인 관심과 지원이 필요한 부분이다. 심양조선족민속절 역시 지속성을 위해서 시급한 문제는 재정문제이다. 그동안 자생하려는 노력과 일부 단체의 지원이 있었음에도 불구하고 미래는 불투명하다. 한·중 양국의 관심과 지원이 필요한 부분이라고 생각한다.

둘째는 심양조선족사회의 전통문화 계승방안에 관한 문제이다. 필자는 조선족사회에서 전통문화예술의 전승문제는 가장 시급한 현안이라고 생각한다. 현재 도농에 산재한 조선족집거지, 즉 각 마을에는 중장년층과 젊은 층이 거의 없다. 대부분 노인들만이 남아있을 뿐이다. 이는 민족문화 및 예술의 전통이 세대 간에 단절되고 있음을 뜻한다. 민족문화의 전통이 계승되기 위해서는 후계자를 양성하는 교육프로그램과 문화예술을 발표할 수 있는 기회의 장이 마련되어야 한다. 그런 점에서 서탑가도판사처에서 힘을 기울여 추진 중인 아리랑예술촌의 역할에 주목하고자 한다. 향후 아리랑예술촌은 민족적 특성을 간직한 문화예술을 각 분야에 전승하고 발표하는 무대가 되어야 할 것이다. 아리랑예술촌이 민족문화의 전통을 체계적으로 학습하고 발표함으로써 전문가를 양성할 수 있는 체계를 만들 때 민족문화예술이 지속적으로 발전할 가능성도 생겨날 수 있으리라 생각한다. 아리랑예술촌이 민족문화예술의 교육·전승·활동기능의 '허브' 역할을 해나갈 수 있기를 바란다.

셋째는 조선족민속예술의 체계적인 관리와 보존에 관한 문제이다. 두 번째 문제와 연계하여 살펴봐야 하는 문제이다. 심양의 조선족집거지와 서탑 코리아타운을 중심으로 한민족문화축제의 전통이 지속적으로 전승, 발전되기 위해서는 아리랑예술촌과 같은 전용 활동공간이 시급히 갖춰져야 하지만, 선행되어야 할 분야도 많다. 무엇보다도 각 조선족집거지역 또는 제 단체마다 분산되어 전승되고 있는 민족문화의 현황들을 체계적으로 조사, 관리해야 할 필요성이 있다. 이는 현재 한국에 나가 있는 재한조선족문화예술인, 단체와의 상호 연계도 필요함은 주지의 사실이다. 왜냐하면, 현재 조선족 민족예술의 원형성을 보유하고 있는 이들 중에 해외(한국 등)에서 활동하고 있는 이들의 수도 매우 많다는 점에서 지속적으로 관리할 필요성이 있다. 이러한 민족문화의 전승현황을 체계적으로 연구함으로써 민족문화를 계승·발전시키는 기초자료로 활용하여야 한다. 이를 위해 유·무형의 민족문화에

술의 재현(구현) 양식들을 영상으로 채록하고 아카이브를 구축하여 체계성·지속성을 기하는 점도 고려해야 할 것이다.

넷째는 전통과 현대의 연계빙안으로서 관광프로그램의 개발이다. 민족문화예술과 축제(놀이)의 현장을 방문하여 체험할 수 있는 관광 및 체험프로그램의 개발이 필요하다. 심양은 역사 이래로 한민족과의 연계망이 끊이지 않았던 공간이고 현재, 미래에도 여전히 그러할 것이다. 심양에는 서탑 코리아타운이 생기기 이미 오래전에 조선의 왕세자가 8년간 머무르며 조선인 집거지를 형성했던 '세자관(조선관)'이 있었다. 그들이 생활했던 공간은 조선관이었지만, 그들이 활동했던 영역은 심양 곳곳은 물론 요녕성과 하북성, 북경에 이르기까지 광대하였고, 그 흔적의 일부가 지금도 남아 있어 과거의 역사를 증언하고 있다. 우리만의 역사도 있지만, 중국과의 연계된 역사가 많은 것도 사실이다. 기억하고 싶은 역사도 있지만, 기억하기 싫은 역사도 있게 마련이다. 한국인들이 심양에 가지는 역사적 친연성을 참고하여 과거와 현재를 기억하고 미래를 꿈꾸는 관광프로그램 개발이 필요하다. 심양이라는 공간, 코리아타운이라는 공간을 더욱 깊게 이해할 수 있는 기회요소가 필요한 것이다. 심양에서의 우리역사 공간 탐방, 서탑의 역사와 문화, 북한음식·공연문화체험, 심양한국주와 서탑미식문화절, 심양조선족민속절의 민족문화예술 행사의 참여(관람)를 두루 연계하는 방안들이 필요하다.

박승권·김광영 저, 2010, 『조선민족의 민속』, 민족출판사.

박진관, 2007, 『新간도견문록』, 예문서원.

이남종외, 2008, 『譯註 昭顯沈陽日記』1-4, 서울대학교 규장각, 민속원.

임영상외, 2012, 『코리아타운과 한국문화』, 북코리아.

주돈식, 2007, 『조선인 60만 노예가 되다』, 학고재.

金赫··曉君, 2010, 『中國沈陽韓國周回顧與展望』, 遼寧敎育出版社.

신일호外, 1989, 『瀋陽朝鮮族誌』, 瀋陽市民委民族誌編纂辦公室編, 遼寧民族出版社.

재중국선양한국인(상)회, 2013, 『심양교민 20년』, 선양한국인(상)회.

김재기, 2007, 「글로벌 한상네트워크 발전과 World-OKTA의 역할」, 『한국동북아논총』(Vol.43).

신춘호, 2011, 「심양 코리아타운 '서탑'과 한국문화: 심양한국주간과 글로벌한상대회의 경우」, 『재외한인연구』, 제24호.

이광규, 2009, 「세계 속의 한민족」, 『재외한인연구』 제20호, 재외한인학회.

임영상, 2014, 「심양 서탑 코리아타운의 변화와 민족문화축제」, 『중국학연구』(제70집)

임영상, 2013, 「동북 조선족사회와 국내지자체의 민족문화예술교육 협력」, 『민족문제』.

임영상, 2012, 「한국문화의 허브로서의 재외한인사회」, 임영상 외, 『코리아타운과 한국문화』, 북코리아.

정정숙, 2005, 「중국선양 제4차 한국주 행사참관 출장보고서」, 동북아시대위원회.

『온바오』, 「코리아타운 1호, '서탑' 이대로 망할 건가?」, 2010년 1월 8일자.

『코리안데일리뉴스』, 「중국 코리아타운 1호 선양서탑 존폐위기」, 2010년 1월 25일자.

『뉴스타운』, 「중국대륙에 '朝流'열기 "얼쑤!"」, 국제/북한섹션 2010년 7월 8일자.

『서울신문』, 「韓商1200명'中선양상륙작전」, 1회 글로벌한상대회, 2010년 7월 6일자.

『동북아신문』, 「中심양 서탑지역은 한민족의 융합의 장(場)」, 2010년 12월 12일자.

『WorldKorean』, 「"심양 한국주간, 올해는 서탑서 열 것」, 2011년 4월 5일자.

재외동포재단 http://www.okf.or.kr

沈陽晩報, http://epaper.syd.com.cn/sywb/html/2014-03/21/node_129.htm

駐沈陽韓國總領事館 http://chn-shenyang.mofat.go.kr

沈陽韓國人(商)會 http://www.sykorean.com

신춘호·조민홍의 문충훈(前심양한국인(상)회 사무국장) 인터뷰(구술) 2014. 2. 13.(목)

신춘호·조민홍의 변시홍(전 심양시조선족문화예술관 관장) 인터뷰(구술) 2014. 2. 15.(토)

조민홍의 박매화(서탑가도판사처 당공위 서기) 인터뷰(구술) 2014. 2. 19.(목)

저자 소개

신춘호

방송대학TV 촬영감독(카메듀서). 한국외국어대 글로벌문화콘텐츠학과 박사. 한·중·일 사행(使行) 공간(路程)에 대한 영상역사학적 비교연구와 동북조선족 사회문화에 대한 영상기록 활동을 병행 중이며, 역사소재의 영상콘텐츠 제작에 관심을 갖고 있다. 주요 논저로『조선통신사연구총서(권13)』,『오래된 기억의 옛 길, 연행노정』,『코리아타운과 한국문화』,『燕行路程영상기록물(사진·동영상)의 콘텐츠화 방안 연구』,『소현세자빈 강씨 역사문화콘텐츠 개발에 관한 소고』,『심양 서탑 코리아타운의 한국문화』등이 있다. 영상콘텐츠는『연행노정 기록사진전』,『실학박물관』,『천안박물관』공공전시 및 방송다큐멘터리『연행노정1.2.3』,『의주대로』등을 제작(연출·촬영)하였다.
이메일: syoungdam@hanmail.net

조민홍

한국외국어대학교 글로벌문화콘텐츠학과 석사. 코리아타운의 공간적 의미와 역할에 대하여 관심을 가지고 있고 특히 심양 서탑 코리아타운 향후 발전방향과 전망을 문화공간의 시각으로 풀어나갈 수 있는 방법을 고민하고 있다.
이메일: minhong-2007@hotmail.com

공항에서 코리아타운까지 가는 교통편

1. 항공이용

   ① 심양 도선국제공항에서 출발하는 공항리무진을 이용하여 심양시내로 이동(약 30분 소요) 후, 공항리무진 하차, 시내에서 택시로 서탑 이동(약 10분 소요)

   ② 심양 도선국제공항에서 택시로 서탑까지 이동(약 40분 소요)

   ③ 공항에서 서탑까지 택시요금은 인민폐 80~100 위안 정도이며, 시내를 오가는 공항버스 요금은 10위안

2. 열차이용

   ① 심양역 하차 후 택시로 서탑 이동(약 10분 소요)〈택시요금 인민폐 10위안 정도〉

   ② 심양북역에서 하차 후 택시로 서탑 이동(약 10분 소요)〈택시요금 인민폐 10위안 정도〉

7

북경, 상해, 청도의 코리아타운 축제*

정희숙(중앙민족대학교) · 안상경(충북대학교)

1. 머리말

연변조선족자치주와 장백조선족자치현, 그리고 길림성, 흑룡강성, 요녕성성의 조선족향(진)에 밀집해 살아온 1,830,929명[1]의 조선족 사회가 수도인 북경 및 연해의 대도시 중심으로 대거 이주했다. 여기에 코리안 드림을 이루기 위해 한국, 그리고 국경을 넘어 러시아, 미국과 일본 등으로 떠난 조선족 또한 더 이상 농업을 생업으로 하지 않고 있다는 것을 전제로 할 경우, 이제 중국 조선족은 도시 거주민이 다수를 이루게 되었다. 또 이와 같은 추세는 더 심화될 것으로 예상되고 있다. 실제로 집거지구인 연변조선족자치주 내의 농촌지역뿐만 아니라 산재지구인 동북3성의 중국 조선족 농촌을 방문하면, 폐교된 상태의 조선족 학교들과 빈집으로 남겨진 조선족 농가들을 쉽게 확인할 수 있다. 조선족이 떠난 경작지는 한족이 소작농 혹은 계약농의 직분으로 채우고 있다.

중국 정부의 개혁개방정책과 1992년 한중 수교 이후 중국의 연해도시와 대도시로 진출한 조선족과 중국으로 진출한 한국인 사이에 공존의 만남

---

* 이 글은 『한민족공동체』 제23호(2015. 7)에 실린 것을 보완한 것임.
1) 2010년 제6차 전국 인구조사통계는 중국의 55개 소수민족이 총 1억 1132만여 명이며, 조선족은 1,830,929명으로 조사되었다.

이 계속되는 과정에서 새로운 '한겨레 집거지', 이른바 코리아타운이 형성되었다. 수도인 북경뿐만 아니라 '제2의 연변'이라고 일컬어지는 산동성 청도를 비롯하여 연해 도시인 천진, 상해, 광주, 그리고 동북의 주요 도시인 심양, 장춘, 하얼빈, 목단강, 대련, 단동에서도 코리아타운이 만들어졌다.[2] 코리아타운의 형성은 조선족의 영토 소실, 인구 감소, 민족교육 위축, 민족문화 단절을 의미하기도 한다.[3] 그러나 이러한 소실, 감소, 위축, 단절 등 부정적 요인은, 한편 새로운 생성과 발전을 의미하기도 한다. 코리아타운의 형성과 더불어 새로운 형태의 한민족 문화가 새로이 생성, 발전하고 있다.

중국으로 진출한 한국기업은 중국 내 한국인이든 조선족이든 새로운 삶을 위한 기회를 제공하는 데 큰 역할을 했다. 중국 내 한국인은 개인 단위 혹은 가구 단위로 중국의 주요 도시로 유입되었다. 이들은 비록 상이한 이주 속성을 갖고 있지만,[4] 언어생활의 편의를 위해서나 종족 간 동질성에서나 동족집단 간 공생관계의 터전을 마련했다. 터전이 곧 삶의 공간이며, 삶의 공간이 곧 문화의 공간이기 때문에 자연스레 새로운 형태의 한민족 문화가 생성, 발전했다. 본고에서는 이러한 현상을 전제로, 북경 왕징(望京), 상해 홍첸루(虹泉路), 청도 청양구(城阳区)와 시남구(市南区)의 코리아타운이 어떻게 형성되었으며, 그곳에서 한민족 문화가 어떻게 생성, 발전하는지 추적하려고 한다. 그런데 '한민족 문화'라고 하면 그 범주가 지대한 바, 본고에서는 다만 한민족 문화축제(예술축제)의 생성, 발전에 초점을 두고 그 양상을 확인하는 동시에 그 민족적 의미를 추출하고자 한다.[5]

---

2) 임영상, 「심양 서탑 코리아타운의 변화와 민족문화축제」, 『중국학연구』 제70집, 중국학연구회, 2014, 429~430쪽.

3) 김재기, 「중국 조선족 집중촌(코리아타운) 건설론의 대두와 유형」, 『세계한상문화연구단 국제학술회의 발표집』, 전남대학교 세계한상문화연구단, 2003, 171쪽.

4) 이윤경·윤인진, 「중국 내 한인의 초국가적 이주와 종족공동체의 형성 및 변화」, 『중국학논총』 제47집, 고려대학교 중국학연구소, 2015, 272쪽.

5) 그러한 양상의 확인과 의미 추출을 바탕으로, 나아가 코리아타운 축제의 발전 방향성을 제시해야 한다는 것을 잘 알고 있지만, 여러 한계로 전개하지 못했다는 것을 밝힌다. 본고의 한계이자 확대 가능성이라고도 할 수 있다.

2. 코리아타운의 형성 과정

1) 북경

북경(北京: 베이징)은 주지하는 것처럼 중화인민공화국의 수도이다. 하북성(河北省)에 둘러싸여 있으며, 동쪽으로는 톈진시와 경계를 이루고 있다. 행정구역의 면적은 16,808km²이며, 인구는 2006년 기준으로 2,115만여 명이다.[6] 금융, 상업의 중심지이기도 하며, 자금성, 천안문, 만리장성 등을 보유한 문화의 중심지이기도 하다. 이처럼 북경은 중국의 정치, 경제, 문화의 중심지라고 할 수 있는데, 이 중 동북지역의 왕징(望京)에 7만여 명에 달하는 한국인이 집거하고 있다. 북경의 한국인 중 절반 이상이 왕징에 집거하고 있는 것인데, 이 때문에 왕징을 흔히 '북경의 코리아타운'으로 부르고 있다.

1990년대까지만 해도, 왕징은 대부분의 땅이 밭일 만큼 후미진 곳이었다. 그러나 1992년에 북경조양구(北京朝陽區)가 망경개발구관리위원회(望京開發區管理委員會)를 설립하고 왕징을 대단위 상업, 금융, 과학 단지로 변모시키고

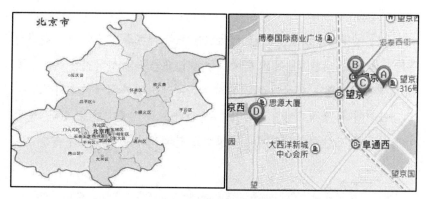

그림 1 북경시 지도와 왕징 주변도

---

6) 「베이징시」, 『위키백과』, https://ko.wikipedia.org/wiki(2015년 6월 29일 검색).

자 했다. 그 결과 왕징이 국가 급 차원의 하이테크단지로서 중관촌과학기술타운(中關村科學技術園區)으로 지정되었다. 실질적으로도 세계 500강 기업에 속하는 40개 글로벌 기업들이 입주했는데, 대표적으로 모토로라, 시맨즈, 에리슨, 삼성, LG, 효성, 파나소닉 등이다. 최근에는 월마트, 까르프, 아이키 등 국제 유명 브랜드 유통업체는 물론 B&G 국제영화성, 벤츠 아시아 본점 등도 입주했다.

2008년 한국 수출입은행 통계에 따르면, 북경에 등록된 한국기업은 291개이다. 한국의 중국 진출 기업 총수 9,628개 중 3%를 차지하는 비중이다.[7] 한국자본의 진출은 왕징이 새로운 코리아타운으로 부상하는 데 있어 주요한 역할을 했다. 예컨대 왕징 인근에 현대자동차공장이 입주함으로써 주변에 수많은 부품 납품업체들이 생겨났다. 동시에 한국인을 위한 편의시설들이 속속 입점했다. 이에 한국기업이 왕징에 위치하고 있지 않더라도, 한국인들은 왕징에서 거주하는 것을 선호했다. 순의(順義)의 자동차 공장이나 북경 중심가의 LG쌍둥이빌딩에서 근무하면서도 생활은 왕징에서 영위하는 경우가 흔했다. 한국기업이 한국인과 조선족 자영업자들에게 한국음식점 등 서비스 시장을 기반으로 종족 집거권을 형성할 수 있는 기반을 제공했다고 할 수 있다.[8]

보다 구체적으로 살펴볼 때, 한국인을 위한 서비스 업종과 각종 편의시설들이 늘어났다. 한국음식점, 한국쇼핑센터, 태권도장, 한국인을 위한 부동산 소개소나 여행사, 한국어로 된 잡지와 한국인을 위한 국제전화 서비스 등이 대표적이다. 왕징에서는 한국어로 된 간판을 곳곳에서 볼 수 있다. 한국어에 능통한 조선족 종업원이나 가정부도 한국인의 수요에 따라 왕징으로

---

7) 그러나 수출입은행통계는 기업 자격을 엄격하게 제한하여 그 수를 집계한다는 점에서, 실제 한국 기업의 수는 이 수치를 훨씬 상회할 가능성이 높다. 예컨대 재중한국인상공총회, 재중한국대사관, 한국무역진흥회의 통계는 재중 한국인 기업의 수를 20,000개 이상으로 추산하고 있다.

8) 예동근, 「글로벌시대 중국의 체제 전환 과정하의 종족 공동체의 형성: 북경 왕징(望京) 코리아타운을 중심으로」, 고려대학교 박사학위 논문, 2009. 47~48쪽.

몰려들었다. 이러한 생활환경과 지역정서는 중국어가 서툴거나 한국생활을 그리워하는 한국인에게 매우 편리하고도 적합한 환경을 제공했다. 이로써 갈수록 왕징이 코리아타운으로서 모습을 갖추게 되었다. 게다가 한국국제학교와 한국인 유치원이 생겨서 한국식 교육방법을 이용하면서 중국어도 더불어 배우는 일거양득의 교육효과로 많은 한국가정이 왕징으로 몰려들었다. 현재 왕징의 인구 20만 명 중 한국인이 7만 명에 육박하고 있다. 세 가구 중 한 가구는 한국인 가정일 정도로 한국인이 왕징에서 차지하는 인구 구성비는 다른 여느 지역보다 매우 높다.[9]

2) 상해

상해(上海: 상하이)는 중화인민공화국의 직할시로, 중국 본토 동부의 창강(长江) 하구에 위치하고 있다. 행정구역의 면적은 6,340.5km²이며, 인구는 2010년 기준으로 2,188만여 명이다. 중국경제의 중심지이기도 하며, 중국에서 가장 중요한 산업, 통신, 항운[10]의 중심지이기도 하다. 특히 1990년대에 들어서면서 상해가 경제, 금융, 무역 부문의 중심지로 부상했다. 1993년에 푸동(浦東)을 개방함으로써 급속한 발전을 거듭하고 있는데, 현재 1인당 평균 GDP가 연간 6% 이상 성장을 유지하고 있다.[11] 상해 조선족들은 주로 민행구 룡백(룽바이) 구역과 오중로에 거주하고 있다.

상해는 중국인들에게 중국 공산당의 탄생지, 문화대혁명의 진원지, 장쩌민(江澤民), 주룽지(朱镕基), 우방궈(吳邦国), 리란칭(李岚清) 등 중앙지도자 배출

---

9) 박은옥·독고현, 「북경의 코리아타운과 한국음악 현황」, 『재외한인연구』 제23집, 재외한인학회, 2011, 290~291쪽.

10) 상해는 중국의 경제무역 중심지로서 세계에서 가장 큰 항구를 끼고 있다. 중국의 항구 중 서방 무역을 최초로 개방한 항구로서 오랫동안 중국의 상권을 독점해왔다. 주변의 소주, 항주, 이우 등 지역에서 수공업이 발달했기에 무역에도 적합하다. 또한 상해는 중국에서 가장 인구가 조밀한 도시지역이기도 하다.

11) 「상해시」, 『위키백과』, https://ko.wikipedia.org/wiki(2015년 6월 29일 검색).

그림 2 상해시 지도와 상해 코리아타운 거리

지 등으로 기억되고 있다. 매년 중앙정부 세(稅) 수입의 1/4 정도를 부담하는 경제 도시로서 2010년 기준으로 약 60개 이상의 외국 공관이 상주하고 있다.

그런데 상해는 근대 개화기부터 한국인들이 드나든 주요 도시 가운데 하나였다. 한국인들이 이곳을 드나들기 시작한 시기는 1880년대로 추정된다. 처음에는 인삼 장사를 주로 하던 상인들이 왕래하다가 점차 정치적 목적을 지닌 인사들이 드나들었다. 그러다가 1910년을 전후하여 독립운동가들이 집결하기 시작했다. 이후 한·중 수교를 계기로 한국인의 상해 거주가 본격화되었다. 1993년 4월에 주상하이총영사관의 공식 업무가 시작되고, 이로써 한국기업의 진출과 방문객이 확대되면서 1993년에 상해한국상회(上海韓國商會)가 출범했다. 2009년 5월 외교통상부의 재외동포현황에 따르면, 상해의 재외동포 총수는 60,006명(시민권자 14,597명, 영주권자 9명, 일반 체류자 40,000명, 유학생 5,400명)에 달한다.[12]

오늘날에는 홍첸루(虹泉路)가 상해의 코리아타운으로 변모하고 있다. 홍첸루는 상해 포서지역 중심가 서남쪽에 위치하고 있는 민행구(閔行區)의 도로 이름이다. 홍첸루 양 옆에는 '금수강남'과 '풍도국제'로 대표되는 대규모 아

---

12) 고병철, 「중국 상해의 교민과 한국종교」, 『정신문화연구』 제33집, 한국학중앙연구원, 2010, 231~235쪽.

파트 단지가 있는데, 이곳에 한국인들이 집거하고 있다. 이 아파트들은 1평 방미터당 가격이 우리 돈 350~400만 원 선으로 상해에서도 중급에 속한다고 한다. 홍첸루 주변은 한국의 축소판이라고 해도 과언이 아니다. 한국식 찜질방을 비롯하여 슈퍼, 식당, 미용실, 안경점, 각종 학원 등 주위에 보이는 것이 대부분 한국식이다. 상해의 다른 지역에 거주하는 한국인들도 주말 저녁이면 가족 단위로 이곳을 찾아 쇼핑이나 외식을 한다. 한국인들은 중국말을 할 줄 몰라도 생활하는 데 큰 불편함이 없다. 상해 한국인들이 홍첸루를 선호하는 이유라고 할 수 있다.[13]

3) 청도

청도(青岛: 칭다오)는 중화인민공화국의 부성급시로, 산둥반도 남부에 위치하고 있으며 중국에서 네 번째로 큰 항구 도시이다. 행정구역의 면적은 1만 1026km²이며, 인구는 2008년 기준으로 838만여 명이다. 지역의 이름을 딴 칭다오 맥주와 라오산(崂山)의 깨끗한 광천수로 유명하다. 1인당 GDP는 2008년 기준으로 52,895위안(7745달러)이고, 해마다 16%씩 지속적으로 성장하고 있다. 중국 정부는 1984년에 청도를 경제특구로 지정했다. 그 결과 2차 산업과 3차 산업이 급성장했으며, 오늘날에는 외국인 투자와 국제 무역으로 번영을 누리고 있다. 현재 청도에는 약 20여만 명의 한국인들이 거주하고 있다.[14]

청도에는 청양구(城阳区), 교주시(胶州市), 지목시(即墨市), 시남구(市南区) 등 4개 곳에 코리아타운이 있다. 청양구는 수교 이전, 한국인이 청도에 진출한 첫 지역으로 한국인과 조선족이 가장 많이 살고 있는 지역이다. 교주시는 수교 후 90년대 말 20년대 초 가공업체들이 대거 진출해서 많은 한국기업들이

---

13) 「상해의 코리아타운」, 『무역뉴스』. http://www.exportcenter.go.kr(2015년 6월 30일 검색).
14) 「청도시」, 『위키백과』. https://ko.wikipedia.org/wiki(2015년 6월 29일 검색).

그림 3 청도시 지도 및 청도시 청양구의 코리아타운 식당

산업단지로 조성하여 정착한 지역이다. 지묵시는 부두와 가까운 도시로 의류가공업으로 유명한 역사를 가지고 있는 도시이다. 따라서 의류가공업, 수공업이나 수출을 위주로 하는 업체들은 이 지역에 집중되어 있다. 또한 이 지역은 한국의류 도매시장이 있는 곳이기도 하다. 시남구는 코리안 주거지와 음식거리가 밀집한 곳으로 우리 민족이 많이 사는 곳이기도 하다. 청도 코리아타운의 인구는 약 20만으로 추정하고 있다.[15]

청도는 연해도시로서 주거환경이 한국과 비슷하고 교통이 편리하며 노동력이 저렴하다. 때문에 한국인들은 청도를 우선 가공기지로 선택했다. 한국과 중국의 수교가 이루어지기 전인 1989년 8월에 스피커 제품과 부품을 생산하는 한국 전자회사 '탑톤'[16]이 청도 청양구에 공장을 설립했다. 이후 1992년 수교 전까지 청도에 진출한 한국기업은 총 71개였는데, 이 중에서 약 65개가 청양구에 자리를 잡았다. 한국기업들은 주로 조선족들이나 산동대학 한국어과 졸업생들을 초빙하여 채용했다. 청도시는 물론 청양구 구정부는 한국기업들의 몰입으로 인한 다양한 경제, 문화적 여파로 한국기업에 대한

---

15) 임영상 외, 『코리아타운과 한국문화』, 북코리아, 2012, 290쪽.

16) 탁보돈전기유한공사(托普頓電器有限公司)는 1989년 8월 12일, 청도시 청양구에서 설립되었다. 등록자본금은 340만 달러이다. TV, 노트북, 자동차, 게임기에서 사용하는 스피커를 생산하여 제공하는 업체이다.

투자유치의 중요성을 절감했다. 특히 청양구 구정부는 수교 직후부터 청도 시 내에서 가장 적극적으로 한국기업에 대한 투자유치전을 시작했다. 또한 한국기업의 유치를 구 발전전략의 우선으로 삼았다. 이로써 현지인과 이주 한국인, 그리고 조선족 간의 교류가 경제활동을 중심으로 광범위하게 이루어졌다. 한편, 일반 대중들은 한국의 K-Pop, 드라마 등 문화상품을 통해 간접적으로 한국을 새로이 인식하기 시작했다.

2004년에 청도에서 한국주간행사를 펼침으로써 코리아타운 형성에 큰 전환점을 이루었다. 당시 한국주간행사는 2004년 7월 3일부터 7월 9일까지 개최되었는데, '청도: 한국인의 투자창업과 주거생활에 가장 적합한 도시, 한국: 청도 시의 가장 밀접한 문화교류와 경제적 합작 파트너(青岛: 最适合韩国人投资创业和居住生活的城市, 韩国: 青岛市最密切的文化交流和经济合作伙伴)'를 표방했다. 청도와 한국의 쌍방향적 경제 교류 및 문화 교류를 지향하려는 것을 짐작할 수 있다. 그 결과 청양구뿐 아니라, 자연경관이 빼어난 시남구에도 코리아타운이 형성되기 시작했다. 그러면서 동시에 한국문화가 퍼져나갔다. 경제 교류 차원에서 시작했지만, 한류의 영향을 받아 한국문화가 빠르게 청도 현지인들에게 다가갔다. 이제 청도의 코리아타운에는 한글로 된 간판, 한국 식당, 한국 복식점 등을 곳곳에서 볼 수 있다. 한국문화가 이미 청도에 뿌리를 깊이 내렸다고 할 수 있다.[17]

---

17) 위군, 「청도 코리아타운에 관한 연구」, 『글로벌문화콘텐츠』 제7집, 글로벌문화콘텐츠학회, 2011, 55~61쪽.

3. 코리아타운의 사회 구조와 축제

1) 사회 구조

　　한·중 수교 이후, 한국기업의 중국투자와 한국인의 중국진출은 막혔던 봇물이 터지듯 급속도로, 또한 대규모로 진행되었다. 수교 이후부터 근년까지 한국기업과 한국인이 중국에서 부를 창출할 수 있는 산업 분야는 제조업이었다. 한국에서 임금, 부동산 가격 등의 고비용, 3D업종의 기피현상, 각종 그린정책에 따른 규제 심화 등으로 제조업 사업 환경이 열악해지자 중국으로 공장을 이전하기 시작했다. 강력한 경제성장 드라이브를 가동했던 중국은 임금, 부동산이 저렴하고 외자에 대한 특혜, 규제 관련 제도와 장치의 부재 등으로 한국 제조업체들에게 부의 창출을 지속할 수 있는 기회의 땅이었다. 한국자본이 밀려들어오고 공장이 지어졌으며 일자리를 창출하고 제품을 만들어 한국과 제3의 시장으로 수출할 수 있는 산업구조가 형성되자 이에 따른 서비스업체들도 생겨나게 되었다. 한국 제조업체들의 한국인 직원, 그리고 조선족을 위한 한국식 서비스가 필요했으며, 이 같은 요구가 코리아타운의 형성 동기이자 원인이었다.

　　한국기업이 진출한 중국 대도시에는 한국인과 조선족의 밀집 거주지역, 한국식 서비스 업체를 기본 구성요소로 삼아 코리아타운이 형성되었다. 예컨대 북경의 왕징에 삼성, LG, 하나은행, 우리은행 등 한국기업들이 입주해 있다. 그리고 왕징의 주요 건물이라고 할 수 있는 왕징시인처영(望京新城), 샤두잉쥐(夏都盈座), 샤두가원(夏都家园), 씨잉하이아빠트(星源公寓), 푸마빌딩(福码大厦), 버타이빌딩(博泰大厦), 왕징명원(望京明苑), 화딩쓰쟈(华鼎世家), 대서양신성(大西洋新城) 등에 40% 이상 한국기업과 조선족 업체들이 입점해 있다. 뿐만 아니라 전주관 한옥마을의 소탕집, 소래포횟집, 삼부자, 자화문, 오대감, 송림각, 명태나라, 동원참치, 광명수산, 현우항공 등 대부분의 서비스 업체들이 한국어와 중국어(연변식) 간판을 함께 내걸고 있다. 어느 통계에 따르면, 왕징에서 영업하는 식당, 다방, 슈퍼, 사우나, 미용실, 노래방 등 서비스 업체가 500여 개에 이른다고 한다. 한편, 상해의 경우 현재 한국 수출액은 168.69억 원이며, 수입은 263.45억 원으로 추산되고 있다. 청도의 경우에는 전체 외국기업은 2,423업체 중 한국기업이 1,543업체로서 전체 63.7%를 점하고 있다.

코리아타운의 형성, 유지, 발전에 각종 협회 및 단체의 활동이 주요하게 작용했다. 예컨대 북경에 '북경한인회', '옥타북경지회', '북경조선족기업가협회', '북경애심장학회', '중국조선민족사학회' 및 '중국조선족과학기술자협회' 등이 결성, 활동하고 있다. 상해에서는 '조선족여성기업회', '상해한인회', '상해조선족대학생회' 등이 결성, 활동하고 있다. 청도에서는 '청도조선족기업협회', '청도조선족과학문화인협회', '청도조선족노교사친목회', '청도한인상공회', '재중한국공예품협회' 등이 결성, 활동하고 있다. 또한 청도에서는 연령별, 성별에 따라 '청도조선족노년총협회', '청도조선족여성협회', '청도대학생연합회' 등이 활동하고 있는가 하면, 취향에 따라 '대한체육회청도지회', '청도한인축구협회', '청도한인골프협회', '청도한인등산협회', '연해지역조선족문학동인회', '청도조선족축구협회', '청도조선족골프협회', '청도조선족등산협회' 등이 활동하고 있다. 이들 협회 및 단체는 각종 활동을 통해 한국인의 결속을 강화시키고 있으며, 코리아타운의 발전에 기여하고 있다.

이외 '중앙인민방송국조선말방송', '국제인민방송국한국어방송', '인민넷조선어판', '인민넷한글판', '흑룡강신문사', '료녕조선문보사', '길림조선문보사', '연변일보' 등 조선족 방송과 언론이 코리아타운의 결속과 발전에 한 몫을 담당하

그림 4 조선족 언론들

고 있다. 특히 신문사의 경우, 북경, 상해, 청도, 서울 등 지역에 특파원을 상주시키고 있어 중국 내 한국인들의 현안을 즉각 보도하는가 하면, 어느 측면에서는 한국인과 조선족의 결속과 발전을 계도하기도 한다. 또한 북경의 경우, 광고지로서 '북경코리아잡지'와 '북경한울타리' 등에 한국인과 조선족의 소통 공간을 마련하고 있다. 이를 통해 다양한 정보를 확인할 수 있다. 상해의 경우에는 '상하이저널', '상해경제가'와 같은 경제 소식지가 발간되는가 하면, '두레마을', '상해탄', '차이나통', '바이상하이', '상해탄상해' 등 웹사이트가 운영되고 있다. 이러한 방송, 저널 등을 통해 코리아타운이 초국가적 글로벌네크워크를 형성하고 있다.

2) 축제

(1) 북경 조선족운동대회 & 민속예술축제

북경시 조선족운동대회 & 민속예술축제는 북경시 최대의 조선족 축제이다. 애초 1980년 9월에 10만여 명에 달하는 북경시 조선족들의 단합, 조화, 나눔, 발전을 도모하는 데 목적을 두고 '북경시 조선족운동대회'라는 명칭으로 처음 개최했다. 이후 경제적 여건 등 여러 사정으로 잠시 중단되었다가 오늘날에는 2~3년을 주기로 보다 성대하게 개최하고 있다. 그리고 2011년부터 조선족 민속예술을 가미시켜 축제의 명칭을 '북경시 조선족운동대회 & 민속예술축제'로 바꾸는 동시에, 그에 걸맞도록 다양한 프로그램을 편입시켰다. 축제 주최는 조선족 미디어 기관이 번갈아가며 맡았다가, 오늘날에는 북경조선족기업인협회와 애심장학회가 도맡고 있다.

친애하는 동포 여러분!

지난 8월 8일 저녁 북경상공을 붉게 물들이며 활활 타오른 제29회 올림픽대회의 성화는 100년 동안 품어온 중국인민의 올림픽 꿈을 이루게 하고 전 세계에 개혁개방 30돌을 맞는 중국의 보다

의젓한 모습을 보여주었으며 연초부터 다사다난했던 백성들에게 축제의 기쁨을 가져다주고 드높은 애국심을 불러일으켰습니다.

이제 북경올림픽대회의 여운을 타고 수도권 조선족 동포들이 학수고대하던 제13차 북경시 조선족 운동대회가 드디어 10월 11일(토요일, 오전 9시 정각시작), 중앙민족대학캠퍼스에서 열리게 됩니다. 우리는 이번 운동대회가 수도권 조선족동포들의 적극적인 참여와 지원 하에 기타 형제 민족들에게는 조선족 동포들의 분발 진취적인 모습을 보여주는 홍보의 한마당, 타 지역 민족 동포들에게는 수도권동포들의 단합된 모습을 보여주는 화합의 한마당, 그리고 자주 만날 사이도 없이 바쁜 일상을 살아온 우리 모두에게는 만나서 반갑고 참여해서 즐거운 축제의 한마당으로 되리라 믿어마지 않습니다.

이번 운동대회에는 민족 전통경기 종목으로 씨름, 그네, 널뛰기가 있고 구류 경기 종목으로 축구, 배구, 골프가 있으며 육상 경기 종목으로는 100미터 경기, 소학생 80미터 경기, 중년남녀 취미성달리기, 가족릴레이, 청년남녀릴레이, 노년릴레이, 중년릴레이 등 종목이 있으며 취미성 경기 종목으로 줄넘기, 장애물경주, 실외볼링 등을 설정하여 남녀노소가 함께 참여하고 즐길 수 있도록 하였습니다. 그 밖에도 노래와 춤마당, 민족상품매대, 도시락매대를 설치하여 운동종목에 참여하는 외에 노래와 춤도 즐기고 마음에 드는 민족특색상품도 사시고 맛깔스러운 민족음식도 맛볼 수 있습니다.

바쁘신 가운데서도 이날만은 꼭 가족이 함께 오셔서 즐거운 하루를 보내시기 바랍니다.

북경시 민족연의회 조선족분회 준비위원회
제13차 북경시 조선족운동대회 준비회사무국
2008년 8월 20일

위의 예문은 제13차 북경시 조선족운동대회 안내문의 전문이다. 중국 소수민족으로서 조선족의 결속력을 드러내는 동시에 조선족 간의 화합을 축제 개최의 목적으로 삼고 있음을 확인할 수 있다. 또한 민족적인 노래와 춤을 통해 조선족의 정체성을 확인, 유지하고자 하는 것도 확인할 수 있다. 이러한 취지가 설득력을 얻어, 북경시 조선족운동대회 & 민속예술축제가 오늘날에 이르러 한민족의 풍모를 전시하고 민족정신과 민족문화를 계승, 발전시키는 무대로 확대, 발전했다.

예컨대 2011년 제14회의 경우, 운동장에서는 축구, 배구, 육상경기, 윷놀이, 널뛰기, 씨름 등 각종 민속 운동경기가 열렸으며, 중앙 무대에서는 민족대학교 학생들의 풍물놀이를 비롯하여 한복을 차려 입은 노인들의 춤사위 등 다채로운 민속공연이 펼쳐졌다. 특히 웅장한 북소리로 시작한 민족대학교 학생들의 민족의 소리, 즉 풍물놀이는 축제에 참여한 모든 사람들의 마음을 울렸다. 한편, 남성 팀의 '바늘 꿰며 달리기', 여성 팀의 '항아리 이고 달리

그림 5 북경시 조선족운동대회 & 민속예술축제

기' 등 이색적인 육상경기는 참여자들이 우왕좌왕하는 우스꽝스러운 모습으로 사람들의 이목을 이끌었다. 운동장 뒤편에는 찰떡, 김치, 순대 등의 전통 먹거리를 맛볼 수 있는 장이 열렸으며, 이외 각종 민속용품을 감상할 수 있는 장도 열렸다. 2014년 제15회의 경우에는 북경 조선족 문화기관, 중앙민족대학교 조문학부, 북경조선족기업가연의회, 북경 조선족노인협회 등 20여 개 팀의 입장으로 시작되었다. 운동회는 육상경기, 배구, 씨름, 높이뛰기, 밧줄 당기기 등으로 구성되었다. 운동대회가 열리는 동안 한켠에서는 민속예술축제 공연이 화려하게 벌어졌다. 노인들의 북춤, 부채춤, 물동이춤, 연변의 유명한 소품 배우 '떼떼부부'의 소품, 김유길, 김미아, 권혁 등 유명 가수들의 노래, 그리고 뮤지컬 〈조선족 전통결혼식〉 등 다채로운 공연들이 현장의 분위기를 뜨겁게 달구었다.[18]

(2) 북경 조선족 대학생 한글날 축제

중앙민족대학교 '옹달샘문학사'는 1995년에 결성된 조선족 대학생 동아리로 북경 조선족 대학생들의 문화 활동을 대변하는 단체이다. 옹달샘문학사는 중앙민족대학 조선언어문학부 학생들이 주축을 이루고 있으며, '한글

---

18) 리이홍, 「북경시 조선족운동회와 민속예술축제 성황리에」, 『CNR 중국조선어방송넷』, 2014. 10. 21.

문화를 지키고 한글문화를 전파하자!'라는 슬로건 아래 해마다 조선어 잡지 편집 및 출판, 글짓기, 연극 공연 등 다양한 행사를 펼치고 있다. 특히 훈민정음 반포 기념일을 계기로, 2008년부터 해마다 펼쳐온 '한글날 연극 축제'는 연극이라는 형식으로 우리말과 우리글의 바른 사용을 선도하는 행사로서 한인사회 및 조선족사회에 영향력을 발휘하고 있다.

옹달샘 제4회 한글날 축제 연극 보러 오세요~

안녕하세요? 저는 중앙민족대학교 옹달샘 동아리 책임자 전연이라고 합니다.

우리 옹달샘 동아리는 이번에도 한글날을 기념하여 야심찬 연극을 준비하고 있는 중입니다. 옹달샘문학사는 1995년 중앙민족대학교 조선언어문학학부 학생들에 의해 성립되어서부터 지금까지 16년의 여정을 걸어왔습니다. 옹달샘문학사의 브랜드 활동 중 한글 창제날을 기념하기 위한 연극은 지난 제3회까지 이어 많은 매체와 사회 각 계층의 사랑을 받아왔습니다.

한글의 탄생 과정을 생생하게 펼친 제1회 〈훈민정음〉, 아름다운 우리말 우리글을 지키기 위해 일제 침략자와 싸우는 역사를 그린 제2회 〈복사꽃이 피었네〉, 우리 민족의 지혜가 담긴 명작 〈흥부전〉을 토대로 현대인의 시각에 맞게 개편한 제3회 〈신 흥부던〉이 있다면 2011년에는 야심차게 준비한 제4회 〈춘향연(戀)〉이 연출될 예정입니다.

이번 〈춘향연(戀)〉은 우리 사회에 점점 사라져가는 순수하고 아름다운 사랑을 다시 찾고자 하는 의도에서 만들어졌습니다. 이번 연극은 강자들의 권세와 사회적 편견에도 아랑곳하지 않고 오로지 사랑하는 사람을 기다리고 사랑하는 감동적이고 아름다운 사랑 이야기를 쓰고 있습니다.

옹달샘문학사는 매년 아름다운 우리말과 우리글로 연극이란 무대를 통해 조선족 전통문화를 널리 전파하는 데 조금이나마 도움이 되었으면 하고자 최선을 다하고 있습니다. 그래서 우리 문화의 전파와 발전을 위한 여러 각 단체, 매체 등 사회의 관심과 지지를 진심으로 바랍니다.

연극은 돌아오는 10월 20일(목요일)에 출연될 예정이고 중앙민족대학교 대강당에서 저녁 7시로 시간을 잡았습니다. 날짜가 변경되면 수시로 연락할 것입니다. 그리고 연기자들이 열심히 준비 중인 사진도 수시로 보내드리겠으니 관심과 지지 진심으로 부탁드립니다. 여러분들의 광림을 진심으로 환영합니다.

중앙민족대학 옹달샘문학사 부회장 전연 올림
2011년 10월 1일

위의 예문은 제4회 한글날 축제의 홍보 안내문 전문이다. 옹달샘문학사의 연혁을 비롯하여 공연물의 홍보에 초점을 맞추고 있는데, 행간에서 동아리에 대한 애정과 행사에 대한 자부심을 느낄 수 있다. 옹달샘문학사는 2008년부터 한글날 특별공연으로 연극 작품을 한 편씩 선보여 왔다. 현재까지 제

그림 6 제3회 한글날 행사와 연극 〈신흥부던〉의 한 장면

1회 〈훈민정음〉으로부터, 제2회 〈복사꽃이 피었네〉, 제3회 〈신흥부던〉, 제4회 〈춘향연〉, 제5회 〈대장금〉, 제6회 〈몽당치마〉, 제7회 〈명성황후〉로 이어져 왔다. 이렇게 옹달샘문학사는 민족문학과 민족문화를 지키는 데 대학생 단체로서 선두적 역할을 하고 있다.

옹달샘문학사는 조선족 3~4세대 이후 세대부터 생경하게 여겨지는 조선어와 조선말을 계승하자는 취지에서 조선어 잡지를 출판하거나 조선어 글짓기 대회를 개최했다. 그러나 단순히 출판과 대회만으로는 조선어와 조선말을 계승할 수 없다는 데 뜻을 모았다. 그리고 그 대안으로 한민족의 고유한 역사와 문화, 그리고 정신을 선양할 수 있는 작품을 연극으로 각색하여 무대에 올렸다. 이를 통해 조선어와 조선말은 물론 한민족의 역사와 문화, 정신까지 지켜나가게 되었다. 연극은 전통복장, 민족무용, 전통음악이 어우러진 형태로 연출했다. 심지어 무당춤까지 선보이기도 했다. 어린 배우들의 열정적인 연기, 흥을 돋우는 가락과 춤은 강당을 메운 조선족으로부터 호응을 유도하기에 충분했다. 관객들은 연극을 감상하면서 자연스레 감정을 정화시키고 카타르시스를 느낀다. 다시금 자신들의 정체성을 확인하면서 한민족의 역사와 문화를 되새긴다. 작은 공간에서 펼치는 아마추어들의 연극이지만, 북경의 한국인과 조선족이 느끼는 한민족으로서 공감은 어느 공연과 비교할 수 없다고 할 수 있다.

(3) 상해 한민족 큰잔치

상해시 한민족 큰잔치는 2005년부터 상해한국인이 주관하는 행사로 '한민족의 화합과 어울림 한마당'을 슬로건으로 내걸고 있다. 실질적으로는 각종 공연, 장기자랑, 바자회, 먹거리 장

그림 7 제6회 한민족 큰잔치: 물동이춤

터 등을 통해 상해시에 거주하고 있는 한국인과 조선족들의 화합과 단결을 목적으로 삼고 있다.

예컨대 2010년의 경우, '새 시대를 향해 한마음 한뜻 다 함께'라는 슬로건으로 민행구 홍천로 협화쌍어학교에서 제6회 행사가 치러졌다. 당시 상행한국인의 주관 하에 상해 주재 한국대사관 및 한국기업과 조선족기업의 협찬이 이루어졌다. 주요 프로그램은 사생대회, 체육회, 음악회, 공연, 바자회, 먹거리 장터, 한민족 어

그림 8 제10회 행사 포스터

울림마당 등이었다. 특히 행사장 주변에서 설치된 바자회, 먹거리 장터 등에서는 파전, 녹두전, 순대, 떡볶이, 갖가지 김치 등을 맛볼 수 있었으며, 특산품으로 장백산 산삼이 특별 전시되었다. 한식(韓食)에 대한 향수를 달래는 동시에 그 맛을 널리 알렸다는 데 의미가 있다. 게다가 판매 수익을 모두 불우한 조선족을 위해 사용한다고 해서 참여자들의 발길이 끊이지 않았다.[19)

나아가 2014년 제10회 행사부터 한민족 큰잔치가 한국인들과 재중동포의 화합은 물론 중국인들과 호흡을 같이 하며 한국문화를 알리는 '한국문화제'로 승화했다. 제10회 행사는 상해총영사관, 상해시조선족기업가협회, 한식세계화한식재단의 후원 및 삼성, 기아자동차, 홍싱메이카이룽(红星美凯龙) 등 기업들의 협찬으로 홍싱메이카룽 광장에서 한국인들과 재중동포를 비롯한 중국인 등 약 5천여 명이 참석하여 성대히 개최됐다. 가장 많은 관심과 인기를 얻었던 '1000인분 비빔밥' 행사는 한인사회 대표들이 '화합과 교류'를 상징하는 비빔밥을 직접 만들어 행사에 참여한 한인들과 중국인 방문객 1천여 명에게 모두 나누어주었다. 매년 개최되는 한민족큰잔치 바자회는 생활에 필요한 다양한 제품을 저렴하게 구입할 수 있는 기회가 되고 있다. 개막식이 열리기도 전에 많은 교민들과 중국인들이 화장품, 생활용품, 가방, 옷 등을 구매하기 위해 오전부터 줄을 서서 기다리는 진풍경이 연출되었다. 또한 먹거리장터에는 치킨과 떡볶이, 바나나 우유, 건강식품, 수산물 등 한국을 대표하는 상품과 음식들이 방문하는 손님들에게 인기를 끌었다. 상해한인어머니회는 한국을 알리고자 전통 김치를 담그는 행사 부스를 별도로 만들어 즉석으로 김치를 만들고 손님들에게 나눠주어 중국인 방문객들에게 감동을 선사했다. 또한 전통 한복을 홍보하는 한복체험 행사도 펼쳐 중국인들에게 한복의 아름다움을 홍보하는 시간도 가졌다. 상하이 청소년 연합 역사동아리 '히스토리움'은 별도 부스에서 '일본군 위안부 역사를 기억하자'는 서명을 받기도 했다.[20]

19) 김태국, 「상해조선족과 한국인 "제6회 한민족 큰 잔치"를」, 『길림신문』, 2010. 12. 6.

20) 강예주, 「상해한국상회, 제10회 한민족큰잔치 한국문화제 개최」, 『상해한인신문』, 2014. 10. 22.

(4) 청도 한국주간축제: 한 · 중 수교 20주년 기념축제

2012년 10월 26일부터 29일까지 청도시 청양구의 성문아울렛에서 '아름다운 우정, 행복한 동행'이라는 슬로건 아래 '한 · 중 수교 20주년 기념축제'가 개최되었다. 이 축제는 재청도한국인회가 해마다 개최하는 '청도 한국주간축제'를 한 · 중 수교 20주년을 맞아 그 명칭을 바꾸어 개최한 것이다.

한 · 중 수교 20주년 기념축제 안내

아름다운 우정 행복한 동행(美好友誼 幸福同行)

2012년은 한중 수교 20주년이 되는 해입니다. 그동안 한 · 중 양국 간에는 사회, 문화, 경제 등 다양한 분야에서 실로 괄목할 만한 교류와 발전이 이어져 왔으며, 외교적으로는 '전략적 동반자'로서 급변하는 세계 정세에 진정한 동반자로서 서로를 인식하게 되었습니다.
이러한 양국의 발전에는 중국 최대 한국기업 진출 도시인 청도시 정부와 청도시민들의 우정이 한국기업과 교민은 물론 조선족 동포와 동포 기업들의 발전에도 많은 기여를 하였으며, 한중 수교 20주년을 맞아 '아름다운 우정 행복한 동행'으로 이어가기 위하여 행사를 개최하려 합니다.

주최: 재청도한국인회
주관: 각 단체, 각 지회, 분과위원회
후원: 청도시인민정부, 주청다오대한민국총영사관, 재중국한국인회, 성문집단, 조선족기업가협회, 조선족여성협회, kotra, 생산기술연구원, 관광공사, 한국농수산식품유통공사, 중소기업진흥공단, 전라북도대표처, 경상남도대표처

재청도한국인회(在青島韓國人會) 회장 김동극
2012. 9. 25.

위의 예문은 한 · 중 수교 20주년 기념축제 안내문의 전문이다. 한국과 중국을 '전략적 동반자'로 규정하고 있으며, 한국인과 청도시민 나아가 한국기업과 청도시의 우호적 관계가 지속되기를 바라고 있다. 실제로 재청도한국인회는 "중국 최대 한국기업 진출 도시인 청도시 정부와 청도시민들의 우정이 한국기업과 교민은 물론 조선족 동포와 동포 기업들의 발전에도 많은 기여를 했다."라고 평가하며 "한 · 중 수교 20주년을 맞아 이번 행사를 주최하게 됐다."라고 밝혔다.[21]

그림 9 한·중 수교 20주년 기념축제 축하공연

한·중 수교 20주년 기념축제는 '한·중 바이어 초청 상품 교역회', '한·중 청소년 예술제', '한·중 수교 20주년 기념관 개관식', '한·중 미술초대전', '사진전시회', '바자회', '한·중 문화공연' 등 다채로운 프로그램으로 구성되었다. 그러나 무엇보다 재중국한국공예품협회, 재중청도대한체육회, 산동성한인축구연합회, 청도도우미마을, 칭한모 등의 단체가 주관으로 참여했다는 점에서,[22] 즉 청도시 교민 전체가 함께 준비하고 진행했다는 점에서 20주년 기념축제가 갖는 의미가 크다고 할 수 있다. 또한 한국 교민들을 격려하고, 현지에 한국문화를 선보이고, 한국기업의 상품을 홍보하는 것은 물론 지역사회의 공헌에 대해 주지했다는 점에서도 그 의미를 찾을 수 있다.

(5) 청도조선족민속축제

청도조선족민속축제는 청도조선족기업협회의 주최로 격년마다 거행하고 있는 대단위 민속축제이다. 청도조선족민속축제는 1999년에 청도시 조선족기업협회가 주최하여 개최한 '제1회 청도시소수민족운동회'로부터 출발

---

21) 고영민, 「재청도한국인회, 한중수교 20주년 기념축제 성료」, 『재외동포신문』, 2012. 10. 29.
22) 「한중수교20주년 기념축제」, 『재청도한국인회』, http://www.qdkorea.or.kr(2015년 7월 2일 검색)

그림 10 청도 조선족 민속축제(왼쪽: 2013년 / 오른쪽: 2009년)

했다. 이후 2006년에 조선족의 전통문화를 선양, 계승하는 것을 목적으로, 2006년에 청도시의 비준을 거쳐 '청도조선족민속축제'로 개명했다. 또한 2008년에 탕원향우회에서, 2009년에 교하향우회에서 '고향컵 운동회'를 더불어 곁들이면서 향우회 계열의 운동회로 변모했다.[23] 즉, 조선족민속축제와 조선족운동회가 결합된 형태의 축제로 확장되었다고 할 수 있다.

청도조선족민속축제는 청도조선족기업협회가 구심점 역할을 해왔다. 협회는 특히 중국조선족기업 사이의 유대와 협력이라는 기본적인 업무 외에도, 중국 조선족사회의 중심 역할도 담당하고 있다. 뿐만 아니라 청도에는 조선족기업협회를 필두로 노인협회, 여성협회, 과학문화인협회, 골프협회, 축구협회, 대학생연합회, 교사연합회 등 신분별, 취미별, 동호별 단체가 형성, 활동하고 있다. 청도조선족기업협회는 조선족 민족축제를 바탕으로 이들 협회들과 경제, 문화적 협조를 공고히 다지고 있다. 축제는 축구, 배구대회, 바늘에 실 꿰고 달리기, 물동이 이고 달리기 등 운동회는 물론 줄다리기, 널뛰기, 씨름 등 한민족 민속놀이를 주축으로 프로그램을 구성하고 있다. 축제 기간 내에 1만여 명에 달하는 관중이 참가하고 있다. 청도의 가장 대표적인 조선족 행사라고 할 수 있다.[24]

---

23) 「청도 조선족 민속운동회 성황리 개최」, 『재청도조선족향우연합회』, http://xianglianhui.com(2015년 7월 3일 검색)

4. 맺음말

한 · 중 수교가 이루어진 지 20여 년이 흘렀다. 애초 정치, 경제적 목적으로 수교가 이루어졌다지만, 수교의 영향은 단지 정치, 경제적인 면에만 국한되지 않았다. 그것은 한국인과 중국인, 한국인과 조선족의 인간적 수교로 이어졌으며, 더 나아가 한국문화와 중국문화, 그리고 조선족 문화와의 교류와 융합으로 이어졌다. 그리고 동시에 중국 내 경제, 사회, 문화, 언론을 새롭게 창출하는 근원지로서 코리아타운을 형성했다. 본고에서는 중국 내 북경, 상해, 청도의 코리아타운이 어떻게 형성되었으며, 또 그곳의 어떤 사회 구조 하에서 한민족의 축제가 벌어지고 있는지 추적하고자 했다. 비록 짧은 역사를 갖고 있지만, 중국 내 코리아타운의 사회적 구조가 매우 견고하며, 그 공간에서 벌어지는 축제가 해마다 발전을 거듭하고 있음을 드러내기 위한 것이었다.

중국 내 코리아타운은 세계 여느 나라의 그곳보다 역동적인 움직임으로 가득 차 있다. 코리아타운이 날로 성장하고 있으며, 그에 견주어 한민족으로서 동질감도 견고해지고 있다. 중국 내 코리아타운의 형성, 발전에 한국기업의 역할이 컸던 것은 사실이지만, 또한 동북3성에 거주하고 있던 조선족의 대도시 이주도 역할이 매우 컸다. 조선족은 한국어와 중국어, 한국문화와 중국문화를 체득했기 때문에 한국기업의 중국 진출 및 정착에 중개인으로서 일익을 담당했다. 그런 만큼 '중국에서 한국인과 조선족은 엮어야 산다'라는 새로운 속담이 생성, 전파되기도 했다. 한국인과 조선족이 한민족이라는 것을 다시금 상기하고, 그 관계를 더욱 긴밀하게 유지하기 위해 해를 거듭할수록 한민족 축제가 발전하고 있다. 그 시간, 그 공간에서 한국인과 조선족은 한데 어우러져 뛰고, 놀고, 웃고, 마신다. '축(祝)'과 '제(祭)'라는 축제의 원초적

---

24) 백낙성, 「2009년 청도 조선족 민속축제 성황리에」, 『흑룡강코리안』, 2009. 10. 2.

목적을 유감없이 달성하고 있다고 할 수 있다.

　한편 중국 내 코리아타운의 형성과 발전은 한류와 밀접한 연관성을 갖고 있다. 중국의 한류는 음반이나 영화보다 한국드라마의 영향력이 더욱 크다. 얼마 전 중국에서 상영된 〈별에서 온 그대〉는 또다시 한류의 붐을 일으켰다. 한국어를 배우고 있는 중국 학생들은 본 방송을 시청하면서 한국어를 중국어로 번역하며 재방송을 통해 수정한다. 그런데 그러한 언어 습득은 동시에 한국문화의 습득이라고 할 수 있으며, 나아가 한국문화의 동경이라고도 할 수 있다. 예컨대 〈별에서 온 그대〉의 영향으로 첫 눈이 내린 2월의 어느 날, 수많은 사람들이 상해 홍첸루에 몰려들었다고 한다. 한 편의 드라마로 인해 상해의 코리아타운이 더한 인기몰이를 하고 있는 것이다. 즉, 중국 내 코리아타운이 더한 생명력을 확보해나갈 한 방안, 현지인들과 네트워크를 강화할 한 방안을 짐작할 수 있다.

고병철, 「중국 상해의 교민과 한국종교」, 『정신문화연구』 제33집, 한국학중앙연구원, 2010.

김재기, 「중국 조선족 집중촌 건설론의 대두와 유형」, 『세계한상문화연구단 국제학술회의 발표집』, 전남대학교 세계한상문화연구단, 2003.

박은옥·독고현, 「북경의 코리아타운과 한국음악 현황」, 『재외한인연구』 제23집, 재외한인학회, 2011.

예동근, 「글로벌시대 중국의 체제 전환 과정하의 종족 공동체의 형성: 북경 왕징(望京) 코리아타운을 중심으로」, 고려대학교 박사학위 논문, 2009.

위군, 「청도 코리아타운에 관한 연구」, 『글로벌문화콘텐츠』 제7집, 글로벌문화콘텐츠학회, 2011.

이윤경·윤인진, 「중국 내 한인의 초국가적 이주와 종족공동체의 형성 및 변화」, 『중국학논총』 제47집, 고려대학교 중국학연구소, 2015.

임영상 외, 『코리아타운과 한국문화』, 북코리아, 2012.

임영상, 「심양 서탑 코리아타운의 변화와 민족문화축제」, 『중국학연구』 제70집, 중국학연구회, 2014.

정희숙, 「조선족 주거지역의 사회변동에 따른 변화」, 『해외 한인 집중 거주지역의 한인사회』, 뉴역시립대학교 퀸즈칼리지 국제학술회의 발표집, 2014.

리이홍, 「북경시 조선족운동회와 민속예술축제 성황리에」, 『CNR 중국조선어방송넷』, 2014. 10. 21.

김태국, 「상해조선족과 한국인 제6회 한민족 큰 잔치를」, 『길림신문』, 2010. 12. 6.

강예주, 「상해한국상회, 제10회 한민족큰잔치 한국문화제 개최」, 『상해한인신문』, 2014. 10. 22.

고영민, 「재청도한국인회, 한중수교 20주년 기념축제 성료」, 『재외동포신문』, 2012. 10. 29.

백낙성, 「2009년 청도 조선족 민속축제 성황리에」, 『흑룡강코리안』, 2009. 10. 2.

심양조선족

인터넷료녕신문

조글로미디어

중국조선족

한계레신문

흑룡강신문

저자 소개

정희숙

중국중앙민족대학 민족박물관 연구부교수, 중앙민족대학교 한국문화연구소 부소장, 중국조선민족
사학회 부회장 겸 비서장/법인대표. 법학 박사학위 수여하였으며 민족학을 전공. 주요 연구성과로는
『조선족 언어문화 교육 발전전략』(2011, 주필), 『연변조선족 생태문화자원 보호와 문화산업 연구』
(2012, 저서), 『중국조선족문화 사업과 문화산업 연구』(2013, 주필), 『소수민족이 중국혁명과 건설
에서의 공헌』(2014, 저서), 『중국조선족연구 2014』(2015, 주필) 등이 있다. 그동안 참여한 주요 프로
젝트는 「장길도 개발개방선도구건설과 조화로운민족관계 연구」(2010, 국가민족사무위원회 프로젝
트), 「211공정 프로젝트」와 「조선족문화와 문화 정체성」(2011, 중앙민족대학), 「985공정 프로젝트」
와 「중국소수민족 비문화유산 연구」(2012, 중앙민족대학), 「아시아 다민족 공생과 민족 공동체」
(2013, 일본아시아재단), 「소수민족이 중국혁명과 건설에서의 공헌연구」(2014, 국가민족사무위원
회) 등이 있다.
이메일: zheng63@hanmail.net

안상경

충북대학교 기초교육원 교수
2006년 2월 충북대학교 국어국문학과에서 고전문학(구비문학) 전공으로 문학박사 학위 취득. 2009
년 2월 한국외국어대학교 글로벌문화콘텐츠학과에서 문화콘텐츠학(문화관광콘텐츠 개발) 전공으로
문화콘텐츠학박사 학위 취득. 충북대학교, 청주대학교, 한국교통대학교, 세명대학교 등 시간강사 역
임. 해외 한민족 사회의 민속문화를 주제로 한 연구물로 「연변조선족 전통문화 브랜드화 추진과 정
암촌의 장소자산 활용」(『역사문화연구』, 2009), 「중국 조선족 세시풍속의 전승과 변화 연구」(『재외한
인연구』, 2011), 「중국 동북지역 아리랑의 전승과 자료 집적의 방향성 연구」(『온지논총』, 2012), 「독
립국가연합 고려인 공동체의 한민족 민속문화 전승 연구」(『슬라브연구』, 2013) 등이 있다. (2014
년~2015년 한국공연문화학회 편집이사 역임)
이메일: ccss04@hanmail.net

공항에서 코리아타운까지 가는 교통편

1. 북경공항(수도공항)은 터미널이 3개입니다. T1, T2, T3으로 되었습니다. 보통 대한항공, 중국남방항
   공, 동방항공은 T2에서 착륙하고 아시아나, 에어차이나는 T3에서 착륙합니다.
   ① 수도공항 T2에서 왕징선 6호 리무진 버스로 25분 이동합니다.
   ② 수도공항 T3에서 순이방향 22호 리무진 버스로 14분 정도 이동하면 왕징입니다.

2. 상해는 푸둥공항과 홍쵸공항으로 나뉘어져 있습니다.
   ① 푸둥공항에서 상해 홍챤로까지 지하철 2호선을 타면 8분이면 도착합니다.
   ② 홍쵸공항에서 상해 홍챤로까지 지하철 10호선을 타면 4분이면 도착합니다.

3. 청도

① 613번 버스로 23분이면 성양시 정부청사에 도착합니다.

② 공항버스 3호선을 타고 로산까지 1시간 34분 소요됩니다.

Part 4

브라질과 호주의
코리아타운과 축제

8

상파울루 코리아타운과 한국문화축제*

최금좌(한국외대)

1. 머리말

　　브라질 한인사회는 대한민국 최초의 공식이민으로 이루어졌다(1963년 2월 12일 브라질 산투스(Santos) 항(港) 도착). 그러나 브라질 한인사회는 이민 50주년이 지난 오늘날에도 그 구성원의 수는 5만 명 미만에 머물러 있다.[1] 이 숫자는 오늘날 해외 한인 700만 명 시대를 고려해 볼 때 쉽게 간과될 수 있지만, 그들의 존재는 대한민국 해외한인사의 중요한 장을 차지하고 있다. 그리고 그들은 그동안 열심히 일한 대가로 진작부터 '세계 이민 역사상 가장 짧은 시간에 경제적으로 가장 성공한 이민 집단'이라는 평가를 받고 있다.

　　브라질은 국토면적 세계 5위(남한의 85배), 인구 세계 5위(2억 700만 명), 그리고 국가총생산 세계 7위의 국가이다(2014년 2조 2,440달러). 브라질 총인구에서 한인이 차지하는 비율은 비록 미미하지만(0.024%), 그들은 이민생활 40년이 지난 2004년 브라질 언론으로부터 브라질 사회가 가장 닮고 싶어 하는 '모범 이민 집단'으로 부상하며 '새로운 브라질 국민'(Neo-Paulistano, '새로운 상파울루 시

---

* 이 글은 『한민족공동체』 제23호(2015. 7)에 실린 것을 보완한 것임.
1) 한인들은 브라질을 미국이나 캐나다로 가기 위해 잠시 머무는 곳으로 여겼다. 따라서 그동안 브라질(파라과이와 아르헨티나 등의 브라질 이웃 국가 포함)을 통해 미국으로 재 이주한 한인들의 수는 약 100만 명에 이르는 것으로 추정되고 있다.

(市) 시민'이라고 인정받게 되었다.

　브라질에서 한인들은 대부분 여성의류의 생산과 판매에 관련된 일을 한다. 그들은 자신의 분야를 포르투갈어로 '물건을 정성들여 만들다'(confecção)라는 뜻을 가진 '제품(製品)'이라 부른다. 그들은 1960년대 후반 봉혜치루(Bom Retiro)구(區)로 진출했다. 그리고 브라질 정부의 시장개방 정책이 있기 전까지 한인 3만 5천 명 중 약 90%가 이 업종에 몰두해, 오늘날 브라질 중산층을 겨냥한 패션계와 의류산업을 이끄는 선두주자가 되었다. 그런데 이민 50주년이 된 2013년에는 한인 5만 명 중 약 80%가 브라질 최대 메트로폴리탄인 상파울루 시(市)에 거주하며, 그들 중 60%가 이 업종에 종사하고 있다.

　봉혜치루는 1990년 브라질 정부가 시장개방정책을 발표하기 이전까지 단순히 한인들의 일터로만 기능했다. 그러던 것이 시장개방정책과 함께 물밀듯 들어오는 한국 상품과 식품을 판매하기 위해 이전에는 브라질 한인사회에 존재하지 않던 대형 식품점('오뚜기'와 '롯데')과 LG전자 대리점 등과 같은 한국 업체들이 하나 둘씩 들어섰다. 이와 함께 그동안 브라질 중산층들의 주거지로 알려진 아클리마성(Aclimação) 구(區)에 위치한 한인들의 학원, 유치원, 교회, 절, 식당 등도 점차 봉혜치루로 이전하기 시작했다. 그 결과 봉혜치루는 어느덧 일터이자 동시에 주거지역으로 변모하게 되었다.

　브라질 한인사회는 시장개방정책 이전까지 봉혜치루에 이렇다 할 건물을 세우지 않았다. 그러나 그곳에 1998년 브라질 한인사회의 숙원사업이었던 '브라질 한국학교 폴리로고스'(Colégio Polilogos)가 설립되고 '천주교 브라질 한인이민성당'(Associação Brasileira Católicos Coreanos)도 2004년 새로운 건물을 신축하여 이전하고, 한인들이 운영하는 호텔들(프린스, 루스 플라자, 뉴월드)도 들어섰다. 이렇게 봉혜치루에서 한인들의 존재가 드러나게 되자 2006년 상파울루 주(州)정부는 상파울루 한국 총영사관을 통해 브라질 한인사회가 〈한국문화의 날〉 행사를 개최해 줄 것을 요청했다. 그리고 상파울루시(市)정부도 2010년 봉혜치루를 '코리아타운'(Korea Town)으로 지정했다.

이러한 분위기를 타고 한국정부 측에서는 공식적으로 한국이민 50주년이 되는 2013년 3월 남미에서 최초로 대학교(상파울루주립대학교 문화대학 동양어학부)에 '한국어학과'를 신설하고 같은 해 10월에 '상파울루 한국문화원'(해외 22개국가 중 26번째)을 개원했다.

본 글은 우선 브라질 한인사회가 봉혜치루에서 2006년부터 〈한국문화의 날〉 행사를 개최하기 이전 어떠한 형태의 축제를 개최해왔는지 그 발자취를 더듬어 보고, 그것들이 브라질 한인사회의 역사 전개과정과 어떠한 상관관계가 있는지 살펴보고자 한다. 그리고 그것들 중에서 어떠한 종류의 축제가 어떤 시기에 진정으로 '한인들의, 한인들에 의한, 한인들을 위한 축제'였는지를 선별해보기 위해서 다음과 같은 질문들로 시작하고자 한다.

첫째, 이민생활 초기 브라질 한인들은 '축제'라는 개념을 가지고 있었을까? 둘째, 만일 그렇다면, 그들이 생각한 축제는 무엇이었으며 그것들을 어떠한 방식으로 표출했을까? 셋째, 그리고 축제의 주최자들은 누구(개인 혹은 단체)였나? 넷째, 그동안 개최된 축제들 중 진정으로 '한인들의, 한인들에 의한, 한인들을 위한 축제'는 어떠한 기준을 적용해야 할까? 다섯째, 브라질 한인사회가 브라질 사회와 거리를 좁히기 위해 개최한 축제들은 무엇이 있었을까? 여섯째, 브라질 한인사회의 역사가 전개되는 과정에서, 축제의 성격 역시 시기별 특성에 영향을 받는 것은 아닐까? 예를 들면, 1990년 브라질정부의 시장개방정책은 한국과의 거리를 좁혔는데, 그것이 브라질 한인사회 축제에 어떠한 영향력을 주고, 또한 2010년 코리아타운 지정과 2011년부터 브라질에 본격적으로 상륙한 K-Pop이 그들의 축제에 끼친 영향력은 어떠한 것일까? 일곱째, 브라질에 진출한 한국기업의 수가 최근 급증하여 400여 개에 이르고 있는데, 그들 기업들이 브라질 한인사회 축제에 끼치는 영향력은 무엇일까? 여덟째, 브라질 한국이민 역사상 가장 큰 축제여야 할 2013년 브라질 한인사회는 두 가지 문제(① 한인회의 투명하지 못한 운영, ② 상파울루 한국학교 폴리로고스의 경매위기)로 고통 받았다. 따라서 '이민 50주년 기념행사'는 어떠한 평가를 받고 있나? 아홉째, 2014년 브라질 월드컵 대회와 2016년 올림픽 대회 개최는 브라질 한인사회의 축제에 어떠한 영향력을 끼치고 있는가? 열 번째, 브라질 한인사회의 축제의 역할과 향후 과제는 무엇일까?

2. 브라질 한인사회의 현황

오늘날 브라질 한인들이 운영하는 한인업체는 약 3,500개 정도 되는데, 그중 60%는 봉헤치루(Bom Retiro)구(區)에 그리고 나머지 40%는 브라스(Brás)구(區)에 집중되어 있다. 이 두 구역은 서울의 동대문과 남대문 시장과 같은 곳으로, 〈그림 1〉에서 보듯이 시내 중심부와 가깝게 위치해 있다. 봉헤치루(Bom Retiro)란 원래 '좋은 휴식처'라는 뜻인데, 그러한 명칭이 부여된 데에는 19세기 브라질의 커피경제가 활발했던 시기에 이곳이 커피 대농장주들의 별장지대였기 때문이다. 그런데 이 지역은 브라질이 1888년 노예해방을 전후로 유럽으로부터 이민을 본격적으로 받아들이기 시작하면서 이민자들을 받아들이는 이민 수용소가 들어섰다. 그것은 흑인노예 대신 부족한 일손을 백인들로 대체시키기 위해 받아들인 이민자들을 커피농장으로 보내기 위해서 3일 정도 머물게 했던 곳이다. 즉, 브라질 정부는 항구로부터 그곳까지 이민자들의 수송을 용이하게 하기 위해서 항구 산토스(Santos)로부터 봉헤치루를 잇는 철도를 개설했다. 그 결과 이 지역은 여러 다양한 인종들이 모여 일하는 공단지역으로 발전했다. 하지만 이 지역은 1960년대 소상인을 중심으로 한 의류, 패션, 직물, 편물 등의 의류산업의 중심으로 탈바꿈했다.

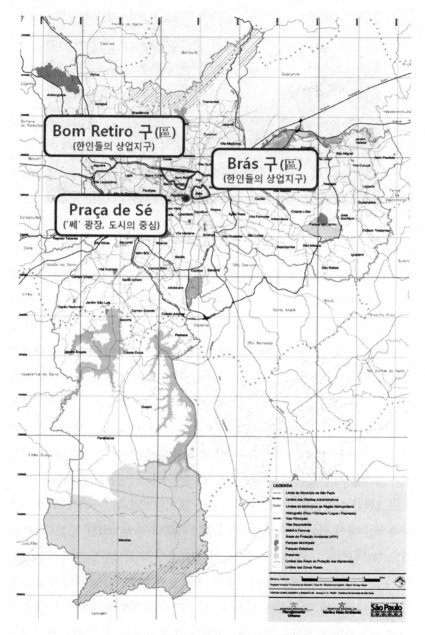

그림 1 시내 중심에 위치한 봉헤치루와 브라스

그림 2 봉헤치루 입구

　얼마 전까지 봉헤치루는 유대인 지역으로 그리고 브라스는 아랍인 지역으로 알려졌었으나, 최근에는 각각 '한인 지역', '한인-볼리비아인-중국인 지역'으로 바뀌었다. 봉헤치루가 2010년 '코리아타운'으로 지정된 데에는 브라질 한인회와 총영사관의 지원이 있었다. 2006년부터 2008년까지 봉헤치루에서 〈한국문화의 날〉 행사를 세 번 치른 경험이 있는 브라질 한인회 회장 박동수는 이명박 전 대통령의 브라질 방문(2008년 11월 17~20일)을 계기로 상파울루에서 열린 동포간담회에서 봉헤치루를 코리아타운으로 지정하게 해달라고 요청했다. 이에 총영사 김순태가 상파울루시(市)정부와 접촉하고, 시의회가 그것을 시조례로 제정하여 봉헤치루를 코리아타운으로 공표했다.

　그런데 상파울루시(市)정부의 이러한 조치는 단순히 한국공관의 요청을 받아들인 것이 아니라, 봉헤치루 재개발 사업에 한인사회를 동참시키려는 의도 때문이었다. 이를 다시 설명하면, 상파울루시(市)정부는 봉헤치루 재개발 사업에 대한 계획을 진작 세워놓고 그중 일부를 '문화 보호지역'으로 지정해 둔 상태였는데, 한인들이 코리아타운 지정을 요청하자 재개발 사업에 드는 비용을 브라질 한인사회에 전가시키려 한 것이다. 그들의 이러한 조치는 1950년대 리베르다지(Liberdade)구(區)를 '일본인 촌'으로 명명할 때와 같은 맥

락에서 이루어졌다.[2]

그리고 브라스구(區)에는 '한국거리(Rua da Coréia)'와 '한국공원(Prac,a da Coréia)'이 조성되어 있다. 트레스 히오스(Três Rios)의 '한국거리'는 상파울루시(市)정부와 서울 시청이 1970년 자매결연을 하면서 생겼고, 오리엔치(Oriente)의 '한국공원(Praça da Coréia)'은 1983년 이민 20주년을 맞으면서 공원부지를 상파울루 시청으로부터 불하받은 것이다. 그리고 이 지역에는 같은 해인 1983년 브라질 한인사회가 브라질 사회에 대한 봉사차원에서 세운 「한국복지회」(현 이사장 김정한)가 있는데, 이것은 인종과 종교 그리고 국적을 초월하여 가난하고 불우한 이웃을 돕기 위해 설립한 의료봉사 기관이다.[3] 오늘날 이 기관의 최대 수혜자는 한인 '제품'업자들로부터 하청을 받아 봉제업으로 생계를 이어가는 볼리비아인들이다. 그러나 최근 그들의 수가 20만 명으로 급증하면서 그들은 한인들과 '노동법'을 둘러싸고 다투고 있다. 그리고 또 다른 현상은 중국인들의 수가 급증하면서 그들이(약 200만 명에 이를 것으로 추정하는 사람도 있음) 막강한 자본을 무기로 저가공세를 펴면서, 브라스 지역에서는 '새벽시장'에서까지 한인들을 퇴출시키고 있다.[4]

3. 브라질 한인사회의 역사와 시기별 특징

필자는 최근 「2013년 이민 50주년을 맞이한 재 브라질 한인사회의 현황과 문제점」이라는 논문에서 브라질 한국이민 50년의 역사를 다음과 같이 크

---

[2] 당시 상파울루市는 도시 확장사업의 일환으로 일본계 이민자들에게 그곳의 땅을 무상공급하며 그곳의 개발비용과 개발방식을 전적으로 그들에게 부담시킨 바 있다. 따라서 재 브라질 일본인 사회는 시정부가 닦아놓은 길옆에 가로등을 설치하며, 그곳을 일본식 건물로 채웠다. 이것이 오늘날 '일본인 촌'의 탄생배경이다.

[3] 1983년 이명찬, 주성근이 「크리스티안 복지협회」로 발족시킨 것을 1991년부터 김정한 이사장이 맡아 운영하고 있다.

[4] 김범진과의 인터뷰, 2015년 1월 27일.

게 세 시기로 구분한 바 있다.

첫 번째 시기(1963~1989년): 브라질 도착과 적응시기

두 번째 시기(1990~2009년): 브라질 정착과 브라질 사회로의 동화시기

세 번째 시기(2010~ 현재): 경제침체로 인한 갈등과 분열의 시기

따라서 이 시기별 구분에 의해 그동안 브라질 한인사회에서 개최된 축제들을 나누어 살펴보고, 그것의 특징이 무엇인지 분석해보도록 하겠다.

1) 첫 번째 시기(1963~1989년): 브라질 도착과 적응시기

브라질에는 공식 한국이민이 도착하기 이전부터 한인들이 존재했다. 그들은 일제 강점기 일본 국적으로 도착한 사람들[5]과 1956년 51명의 '반공포로' 혹은 '중립국 포로'로 브라질에 도착한 사람들이다.[6] 1963~1968년 사이 농업이민으로 배를 타고 브라질에 도착한 약 1,300명의 한인들이 농촌에 정착하지 않고 곧바로 도시 상파울루에 이주했다. 그것은 그들이 주로 퇴역 장교, 기독교인, 교육수준이 높은 중산층이었다는 사실 외에도 먼저 브라질에 도착한 한인들의 충고를 받아들였기 때문이다.

상파울루에 도착한 한인들은 우선 일본인촌 리베르다지(Liberdade)구(區)의 '글리세리우(R. Glicerio)'와 '콘지 데 사르제다스(R. Conde de Sarzedas)' 거리 사이에 '한국인 촌(Vila Coreana)'을 형성했다. 그곳은 비록 범죄와 매춘 지역으로 환경이 열악한 곳이었지만, 초기 한인들이 친척이나 재산의 유무에 상관없이 그곳으로 모여들었다. 그것은 그곳이 시내 중심가에 위치했고, 집세가 쌌으며, 또한 일제강점기에 교육받은 사람들이 일본어를 사용하여 브라질 사

---

5) 1908년부터 시작된 일본이민과 함께 들어간 한인들 스스로가 한국인임을 밝히지 않는 이상 정확한 숫자를 파악할 수 없지만, 1920년대에 브라질에 발을 디딘 사람들은 김군수(별명), 김수조, 장승호, 이중창, 박학세 등이 있다.

6) 한국전쟁 중 유엔군 포로로 잡혀 거제도 수용소에 있던 사람들 중 88명(한인 76명과 중공군 12명)이 2년 체제조건으로 중립국 인도로 건너간 후, 그들 중 51명이 1956년 1월 6일 리우 데 자네이루 공항에 무국적자로 도착했다. 이때 아르헨티나에 도착한 사람은 12명이었다.

그림 3 1970년대 '한국인 촌'

회에 대한 정보를 얻을 수 있었기 때문이다.

도시 상파울루에서의 한인들의 직업은 자본의 유무에 따라 크게 두 가지로 나뉘었다. 자본이 있던 사람들은 일본인촌에서는 샤루타리아(Charutaria, 담배가게)나 폰투(Ponto, 사탕·껌·과자 등을 파는 구멍가게)를, 봉혜치루에서는 과일 노점상이나 야채·과일상을, 혹은 쿠리치바에서 주유소 등의 사업체를 운영했다. 그리고 자본이 없던 사람들은 자신들이 한국에서 준비해간 메리야스류의 물건들,[7] 이민선이 홍콩이나 싱가포르 같은 항구에 정박할 때마다 장만했던 물건들(시계, 카메라, 여성용 액세서리, 직물)을 보따리에 싸서 상파울루 외곽지역에서 농사를 짓고 있던 일본 사람들을 대상으로 방문판매를 하는 생존 메커니즘을 만들어냈다.

---

[7] 당시 한국정부가 제1차 이민자들에게 허용한 외화보유는 1인당 200달러였다. 따라서 이민자들은 외화 대신 브라질에 도착해서 팔 수 있는 물건을 준비했다. 그런데 더 이상 팔 물건이 없자, 한인들은 주먹구구식으로 제품을 생산하기 시작했다.

하지만 한인들은 물건이 떨어지자 직접 옷을 생산하기 시작했다. 그것은 포르투갈어를 구사할 필요도 없이 적은 자본과 가족의 노동력만으로도 시작할 수 있는 일이었기 때문이다. 그리고 그들은 1960년대 말 유대인 지역인 봉헤치루로 진출하기 시작했다. 때마침 1971년 외무부 산하 한국해외개발공사를 통해 모집된 1,400명의 기술이민자들이 비행기로 브라질에 도착하면서 한인들의 '제품'은 체계화되었다. 그것은 그들이 서류상으로만 기술이민자였을 뿐, 실제로는 대학졸업장을 갖춘 고학력의 중산층이거나 혹은 남대문이나 동대문에서 의류업에 종사한 경험이 있던 사람들이었기 때문이다.

그리고 한인들의 '제품'이 경제적으로 부흥하는 데에는 두 가지 요인이 작용했다. 첫 번째는 1980년대 파라과이, 볼리비아, 아르헨티나의 국경을 불법으로 넘어 브라질에 들어온 불법체류자들의 존재이고, 두 번째는 브라질의 '잃어버린 10년'이라고 알려진 브라질의 1980년대에 한인 1.5세 엘리트들이 이 업종으로 흡수된 것이다. 불법체류자들은 한인들에 의한 노동력 착취때문에 한인사회의 직접적인 갈등의 원인이 되었지만, 또 다른 한편으로는 교회를 통한 단결과 상부상조, 그리고 더 나아가 '제품'을 중심으로 한 경제성장의 바탕이 되었다. 즉 '양날의 칼'로 작용한 것이다. 브라질 한인사회는 1990년 브라질 시장이 개방되기 전까지 '제품'의 생산, 도매, 유통분야에 종사하며 비교적 수평적인 사회를 유지했는데, 브라질 사회에 정통한 한인 1.5세 엘리트들의 흡수로 이 업종을 체계화시켜, 경제적으로나 문화적으로 더욱 풍요로운 시대를 구가하게 되었다.

2) 두 번째 시기(1990~2009년): 브라질 정착과 브라질 사회로의 동화시기

브라질 정부의 1990년 시장개방을 계기로, 서울-상파울루 구간을 잇는 대한항공(KAL)과 브라질항공(Vasp, 바스피)의 직항로가 개설되고 한국과의 무역이 증가했다. 그리고 브라질 문민정부의 일곱 번째 인플레 억제 정책인 1994 년의 '헤알정책'(Plano Real)이 성공하자 브라질 한인사회는 그동안의 관행(돈을 달러로 바꾸어 브라질 한국여행사를 통해 미국이나 한국의 은행으로 송금하는 것)을 깨고 브라질 부동산에 투자하기 시작했다. 이때 가장 먼저 나타난 현상은 한인들이 봉헤 치루에서 비교적 후미졌던 프로페소르 롬브로주(R. Prof. Lombroso) 거리의 건물 을 매입하여 강남의 청담동처럼 개발해 낸 것이다.

브라질 한인들이 점차 브라질에 정착하는 현상을 보이자 과거 미국으로 재 이주했던 사람들이 브라질로 귀환하기 시작했다. 이로써 브라질 한인들 의 '제품' 커넥션은 상파울루-로스앤젤레스-한국으로 확장되어[8] 규모가 확 대된 것은 물론 전문화, 고급화되었다. 그 결과 봉헤치루는 브라질 지방에서 온 소매상인과 파라과이나 볼리비아에서 온 도매상인은 물론 카리브 해의 도미니카공화국과 미국의 자바(Jobber) 시장에서 온 도매상인, 그리고 아프리 카의 앙골라에서 온 도매상인들이 드나들기 시작했다. 하루 유동인구 최고 7 만 명으로 집계되는 이곳의 한인들은 더욱 계층화되기 시작했다. 따라서 변 화에 적응하지 못한 사람들은 그동안 브라질 한인사회에서는 존재하지 않았 던 업종(밑반찬집, 떡집, 가전제품 수리점, 구두수선집, 미장원, 이발소 등)에 종사하거나 그 것이 여의치 않으면 지방으로 이주했다.

3) 세 번째 시기(2010년 이후): 경제침체로 인한 갈등과 분열의 시기

이 시기 한인들의 '제품'은 그동안의 '벤데(vender)'(제조업체, 도·소매업체, 바느 질이나 단추를 찍는 가내수공업체) 혹은 '벤데돌(vendedor)'[9]이라고 불리는 행상업체보

---

8) 그리고 이러한 '제품'의 해외 네트워크 구축은 같은 관심과 목표를 가진 한인들끼리의 결혼을 더욱 촉진시키는 계기가 되어, 그동안 자녀의 한인 배우자를 이웃 남미국가에 한정시켰던 것을 1990년 이후에는 미국이나 캐나다, 그리고 한국까지 확대시켰다.

9) 포르투갈어 동사 vender는 '판매하다'이며, 그것의 파생명사 vendedor는 '판매인'으로 영어의 *salesman*에 해당된다. 이들은 제품업자나 도매상인의 물건을 소매업자에게 공급하고 대신 '발리 (vale)'라고 하는 약속어음을 받아 건네주는 역할을 하며, 제품의 메커니즘을 습득한다.

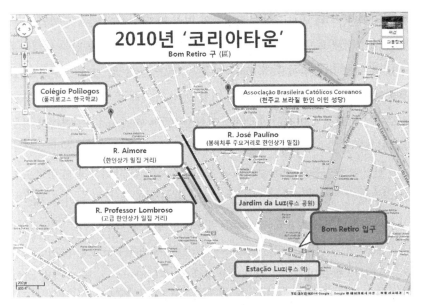

그림 4 2010년 '코리아타운'으로 명명된 봉헤치루

다 더 세분화되었다. 따라서 옷본을 뜨는 '뽄집', 단추나 지퍼 그리고 라벨을 취급하는 부속상회, 나염업체 등이 생겨났다. 하지만 2008년 세계경제위기는 브라질 한인사회를 분열시켰다. 빈부의 격차 외에도 '올드커머(Old comer)'와 '뉴커머(New comer)'로 나뉘었다. 브라질에 진출한 한국기업의 수가 400개로 임기가 끝난 이후 브라질에 정착한 주재원 가구 수가 120가구로 증가하면서 그들은 그들만의 네트워크를 형성했다. 주재원들은 고급 아파트 단지인 모룸비(Morumbi)와 빠남비(Panamby)에 거주하면서 자녀들을 인근의 국제학교에 보냈다. 하지만 올드커머들의 경제적 상황은 상대적으로 악화되었다. 따라서 올드커머들은 상파울루에서 경제활동을 하는 대신에 가족을 남겨둔 채, 홀로 한국 기업들이 진출한 지방 도시로 이동하기 시작했다.

4. 축제를 기준으로 본 시기별 특징

브라질은 국가형성 배경 때문에 정책적으로 해마다 도시를 중심으로 한 지역단위의 축제나 자녀들의 학교행사 등에서 소수 민족들이 자신의 문화를 교류하며 서로 소통할 것을 장려해왔다. 따라서 브라질 한인사회는 이민 초기부터 '이민자들의 축제'에 참여하여 한국문화를 적극적으로 소개해왔다. 참여하는 방식도 시간의 흐름과 함께 달라졌는데, 초기 한국음식, 한복, 고전무용, 사물놀이 등에서 최근에는 K-Pop의 붐으로 K-태권도, K-Food(멜로나와 BBQ, 오뚜기 전문 식품 수입회사), K-영화제로 발전하고 있다. 그런데 오늘날 브라질 한인사회가 한인회를 중심으로 정규적으로 개최하는 행사는 〈3·1절〉, 〈8·15 경축행사〉 〈한국이민의 날〉, 〈브라질 이민자들의 민속 문화제〉, 〈한국문화의 날〉인데, 그중 가장 큰 행사는 브라질 사회를 대상으로 하는 〈한국문화의 날〉이다. 그리고 그 밖의 축제들은 한인사회에 존재하는 약 40개의 단체(동창회 제외)와 약 50개의 종교단체가 특정 목적으로 소규모로 진행하는 것이 특징이다.

1) 첫 번째 시기(1963~1989년): 내부적 단결을 도모하기 위한 행사

1960년대부터 1980년대까지 브라질 한인사회에서 개최되었던 행사들을 연도별로 정리하면 〈표 1〉과 같다.

표 1 첫 번째 시기(1963~1989년)에 거행된 행사들

일시	주최/주관	행사명	장소
1975.	교민회	교민축구 선수단 선발	파라과이 원정
1972. 9. 15.	목진태(개인)	브라질 독립 150주년 기념독주회	상파울루 시립극장
1976. 4. 26.	문화협회(회장 조중철)	미스코리아 선발대회	일본문화회관 대강당

일시	주최/주관	행사명	장소
1980. 9.	한인회	브라질 이민자들의 민속 문화제	이비라푸에라 공원 일본 문화 회관 등
1981.	한인회	교민대운동회	한인 유원지 Riacho Grande
1981. 10. 26~30.	이민신문 (Jornal do Imigrantes)	제1회 브라질 전국이민 대표자 대회	
1982. 10.	국립무용단	순회공연	
1983. 1. 11.~14.	한인회(회장 김성민)	브라질 한국이민 20주년 기념행사	상파울루 시립극장
1984. 6. 21.	한인회	교민대운동회	한인 유원지 Moje das Cruzes
1985. 3. 7.	한인회	제1회 한국인의 밤	Juventos Club
1985. 10. 10~14.	대한체육회 브라질지부	제66회 전국체전 참가	한국
1986. 3. 20.	한인회	제2회 한국인의 밤	
1985. 8. 25.	씨름협회	민속제전(씨름대회)	한인유원지
1987. 9.	국립무용단	순회공연	
1987. 10. 3	한인회	제3회 한국인의 밤	Corinthia Clube
1988. 4. 25.	한국일보남미지사 주최 (지사장 홍성천) 브라질 항공사 Varig/ 대한항공 협찬	미스코리아 선발대회	아넴비 대극장
1988. 11.	예총	전통예술문화제	

출처: 브라질한인이민 50년사(2011)

다음은 브라질 한인사회가 첫 번째 시기, 즉 이민 초기 30년 동안 개최
했던 행사들 중에 중요하다고 생각되는 것들을 1983년(이민 20주년)을 전후로
나누어 정리해 보았다.

(1) 1983년 이전의 행사들

1975년 '파라과이원정 교민축구 선수단 선발'은 당시 남미에서 한국불법이민으로 골치 아파하던 한국정부(외교부)가 1974년 5월 4일(소위 5.4조치) 남미로의 이민을 전면 금지함에 따라 브라질 한인회가 파라과이 한인회와 공조할 필요에 의해서 개최한 행사라고 볼 수 있다. 1976년 '미스코리아 선발대회'는 한인사회가 '신파'와 '구파'로 나뉘어 한창 분열할 때, 한국대사관이 손을 들어준 퇴역장교출신들이 '교민회'를 대체할 '문화협회'를 새롭게 조직했는데 이 새로운 조직이 브라질 한인사회를 위한 화합의 차원에서 개최한 행사라고 할 수 있다. 1981년 '제1회 브라질 전국이민 대표자 대회'는 이민신문(Jornal do Imigrante) 주최, 상파울루시(市)정부 후원으로 개최되었는데 브라질 시민단체가 증가하는 이민에 대한 중요성을 인식하고 그들에 대한 보호협조를 연방정부에 건의하는 것을 목적으로 한 행사였다.

(2) 1983년 이민 20주년 행사

브라질한인회 주최로 1983년 1월 11일부터 1월 14일까지 브라질 한국이민 20주년 행사가 3박 4일간 성대히 개최되었다.

(3) 1983년 이후의 행사들

'교민대운동회'는 한인회(1976년 교민회에서 한인회로 개칭됨) 주최로 1981년과 1984년에 두 번 개최되었는데, 그것은 한인회가 두 개의 유원지를 새롭게 획득함으로써 기획한 행사였다. 한인회는 한인회관 구입(R. dos Parecis 107, 1979년 6월 45만 달러 지불) 이후 남은 돈으로 '모지 다스 꾸르지스 유원지'(Moje das Cruzes)를 1980년 5월에 한인 제1유원지로 구입하고 '히아슈 그란지 유원지'(Riacho Grande)를 1984년 5월 28일에 제2의 유원지로 수용했다.

전두환 대통령 시절 급조된 '대한체육회 브라질지부'(1985년 9월 28일)의 초대 지부장 조성민(태권도 협회장)은[10] 취임한 지 한 달이 되지 않은 상태에서 단원 32명을 이끌고 한국의 '제66회 전국체전'(1985년 10월 10일~15일)에 출전했다.[11] '한인의 밤'을 비롯한 1985년 이후 개최된 행사들은 그 당시 브라질 한인사회가 경제적으로 어느 정도 안정되었음을 나타내는 지표라고 할 수 있다.

2) 두 번째 시기(1990~2009년): 한국과의 교류증가로 한국인 초청 공연 증가

브라질의 정치체제가 군정에서 민정으로 바뀌고(1986) 시장개방(1990)과 함께 노동자당(PT) 출신의 루이자 에룬지나(Luiza Erundina, 1989-2003)가 상파울루 시장으로 당선되었다. 이 시기는 변화에 대한 욕구가 컸던 시대이다. 브라질 한인사회는 상파울루시(市)정부로부터 (1983년 한국이민 20년 주년 기념으로) 불하받은 한국공원에 '이민 선구자 추모비'를 건립하고, 연방정부로부터 재정적 지원을 받아 제1 한인유원지 모지 다스 꾸르지스에 아스팔트를 깔고, 브라질 한국학교 설립을 구체적으로 추진했다. 이때 브라질 한인사회는 사회활동 및 여가활동에 대한 욕구로 다양한 단체를 조직하는데, 이때 대표적인 단체가 '예총'과 '상공회의소'이다. 1990년대와 2000년대 동안 브라질 한인사회에서 개최된 행사들을 연도별로 정리하면 아래 〈표 2〉와 같다.

표 2 두 번째 시기(1990~2009년)에 거행된 행사들

일시	주최/주관	행사명	장소
1990. 7. 31.		일본 조총련 학생 축구대표단 브라질 방문	
1990.	대한체육회	남미한민족체육대회	상파울루

---

10) 부회장은 하재명과 김영대, 사무국장은 박태희, 축구협회장 정우영, 검도회장 김양묵, 야구협회장 박동수, 정구 협회장 황점식, 태권도협회장 권금준, 씨름 협회장 이강민이 각각 맡았다.

11) 당시 조직위원장 이봉우, 단장 정우영(축구협회장), 부단장 이강민(씨름협회장)이었다.

일시	주최/주관	행사명	장소
1990. 12.	권오식(개인)	한국합창단 초청공연	아넴비 대극장 (Anhembi Grande Auditório)
1992. 1. 14.	남미 동아 창간 5주년기념	가야금 산조 준 인간문화재 23호 양승희 박사 초청공연	상파울루 시립 문화회관
1992. 2. 22.	남미동아주최/한인교회주관	디아스포라 합창단(헤씨페) 한-브 친선음악회	아넴비 대극장
1992. 3. 1.	한인회(회장 신수현)	상파울루 카니발	아넴비 삼보드로모
1992. 6. 9.	한인회	이민 선구자 추모비 제막식	한국광장
1993. 1.	예총 주최/KBS 주관	모국연예인단 공연	아넴비 대극장
1993. 2. 12.	제1차 이민 자녀들	이민 30주년 자축회 개최	갈벙부에노 식당
1993. 8. 5.	한인회	이민 30주년 기념식수	아넴비 대극장
2003. 2. 1.~28.	한인회(회장 권명호)	이민 40주년 기념행사	
2003.	청사모(회장 공용구)	청사모(청소년을 사랑하는 모임)의 드림 콘서트	파텍(Fatec) 시립전문대학 강당
2003. 4. 27.	한인기독교 합창단과 Santo Andre 교향악단 협연	한-브 친선음악회	상파울루 시립극장
2003. 5. 6			산투 안드레 시립극장
2006. 5. 27~28.	한인회	제1회 한국문화의 날	봉헤치루
2006. 11. 23.	한인회(?)	한인의 밤	에스페이아 클럽
2007. 8. 15.	한인회	광복절 경로잔치	모지 유원지
2007. 8. 19.	한인회(?)	한인의 밤(고국 연예인 초청)	아넴비 대극장
2007.	한인회	제2회 한국문화의 날	봉헤치루
2007. 9. 25.	한인회(?)	추석맞이 경로잔치	유토피아 식당
2007. 12. 21.	한인회(?)	(송년) 음악회	유대인 클럽(Clube Hebraica)
2008. 5. 15.	한인회	45주년 한국이민의 날	한국학교

일시	주최/주관	행사명	장소
2008. 9. 26~27.	한인회	제3회 한국문화의 날	봉헤치루
2008. 11. 7.	한국 천주교회	한국요리 강습회	한국 천주교회
2009. 3. 9.	한인회	한국 이민의 날	상파울루 시의회 회관
2009. 10. 2.	한인회	제4회 한국문화의 날	에스페이아 클럽

위의 〈표 2〉에서 알 수 있는 것은, 1990년대 초반 시장개방과 함께 많은 행사가 한국에서 초청된 사람이나 단체들에 의해 개최되었다는 것과 1994년부터 10년 동안은 그러한 행사가 거의 없었다는 것이다. 그것의 원인에는 브라질의 경제정책 변화를 꼽을 수 있다. 외부적으로 1994년 브라질 민정의 일곱 번째 인플레 억제 정책인 헤알플랜(Plano Real)이 성공한 것으로 평가되고 있으나, 실제로는 달러 대 헤알화 비율이 1:1로 인위적으로 오랜 기간 동안 유지되면서 부작용을 낳았다. 이 기간 비록 브라질 한인사회는 달라진 경제환경에 적응하느라 힘든 시기를 보냈지만, 2006년 〈한국문화의 날〉 행사를 계기로 한국의 정체성을 나타낼 수 있는 크고 작은 행사들이 연이어 생겨나게 되었다. 다음은 위의 행사들의 일부를 설명한 것이다.

(1) 〈일본 조총련 학생 축구대표단〉 환영 만찬

1990년 브라질의 시장개방과 함께 '일본 조총련 학생 축구대표단'(단장 최홍렬, 오사카 조선학교장), 감독 김종진, 선수 43명이 브라질을 방문하여, 브라질 한인사회 - 축구협회(회장 김익배), 체육회(회장 함종성), 남미동아일보(사장 박태순) - 의 만찬 대접을 받았다.

(2) 2003년 '청사모(청소년을 사랑하는 모임)'의 드림콘서트

2003년 청소년을 사랑하는 모임인 '청사모'(회장 공용구)는 브라질 한인사

그림 5   2003년 '청사모'의 드림콘서트 장면

회의 청소년들을 위하여 시립전문대학 강당인 파텍에서 드림콘서트를 개최하여 브라질 한인사회에 큰 반향을 일으켰다.

(3) 〈한국문화의 날〉 행사

2006년 제1회 〈한국문화의 날〉 행사는 「한인회」(회장 박동수)가 상파울루주(州)정부의 요청을 받아들여 2006년 5월 26~27일 봉헤치루에 위치한 '오피시나 쿨투라 데 오스왈두 안드라지(Oficina Cultura de Oswaldo Andrade, Rua Três Rios, 363번지, Santa Inês학교 앞)에서 개최했다. 행사 날짜를 매년 5월 네 번째 주말로 정했으나 아직까지는 한인사회의 형편에 따라 바꾸어 개최하는 경향이 있다. 2006년 행사내용은 무용, 태권도, 합창, 전통혼례, 궁중의상 패션쇼, 길거리 춤, 밴드, 가요, 사진, 미술, 서예, 도자기, 다도, 한국영화, 전통음식, 한국 제품 전시, 이민역사 사진전시회, 침술 등이 포함되었고, 상파울루 총영사관은 한류를 이끌고 있는 영화 등을 소개하였다. 원활한 진행을 위해 상파울루주(州)정부의 문화국이 무대 조명, 스크린 홍보, 언론접촉, 옥외화장실설치 등을 지원하였다. 2007년 제2회 〈한국문화의 날〉 행사에는 진각사를 비

그림 6 2006년과 2009년 〈한국문화의 날〉 행사 팜플렛
2006년 제1회 〈한국문화의 날〉과 2009년 제4회 〈한국문화의 날〉 행사 팜플렛(2009
년 행사는 브라질 한국 국교수립 50주년 행사를 겸한 것으로 한국으로부터 축하공연팀
들이 참여한 큰 행사였음)

롯한 불교신도들이 적극 참여해 한국의 불교문화를 알렸고, 2009년 행사는
한-브라질 수교 50주년 기념행사를 겸해 10월에 열렸다.

3) 세 번째 시기(2010년~): K-Pop의 영향으로 축제 외연 확대

표 3 세 번째 시기(2010~2015년)에 거행된 행사들

일 시	장 소	콘서트 및 축제명	비 고
2010. 5. 21~22.	상파울루 봉헤치루	한국문화의 날	코리아타운 지정기념 행사를 겸함
2011. 2. 16.	동양선교교회	한국인의 밤	한국의 영음아트 기획이 2013년 이민 50주년 기념행사를 위한 예비 공연
2011. 2. 17.	상파울루 삼보드로모	상파울루 카니발 개막식	한국의 영음아트 기획이 Kofice와 문화관광체육부의 지원을 받음
2011. 8. 5.	에스페리아 클럽	제9회 드림콘서트	브라질 청소년들에게 문호개방

일 시	장 소	콘서트 및 축제명	비 고
2011. 9. 7.	홈즈 클럽	'커버댄스 페스티벌 K-Pop 로드쇼 40120'의 브라질예선	8천여 명 운집 (경찰 추산 5천 명)
2011. 12. 13.	에스파수 다스 아메리카스 (Espaço das Américas)	유나이티드 큐브 월드 투어	비스트, 포미닛, 지아 등 출연
2012. 1. 19.	봉헤치루 성당	스타 데이트	제국의 아이돌, 동준, 케빈 출연
2012. 6.	에스페리아 클럽	제10회 드림콘서트	제2회 K-Pop 커버댄스 콘테스트 겸함
2012. 9. 8.	에스파시오 빅토리 공연장	JYJ 시아준수 콘서트	약 1,300명 참석
2012. 10. 12.	이비라푸에라 공원	강남스타일 플래시몹	약 500명 참가
2012. 12. 8 ~ 2013. 2. 3.	리브라리아 쿨투라 (Livraria Cultura)	K Invasion	K-Pop 공연 DVD시사회
2013. 2.	페르남부쿠 주(州)의 헤씨페 시(市)	싸이의 브라질 카니발 축제 참여	장사진을 이룸
2013.	상파울루	이민 50주년 기념행사	10개로 나누어 진행되었음 리우와 상파울루 카니발 참가 미스코리아 대회 개최
2013. 4.	Credit Card Hall	슈퍼주니어의 Credit Card Hall 단독공연	상파울루 최대공연장 8,000석 매진
2013. 12. 18.	파라나주, 쿠리치바시 파라나클럽 (Paraná Clube)	뉴이스트(Nu'est)의 '서킷 오브 케이팝 (Curcuit of K-Pop)'	루나플라이, 방탄소년단, Mr.Mr 등 2,000석 매진
2014. 6. 7.	리우데자네이루의 HSBC 아레나 공연장	KBS의 Music Bank	1만 5,000명이 들어가는 공연장에 2/3인 1만 명이 운집
2014. 8. 13~15.	코리아브랜드 한류상품박람회 2014 (KBEE 2014)	World trade Center 골든홀 전시장	산업통상자원부와 문화체육관광부(주최) KOTRA와 한국콘텐츠진흥원(주관) 아이돌 빅스(VIXX) 참가
2015. 6. 5.	에스파수 다스 아메리카스 (Espaço das Américas)	김범수	1만 5,000명이 들어가는 공연장에 6,000명 참석
2015. 6. 24.	피라시카바 소재 Unimep 대학캠퍼스	피라시카바의 중·고등학교 축제 '한글 써주기 행사'	한국사물 놀이팀 상파울루 교육원 한글수업 팀 참가

(1) 2010년 〈한국문화의 날〉 행사

2010년 〈한국문화의 날〉 행사는 봉혜치루 코리아타운 지정 경축행사를 겸해 5월 22일에 거행되었다. 이때 한인회(회장 서주일 의사)는 참여자들에게 제공할 음식과 붉은 티셔츠를 준비하여 많은 사람들이 참여할 수 있게 독려했다.

(2) 2011년 상파울루 카니발 참여

2013년 이민 50주년을 앞두고 여러 가지 다양한 행사가 2011년부터 전야제의 성격을 띠고 열리기 시작했다. 첫 신호탄으로 열린 행사는 한인사회의 한인예술단

그림 7 2010년 〈한국문화의 날〉 행사 팜플렛
* 이 행사는 〈봉혜치루 코리아타운 지정〉 경축행사를 겸한 것이었음

체 – 서예, 미술, 동양화 동호회 – 가 공동으로 2011년 1월 24일 오스발도 데 안드라지 문화원(Oficina Oswaldo de Andrade)에서 개최한 〈한인 아트전〉이다.[12]

이 행사에 이어 한국 공연기획사인 '㈜영음아트기획'(Young Eum Art)이 한국문화산업교류재단(Kofice)과 문화관광체육부의 후원을 받아[13] 80여 명의 K-Pop 스타들, 카 레이싱 걸들(car racing girls), 사물놀이패, 패션모델과 스태프

---

12) 서예전을 시작으로 각각 1주일씩 전시하여 총 3주 동안 열린 이 행사는 관람객들의 편의를 고려한 여러 단체가 공동으로 기획한 첫 행사였다.

13) 영음아트기획은 〈한성백제문화제〉, 〈허준축제〉, 〈남산골축제〉, 그리고 〈오사카세계음식문화축제〉 등 한국지역문화는 물론 한류문화 등의 행사를 기획, 주관하고 있다. ㈜영음아트 기획의 홍 대표가 2013년 브라질 이민 50주년 기념행사에 관심을 갖게 된 계기는 2007년 브라질 한인회 초청으로 열린 〈고국 연예인 초청 및 한국인의 밤〉 - 장미화를 비롯해 강민주, 소명, 오은주, 박정식, 이지은 (성악가) 등이 참가 - 에 참가한 이후부터이다.

등이 포함된 팀을 데리고 브라질에서 두 번의 공연을 했다. 한번은 한인사회를 대상으로 한 〈한국인의 밤〉 공연이었고, 또 다른 한번은 브라질 사회를 대상으로 한 상파울루 카니발 축제 개막식이었다.[14) 그런데 이 행사에 대한 평가는 긍정적인 측면도 있었으나, 일반적으로 '우리가 주체가 되어야 할 축제에 우리가 배제된, 주객이 전도된 축제였다!'라는 부정적인 측면이 더 강조되었다.

① 2011년 2월 16일 영음아트기획(대표 홍사인)이 국제문화교류재단(Kofice)의 지원을 받아 '한국인의 밤' 공연을 동양선교교회에서 개최했다. 한국에서 온 가수 이치현과 김세화를 비롯해 B-Boy 댄스팀, 전통무용단, 태권도 시범단이 특별게스트로 브라질 한인사회 출신의 가수 나미경과 브라질 뮤지션들로 구성된 비지스 커버그룹을 초청하여 함께 공연했다.

② 2011년 2월 17일 밤 영음아트기획이 상파울루 카니발 축제개막식에서 약 40분 동안(10시 45분~11시 25분) 태권도 시범과 전통무용 및 비보이 공연 등을 선보였다. 이때 한인교포 70명이 보조 인력으로 참여했다.

그림 8 상파울루 삼바 카니발 개막 공연에 참가한 한국팀(왼쪽), 태극기를 들고 참여하는 장면(오른쪽)

---

14) 그동안 상파울루 카니발의 개막을 알리는 공연은 주로 아포쉐(Afoxé)라는 팀이 도맡아서 해왔는데, 2011년 삼바 카니발 개막식은 '브라질 사람만이 가능한, 브라질 사람에 의한 축제'라는 전통과 틀을 깬 파격적인 결정이었다.

(3) 2013년 2월 한국 이민 50주년 기념행사들

브라질 한인회는 10대 행사를 기획했는데, 그중 두드러진 행사는 다음과 같다.

① 카니발 참여

리우의 벨포트 삼바학교(Rio Inocentes de Belford Roxo, 3,600명 행진)와 상파울루의 우니두스 데 빌라 마리아 삼바학교(S.P. Unidos de Vila Maria, 4,000명의 행렬 중, 약 3,400명의 한인들이 한복을 입고 참여)가 각각 '한국과 한국인, 그리고 이민 50년' 그리고 '한강의 7개 물결'이라는 주제로 행진했다. 우니두스 삼바학교는 일본계 가짜 싸이를 등장시켜 강남스타일의 인기를 재확인시켰다.

2013년 리오 카니발과 상파울루 카니발 퍼레이드에 참여했지만, 이 행사에 대한 일반적인 평가는 '실패'이다. 그것은 한인회(회장 이백수)가 한국정부가 이민 50주년 기념행사를 위해 지원한 50만 달러를 투명하게 집행하지 않았기 때문이다. 위의 두 브라질 삼바학교들은 그동안의 수고비를 받지 못했는데, 이 일로 한인사회 내부뿐만 아니라, 외부에서도 500만 명의 한국인을 혐오하는 사람들이 생겨나게 되었다.

② 미스코리아 대회

브라질 한인사회에서 미스코리아 대회는 1975년, 1976년, 1988년, 2013년에 걸쳐 네 번 열렸다. 발단은 한국일보가 문화협회에 의뢰해서 성사된 것인데, 1975년과 1976년 두 번의 대회에는 출전인원이 적어 대회의 성격을 〈리틀 미스 코리아〉로 바꾸었다. 그리고 1988년 아넴비 대극장에서 거행된 미스코리아 행사에 브라질 항공사 Varig와 대한항공이 협찬했는데, 관련 항공회사들은 이미 1990년 시장개방에 대한 대비차원에서 후원한 것으로 보인다.[15]

2013년 브라질 한인사회의 진(眞)으로 선발된 최송이(Catarina Choi Nunes)는 같은 해 서울에서 '미스 한국일보'로 선발되었다. 또 브라질 혼혈인 그녀는 2015년 7월 '미스 문도 브라질' 대회에서 1위를 차지해, 2015년 12월 중국에서 열릴 미스월드에 브라질 대표로 참가할 예정이다.

(4) 2014년 〈한국문화의 날〉

2014년 〈한국문화의 날〉 행사는 「한인회」의 재정적 어려움으로 봉혜치루의 길을 막고 하던 행사를 브라질 한국학교 폴리로고스 대강당으로 옮겨 실내에서 치렀다. 그럼에도 불구하고 K-Pop, K-Food의 인기로 다양한 프로그램으로 진행되었다. 그리고 눈에 띄는 점은 한국의 아이돌을 모방한 K-Pop 커버댄스팀의 공연이 이제는 쇼케이스로 자리를 잡았다는 것이다. 한국의 아이돌을 모방하는 브라질 K-Pop 커버댄스 팀이 주목을 받았다.

5. 맺음말

지금까지 브라질 한인사회에서 한인들이 축제를 어떻게 전개시켜 왔는지 살펴보았다. 〈그림 9〉에서 알 수 있듯이, 현재 한국 기업들의 브라질 진출은 과거 어느 때보다 활발하다. 여기에는 한류도 한몫 했지만, 이는 그동안 이루어진 브라질 한인사회의 노력 덕분이라고 할 수 있다. 이러한 이유 때문에 한인의 정체성을 드러내고 한국의 국가브랜드를 제고시킬 수 있는, 그러면서도 현지 사회와 잘 융합할 수 있는 한인축제는 중요하다. 따라서 이 시점에서 진정으로 '한인들의, 한인들에 의한, 한인들을 위한 축제'에 해당하는 축제들은 무엇인가? 라는 질문을 던져보지 않을 수 없다. 필자의 시각에서 한인사회 구성원 모두에게 정의감과 만족감을 제공했다고 생각되는 축제들을 정리해

---

15) 참고로 이 행사의 사회는 재미교포 코미디언 김막동이 봤다.

그림 9 브라질에 진출한 한국 기업들(2015)

보면 다음과 같다.

1) 한인들의, 한인들에 의한, 한인들을 위한 축제는?

① 1983년 '이민 20주년 기념행사'

이 행사는 브라질 한인회(회장 김성민 변호사) 주최로 내부적으로는 (박인철 연출) 연극과 자축공연, 한인유원지 팔각정 건립기금을 모금하고, 외부적으로는 구호품을 수집하여 상파울루시(市)정부에 전달했다. 그 답례로 상파울루시(市) 정부는 한인사회에 브라스(Brás) 구(區)에 위치한 모퉁이 땅을 불하해주며, 그곳을 한국광장(Praça da Coréia)이라고 명명했다.

② 1992년 상파울루 카니발 퍼레이드 참여

상파울루에 카니발 퍼레이드 장소인 아넴비 삼보드로모(Anhembi

SEGUNDA-FEIRA - 2 DE MARÇO DE 1992 - **Cidades** - O ESTADO DE S. PAULO 3

O desfile do Grupo Especial, que começou às 21 horas de sábado e acabou na manhã de ontem, teve bons momentos como a beleza do desfile da Rosas de Ouro e alguns fracos, em que as

escolas não conseguiram animar a platéia e correm risco de ser rebaixadas. A festa mesmo ficou por conta dos camarotes, onde convidados petistas consumiram 4 mil litros de chope

CARNAVAL

Desfile desanimado pode rebaixar 4 escolas

Tom oriental
Ala das Coreanas da Colorado: único ponto positivo no fraco desfile da escola

Imprensa desfila com Mocidade

No camarote, PT consumiu chope e uísque

MARÇO UCHOA

Clima foi tranqüilo no 1º dia de festa, diz polícia

RENATO LOMBARDI

GENTE DA CIDADE

Momo vive cercado de amigos

그림 10 한인들의 1992년 제2회 상파울루 카니발 퍼레이드 참여 기사 (Estado de S.Paulo, 1992. 3. 2.)

Sambadromo)가 완성된 것은 1991년이다. 따라서 브라질 한인회(회장 신수현)가 1992년 참여한 카니발은 제2회 상파울루 카니발이다.[16)

다음은 한인사회가 카니발에 참여하게 된 경위인데, 그것은 아주 우연히 개인적인 차원에서 시작되었다. 브라스(Brás) 구(區)를 지역기반으로 하는 삼바학교 '콜로라도 도 브라스'(Colorado do Brás)가 삼바학교 소유의 대지를 임대하여 골프연습장을 운영하던 한국인(안세준)에게 카니발 퍼레이드 참여를 제안했다. 이에 한인회는 삼바학교 콜로라도 퍼레이드 중 한 개의 알라(ala

---

16) 상파울루 시의회는 상파울루 시내의 아베니다 올라보 폰뚜라(Avenida Olavo Fontoura) 대로에 길이 500미터가 넘는 도로 '폴로 꿀뚜랄 그란지 오델로(Polo Cultural Grande Otelo)'가 건설되자, 카니발 퍼레이드 장소를 이곳으로 바꾸기 위해 1991년 시조례 제10.831/90조를 마련하며 의결했다.

dos coreanos)를 할당 받고 꽃마차 한 대를 준비했다. 이에 '대한부인회'와 한인 가톨릭 성당의 '안나회' 회원 100명이 한복을 입고 참여했다(인터넷으로 2015년 7월 17일 신수현과 안세준 인터뷰).

브라질 언론들의 한인 퍼레이드에 대한 평가는 "옷차림이 마치 무도회 복 같이 아름답다", "한인들은 마치 브라질 바이아 사람들처럼 멋진 율동으로 퍼레이드를 펼치고 있다", "그런데 그들은 눈이 찢어진 (동양) 사람들이다"였다(Globo, 1992. 3. 2.).

브라질 한인사회가 브라질 카니발 페레이드 행사에 참가한 것은 1992년, 2011년, 2013년이었다. 그런데 이 중 1992년의 참가만이 아직까지도 모든 한인사회 구성원들의 자부심으로 남아있다. 그것은 지역사회와의 협력을 도모하는 차원에서 시작되었기 때문이다.

③ 1992년 한국광장의 '이민 선구자 추모비 제막식'

이때 정원식 전 국무총리가 상파울루 시장 에룬지나와 함께 이 행사에 참석했다. 브라질 리우환경회의(Rio-92)에 참석하기 위해 가는 중이었기 때문이다.

④ 2003년 브라질 한국이민 40주년 기념행사

브라질 한인회(회장 권명호 변호사) 주최로 이민 40주년 기념행사가 아넴비 대극장에서 개최되었다. 이어서 체전 형식의 테니스대회, 골프대회, 축구대회, 게이트볼 대회, 사진 전시회, 한국 전통 및 궁중의상 전시회를 열고, 어버이 효도잔치(한국학교 대강당), 범교포 교회찬양축제(목회자 협의회 주최), 공로자 표창식(강회동, 이인길, 고광순, 강성일, 원현국, 최공필, 문명철), 어린이 동요 대잔치, 포럼 등을 시간차를 두고 개최했다.

⑤ '청사모'의 드림콘서트

브라질 한인사회 최초로 15~20세의 한인청소년을 대상으로 2003년 결성된 문화단체이다. 2002년 한-일 월드컵의 위성방송에 영향을 받은 공용구 대표는 브라질 이민사회에서 한인청소년들을 마약과 자유로운 성문화로부터 보호하기 위해서 청사모를 창단했다. 2003년 1차 오디션에 참가한 한국 청소년의 수는 100명이 넘었다. 이들의 공연을 재정적으로 뒷받침하는 후원회(11명)는 무대 임대, 설치 및 조명, 악기를 대여하는 데 드는 비용(약 3만 달러)을 후원하고 있다.

2007년에는 콘서트 대신에 김덕수 사물놀이 팀을 초청했다. 그 결과 청소년뿐만 아니라 한인사회 모든 구성원이 즐기는 축제가 되었다. 2011년 K-Pop의 붐으로 청사모는 과감하게 비한국계 청소년들에게도 문호를 개방했다. K-Pop이나 커버 댄스로 본선에 진출한 팀은 총 15팀이었는데, 그중 8팀이 브라질 팀이었다.

⑥ 2014년 '디아스포라 합창단'의 한-브 친선음악회

2014년 9월 27일 헤시페 시(市)에서 개최된 제1회 〈한국의 날〉 행사는 브라질 한인사회에 시사하는 바가 크다. 최공필 장로와 그가 이끄는 디아스포라 합창단(단원 전원이 브라질 원주민으로, 한국가곡 및 가요를 연습함)이 한인 7세대만이 사는 페르남부코 주(州)정부로 하여금 주법령을 새롭게 제정하여 〈한국의 날〉 축제를 개최했기 때문이다(「하나로」, 2014. 10. 7.). 2014년 다이스포라 합창단의 음악발표회는 실제로는 1992년 음악회의 연장선상이지만, 그 이면에는 브라질 북동부 지역에 진출한 한국 기업과 관련이 있다. 따라서 박근혜 대통령도 2015년 4월 브라질 순방에 K-Pop 아이돌과 한복 패션모델을 동행시켰다.

2) 향후 과제

브라질 한인축제가 향후 추구해야 할 방향은, 2015년 6월 24일 상파울루한국교육원(원장 오석진)이 보인 '생활밀착형 공공외교(?)'에서 찾을 수 있다. 피라시카바 중·고등학교(교장 마르셀리)[17] 축제에 상파울루 한국교육원 소속 서예팀이 가서 '붓글씨로 한국 이름 써주기 행사'도 하고, 한국문화 체험 행사(전통 공연, 한복 입어보기와 한식(불고기, 잡채, 부침개, 닭튀김, 김치 등 무료시식)도 진행했다. 교육원이 이렇게까지 할 수 있었던 것은 작년에 MOU를 맺은 이 학교가 요청했기 때문이다.[18]

또한 한인회는 2015년 8월 15일부터 16일까지 광복 70주년 기념 제8회 〈한국문화의 날〉 행사를 작년과 마찬가지로 브라질 한국학교 폴리로고스에서 개최했다. 즉 봉헤치루에서 길을 막고 브라질 사회를 대상으로 하던 '길거리 축제'가 이제 학교로 옮겨가 아주 제한된 사람들을 대상으로 한 '실내 축제'로 전환된 것인데, 그것의 가장 근본적인 이유는 브라질 경기침체에 따른 한인회의 경제난 때문이다. 그리고 설상가상으로 2013년 내내 한인사회에서의 '뜨거운 감자'였던 폴리로고스 학교의 존폐여부로 최근에는 한인사회를 위해 기부하려는 사람들은 모두 한인회대신 이 학교에 기부하고 있다.

그런데 최근 중국인들의 숫자가 기하급수적으로 증가함에 따라 코리아타운인 봉헤치루에 중국인들 소유의 건물과 음식점이 눈에 띠게 증가하고 있는 현실 속에서, 비교적 규모가 작은 한국축제와 일본축제가 이제 중국축제에 흡수되는 것은 아닐까라는 두려움이 존재하고 있다. 2015년 음력설 축제에 중국인들이 일본인촌인 리베르다지 구(區)에서 보인 모습이 한인사회뿐만 아니라 일본사회를 위축시켰기 때문이다. 하지만 향후에는 세계 곳곳

---

17) 상파울루에서 북서쪽으로 약 160km 떨어진 피라시카바(Piracicaba)에 자리한 우니멥엠피(Uni mepEP) 대학교 운동장에서 약 3,000여 명이 모인 가운데 거행되었다.

18) 이 학교는 2014년 3월 21일 상파울루 한국교육원과 한국어 채택 협약을 맺고, 방과 후 특별활동으로 일주일에 한 번씩 한국어 교실을 운영해오고 있다.

의 이민자들이 만든 브라질 사회에서 한국, 일본, 중국인들은 축제를 통한 협력으로 자신들의 축제를 "동양인의 축제"로 발전시켜 나가야 할 것이다.

그림 11 광복70주년을 겸한 제8회 〈한국문화의 날〉
행사 팜플렛

강준만(2010), 『세계문화전쟁』, 인물과 사상사.

류정아(2004), 『축제인류학』, 살림.

브라질 한인이민사 편찬위원회(2011), 『브라질한인 이민 50년사』, 도서출판 교음사.

이석재(2015), 「브라질 축제 속에 펼쳐진 한국의 전통공연」, 『재외동포신문』, 2015. 6. 26.

최금좌(2000), 「삼바 춤을 출 수 없었던 재 브라질 한인교포사회 – 그 발자취와 세계화 시대의 전망」, in: 한국외국어대학교 외국학 종합연구센터, 『국제지역연구』, 제4권 제3호.

_____(2004), 「세계화 시대 자유무역과 이민: NAFTA를 중심으로」, 한국라틴아메리카학회, 다사랑, 『라틴아메리카연구』 제17권 제1호.

_____(2005), 「세계화 시대 자유무역과 이민: Mercosur를 중심으로」, 한국 라틴아메리카학회, 다사랑, 『라틴아메리카연구』 제18권 제1호.

_____(2007), 「신자유주의 시대 재브라질 한인 사회의 성격과 전망」, in 국사편찬위원회, 『재외동포사총서』.

_____(2009), 「The Characteristics and Prospect of the Korean Community in Brazil in the Era of Neoliberalism」, 한국 포르투갈-브라질학회, 『포르투갈-브라질 연구』, 제6권 2호.

_____(2011), 「브라질 상파울루市의 코리아타운 '봉헤치루(Bom Retiro)20」, 재외한인학회, 『재외한인연구』, 제24호.

_____(2014), 「2013년 이민 50주년을 맞이한 재브라질 한인사회의 현황과 문제점」, 한국외국어대학교 중남미연구소, 『중남미연구』, 제33권 2호.

"K-Pop, 브라질 방송", in: RedeTV! – Leitura Dinâmica(레이뚜라 지나미까)에서 소개되다(KOR SUBS).

"브라질이민 50주년 기념식 및 본국초청가수 축하공연"(Kobras 후원), in: http://www.yourepeat.com/watch/?v=IiW_bw6DYuo

"월드컵 달군 KBS뮤직뱅크… 현지 팬들 열광", in: http://www.yourepeat.com/watch/?v=MbapL6SPODg

"한인 브라질 이민 50주년 기념 오페라 공연", in: http://www.yourepeat.com/watch/?v=UEhHhXaKQ-g

Música. Trailler 20Roger Waters – The Wall20 encerra o programa … Que assuntos você gostaria que fossem mais abordados no Leitura Dinâmica? Economia

RedeTV! – Leitura Dinâmica www.redetv.uol.com.br/jornalismo/leituradinamica/타이거 JK과 윤미래 인터뷰 http://www.yourepeat.com/watch/?v=KN5MeZhpyGU

김수환과 인터뷰(2015. 7. 7.)

나송주와 인터뷰(2015. 7. 19.)

신수현과 인터뷰(2015. 7. 15.)

안세준과 인터뷰(2015. 7. 15.)

엄인경과 인터뷰(2015. 7. 9.)

저자 소개

최금좌

한국외국어 대학교 글로벌캠퍼스 브라질학과 겸임교수. 상파울루 대학교 역사학과와 기호학 및 일반 언어학과에서 브라질 한인사회를 주제로 1991년 석사학위와 1996년 박사학위를 취득한 이후, 지금까지 브라질 한인사회와 관련된 브라질 사회와 문제에 대한 글을 소개하고 있다. 그리고 2011년에는 브라질 한인회 주관으로『브라질 이민 50년사』를 다른 두 명의 브라질 이민전문가들과 집필했다. 그동안 브라질 정치 사회 문제와 관련된 수많은 논문들을 발표하였다. 그중 대표적 논문으로는「1998년도 노벨문학상 수상자 '공산주의 작가' 주제 사라마구의 '인간애'—『수도원의 비망록』을 중심으로」(『중남미연구소 논문집』, 1998. 12.),「신자유주의 시대 재브라질 한인 사회의 성격과 전망」(국사편찬위원회,『재외동포사총서』, 2007),「재 브라질 좌파의 집권은 어떻게 가능하였는가? 노동자당(PT) 룰라의 대선승리요인을 중심으로」(『이베로 아메리카 논문집』, 2007. 12.),「브라질의 대안사회운동: MST(Movimento Sem Terra)의 자율(autonomia)정치」(『라틴아메리카연구』, 2010. 3.),「브라질의 대안사회운동: MTST(무주택 도시빈민운동)의 투쟁적 연대(associativismo militante)」(『포르투갈-브라질 연구』, 2010. 6.) 등이 있다.
이메일: felizchoi@gmail.com

공항에서 코리아타운까지 가는 교통편

1. 공항버스 + 지하철(1시간 30분 소요)

    ① 과룰류스 국제공항(GRU)에서 봉헤치루로(Bom Retiro)까지 가기 위해서는 먼저 공항버스를 타고 헤푸블리카 지하철역(Estação da Praça da República)에서 하차. 편도요금은 42헤알(R$42.00)로 반드시 현금으로 지불해야 함.

    ② 헤푸블리카 지하철역에서 2호선(빨강색)을 타고 우선 쎄광장역(Estação Sé)까지 갈 것. 그리고 그곳에서 1호선(파란색)으로 갈아타고 치라덴치스 지하철역(Estação Tiradentes)에서 하차할 것(지하철 요금은 3.5헤알(R$3.50)로 창구에서 표를 구입해야 함).

    ③ 봉헤치루 역에서 동보스코 성당(Igreja Dom Bosco) 쪽으로 나옴.

2. 택시(출퇴근 시간을 제외하고 평균 30~40분 소요됨)
    택시를 이용할 경우 공항 택시 과루꾸(GUARUCOOP) 이용을 추천함.

    ① 택시 요금은 약 100헤알(R$100)로 공항에서 미리 현금이나, 국제카드로 선불할 수 있음.

    ② 택시 승강장에서 운전기사에게 표를 제시하고, 주소를 확인해야 함.

9

시드니 코리아타운과 한국문화축제*

홍정욱(충북대)

1. 머리말

　　본 논문은 시드니 한인사회를 중심으로 한 코리아타운과 한국 문화 축제에 관한 논의이다. 현재 호주 전체 인구 구성에서 18번째 순위에 있는 호주 내 소수 민족으로서 한인들은, 1960년대 후반 호주 이민이 시작된 이래 약 50년이라는 짧은 이민 역사에도 불구하고 시드니 지역에 코리아타운이라는 공간을 형성하고 다양한 축제를 통해 한국 문화를 체험, 공유를 바탕으로 한인공동체의 입지를 견고히 다져나가고 있다. 이에 본 논문에서는 이를 시간, 공간, 사람 그리고 문화적 공유라는 개념에 바탕을 두어, 한인 이민 역사 그리고 호주의 시드니라는 공간 속에서의 한인들, 그들의 삶의 장소인 코리아타운 그리고 그 공간에서 벌어지는 문화 축제라는 흐름을 밟으면서 논의하고자 한다. 이를 단순히 시드니 속에 있는 우리 한인 동포 그리고 우리 한국 문화 축제 등 민족주의적인 시각 또는 단순히 아시아를 넘어 세계 곳곳에 일고 있는 한류라는 관점에서가 아닌 호주의 역사 및 정치적 맥락과 배경 속에서 이주민으로서의 한인 동포의 삶이 어떻게 호주의 다문화 사회와 어우러지고 스며드는지 등에 관해 좀 더 객관적인 시각에서 바라보고자 한다.

---

*　이 글은 『한민족공동체』 제23호(2015. 7)에 실린 것을 보완한 것임.

이러한 객관적 시각을 통해 에스닉 연구에 대한 다양한 연구 방향 및 논의점 등을 제공할 수 있기를 기대한다. 또한 차후 호주뿐만 아니라 미국, 일본, 중국 등 세계 여러 나라에 흩어져 이주민으로서의 다양한 지역적, 문화적 배경과 맥락을 담고 있는 한인 동포 사회 및 이들이 벌이는 한국 문화 축제 이야기를 세계의 다양한 한민족의 삶이라는 큰 그릇에 담는 에스닉 연구로 발전하고, 더 나아가 이에 담긴 풍부하고 다채로운 이야기들이 새로운 문화 콘텐츠로서 거듭나는 데 공헌할 수 있기를 희망해 본다.

2. 한인 호주 이민 역사 및 동향

호주는 세계 3대 미항과 드넓은 바다에서 펼쳐지는 서퍼들의 모습, 그리고 호주에서만 볼 수 있는 캥거루가 넓은 벌판을 가로질러 뛰어가는 모습을 상상하게 하는, 소위 미지의 나라와 같은 이미지를 지니고 있어 신비감을 자아내기도 한다. 그러나 다른 한편으로는 한때 70년 이상 시행되었던 '백호주의' 정책으로 인해 각인된 인종차별주의 이미지로 인해 상당한 심리적 거리감을 느끼게 하는 나라이기도 하다.

호주의 '백호주의' 정책은 1850년대 시작된 '골드 러시' 이후 급속히 증가한 저임금 노동자들로 유입된 중국계 이민자들을 제한하고 유색 인종을 배척하기 위하여 도입되었다. 이는 1901년 '영연방 이민 제한법(Immigration Restriction)'을 통해 공식화되어 유럽 백인 중심의 국가적 기틀을 마련하기 위해 유지되어 오다가 1973년 다문화주의(Multiculturalism) 공포와 함께 공식적으로 폐기되었다(호주한인 50년사 편찬위원회, 2008). 한편, 일각에서는 이러한 다문화주의는 백호주의 폐기 당시 단순히 정책 전환을 통해 영국에서 분리하고 국가로서의 주체성을 확립하기 위한 홍보 수단으로 국민들의 여론이나 공감을 얻는 절차 없이 공포되었다는 비판도 있다(양명득, 2010). 그러나 이후 몇 차례의 개정을 거치면서 다양한 인종들을 수용하면서 문화적 다양성을 추구하는 다문화주의는 여전히 유지되고 있다. 현재는 캐나다와 더불어 다문화주의 국가의 상징이 되고 있다.

호주 통계국의 보고에 의하면,[1] 2014년 6월 30일을 기준으로 호주 거주자의 28.1%가 해외 출생자인 것으로 나타났는데, 이는 호주에서 4명 중 1명 이상이 해외 출생자라는 의미이다. 또한 아래의 〈그림 1〉은 2004년과 2014년 사이에 영국과 이탈리아 그리고 독일 등 유럽지역 출생자들의 비율은 계속 감소하고 있는 반면 아시아지역 출생자들의 비율은 크게 증가하고 있음을 알 수 있다. 특히, 중국과 인도 지역 출생자들이 크게 증가하고 있는데, 이로 인해 이탈리아인의 경우 2004년에는 3위, 2009년에는 5위에 머물던 순위가 2014년에는 중국과 일본, 필리핀 그리고 베트남에게 밀려 7위에 머물고 있다. 이는 과거 유럽 인종 중심이었던 호주의 인종적, 문화적 색채가 변화하고 있음을 보여주는 것으로 해석할 수 있다.

한국인들의 호주 이민은 '백호주의' 폐지를 공포한 1973년 이후에 본격

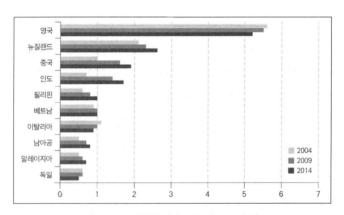

그림 1 호주 해외출생자 호주 인구 구성 비율

1) ABS, 3412.0-Migration, Australia, 2013-14.
http://www.abs.gov.au/AUSSTATS/abs@.nsf/mf/3412.0

화되기 시작했다. 그 이전인 1960년대에는 주로 콜롬보 계획[2]의 일환으로 호주에 입국한 유학생 및 학자들이 있었는데, 그중 한 명이 '우제린'이다. 그는 양모를 가공하는 기계를 개발하는 연구팀에 합류하기 위하여 1962년 5월 1일에 호주에 입국했다(호주한인 50년사 편찬위원회, 2008). 이후에 그는 한국행을 포기하고 호주에 거주하며 1967년에 영주비자를 받아 호주 이민자 자격을 얻게 되었다.

이러한 가운데 공식적인 호주 한국인 이민자 1호는 1968년 6월 20일 호주 시드니 공항에 입국한 '최영길'(2007년 4월 7일 사망)로 알려져 있다(호주한인 50년사 편찬위원회, 2008). 이날 그의 호주 입국 장면은 호주의 ABC-TV에서 '금주의 인물' 프로그램을 통해 방영되었고, 호주의 시드니 모닝 헤럴드(Sydney Morning

그림 2 1950년 의정부 호주군 막사 앞에서, 최영길(가운데)과 2명의 호주장교
출처: 호주온라인뉴스

---

2) 1950년 콜롬보의 영연방 외상회의에서 제창된 동남아시아 개발을 위한 개발 원조계획.

Herald)지 등의 일간신문에 보도되기도 하였다. 이후 한국의 동아일보(1968년 12월 10일자)는 최영길의 호주 이민은 동양인으로는 최초의 케이스라고 기록하고 있는데, 이 이민은 한국 전쟁 당시에 알게 된 2명의 호주 장교와의 인연으로 이루어지게 되었다고 전한다.

이후에도 선박설계, 헬기조종, 태권도 사범, 지질학자 등 기술이민자들의 입국이 이루어지면서 이민자들의 수가 증가하여 1968년 시드니에서 최초로 한인회를 결성했을 당시 약 100명의 동포가 참여하였다. 아래〈그림 3〉에서 보듯이, 백호주의 정책 폐지 이후 이민 정책이 다소 완화되고 1976년 초에 있었던 사면령을 통해 다수의 한인들이 호주에서 합법적인 신분을 취득하고 한국의 가족들을 초청하면서 한국 이민자들의 수가 급격히 증가하였다. 이후 계속 증가 추세를 보이면서 1987년 한 해 1,554명의 한국인들이 영주권을 취득하기도 하였다. 외교부가 발표한 이 표의 수치는 국외이민(offshore settler), 즉 한국에서 호주 영구비자를 취득한 이민자들의 수치이기 때문에 호주 현지에서 영구비자를 취득한 영구이민(onshore settler)의 수까지 합치면 한인들의 수는 훨씬 더 많을 것으로 보인다. 특히 2000년대에 들어서면서 현지 이민자의 수가 국외 이민자의 수를 능가하는 추세에 있기 때문에(김영성, 2008), 실제 호주 이민자의 수는 아래〈그림 3〉에서 보이는 곡선과는 달리 계속 증가 추세를 보이고 있다.

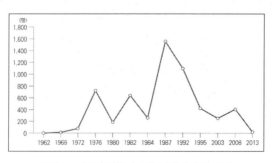

그림 3 연도별 한국인 호주 이주민 수의 변화

외교부의 2013년 자료에 따르면,[3] 호주 시민권자, 영주권자, 유학생 및 워킹홀리데이 비자 소지자 등 호주에 거주하는 한국인은 156,865명으로 나타났다. 이 수치는 재외동포 거주국 중 중국, 미국, 일본, 캐나다, 러시아, 우즈베키스탄에 이어 7번째로 높다.

김영성(2008)에 따르면, 한국인들의 호주 이주가 늘어나는 이유로 미국의 이민정책 변경, 호주 이민법 개정, 한국인의 삶의 질에 대한 관심, 정치적 불안정 등을 언급하는데, 특히 한국인의 호주 이민을 자극하는 요인으로 단기방문, 취업관광 및 유학 등도 큰 요인 중 하나로 꼽고 있다. 한 예로, 1995년 한국과 호주 간에 맺어진 취업관광, 즉 워킹 홀리데이 비자 협정 이후 한국의 젊은이들이 호주에 대거 입국하게 되는데, 1995년 당시 250명이 입국하기 시작하여 2003년에는 그 수가 9,522명으로 증가하기에 이른다(호주한인 50년사 편찬위원회, 2008). 유학 및 취업관광을 통해 입국하는 젊은이들 중 대다수가 통학 및 취업 등의 이유로 시드니, 멜버른, 퍼스 등 주요 도시에 거주하게 되면서 호주 주요 도시의 인구 동향에도 많은 영향을 미치고 있다.

3. 시드니 한인 거주 지역

호주인의 거주 분포 지역을 살펴보면, 2011년 기준으로 호주 출생자들 중 64%가 호주의 주요 도시에 거주하는 반면, 해외 출생자들은 85%가 주요 도시에 거주하는 것으로 나타났다. 특히 이들은 호주 주요 도시들 중에서도 시드니(39%), 멜버른(35%) 그리고 퍼스(37%)를 가장 선호하는 것으로 나타났다. 이는 대도시와 그 주변지역은 경제활동이 용이하고 교육 기관 및 시설이 집중되어 있기 때문이다.

---

3) 외교부, '재외동포 현황 2013: 동북아시아, 남아시아태평양, 북미, 중남미, 유럽, 아프리카, 중동'. 2013. http://www.mofa.go.kr

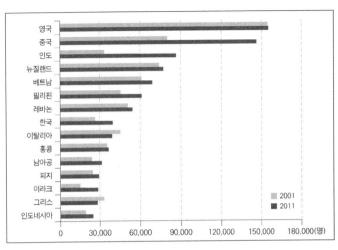

영국
중국
인도
뉴질랜드
베트남
필리핀
레바논
한국
이탈리아
홍콩
남아공
피지
이라크
그리스
인도네시아

2001
2011

0   30,000   60,000   90,000   120,000   150,000   180,000(명)

그림 4 시드니 거주 해외출생 호주인들 동향
출처: ABS

호주통계국(ABS) 조사에 따르면,[4] 〈그림 4〉에서 보는 것처럼 시드니 거주 인구 중 영국, 중국, 인도, 뉴질랜드, 베트남, 필리핀, 중동에 이어, 해외출생 호주인들 중 한인은 39,694명으로 시드니에서 8번째로 많은 인구수를 차지하고 있다. 이는 한인이 호주지역 전체의 인구 구성비 중 18번째 순위인 것을 고려하면 한인들이 시드니에 상당히 집중적으로 몰려있다는 것을 알수 있다. 또한 2001년과 2011년 사이의 변화를 살펴보면, 영국, 이탈리아 및 그리스인 등의 유럽인들의 수는 점차 감소하는 반면, 중국, 인도, 베트남, 필리핀, 한국 등 아시아 지역 출생자들의 수가 급격히 증가하고 있다.

특히, 위의 조사에 의하면 시드니 지역에서 한국인들은 주로 올림픽 파크 주변 지역 – 로즈(Rhodes, 13%), 뉴잉턴(Newington, 12%), 리버티 그로브(Liberty Grove, 11%), 메도우뱅크(Meadowbank, 11%) - 등에 가장 많이 거주하고 있는 것으로 나타났다. 이 지역은 올림픽 파크를 중심으로 시드니 시내와 가까운 기차

---

4)   ABS, Australian Social Trends, 2014. 'Where do migrants live?'.
http://www.abs.gov.au/ausstats/abs@.nsf/Lookup/4102.0main+features102014

그림 5 시드니 한인 밀집 지역

역이나 역세권 중심에 위치해 있으며, 주위 강변을 따라 대형쇼핑센터를 비롯한 다양한 편의 시설과 주상복합아파트 및 대형아파트 단지들이 들어서면서 최근 들어 신흥 한인 거주 밀집 지역으로 부상하고 있는 곳들이다.

〈그림 5〉와 같이 한인 거주 지역을 역사적으로 살펴보면, 과거 이민 초기 한국인 이민자가 급격히 증가하던 1970년대에서 1990년대까지는 캠시 (Campsie)와 애쉬필드(Ashfield) 기차역을 중심으로 한 캔터베리(Canterbury) 카운슬 지역이 최대 한인 거주지였다. 당시 이 지역은 교통이 편리하고 주택임대료와 상점임대료가 비교적 저렴하여 소규모 상점들을 운영하는 한국인들이 많았다. 이후 2000년대 들어서면서 한인 거주 지역의 이동이 급격히 이루어졌는데, 2006년에는 혼스비(Hornsby), 파라마타(Paramatta), 라이드(Ryde) 지역에 한인들이 가장 많이 거주하는 것으로 나타났다(호주한인 50년사 편찬위원회, 2008).

특히, 시드니 북부인 혼스비 지역 주변에는 좋은 명성을 얻고 있는 초·중등학교들이 밀집해 있을 뿐만 아니라, 시내 및 교외로 연결되는 기차가 지나기 때문에 교통이 편리하고 대형쇼핑센터와 새롭게 건설된 대형 아파트들이 밀집되어 있어 한인들이 가장 선호하는 지역이었다. 그러나 이곳은 거주하고 있는 한인들의 수에 비해 한인상권이 크게 형성되지 않은 편이라 코리아타운이 형성되지는 않았다. 이 외에도 한인 거주 밀집지역은 스트라스필드(Strathfield), 버큼힐스(Baulkham Hills), 버우드(Burwood), 쿠링가이(Ku-ring-gai), 뱅크스타운(Bankstown), 블랙타운(Blacktown), 어번(Auburn) 등 시드니 지역 전체에 골고루 분포되어 있다.

4. 시드니 코리아타운

시드니 지역의 '코리아타운'을 연대별로 정리해 보자면, 1990년대는 캠시(Campsie), 2000년대부터 현재까지는 스트라스필드(Strathfield)와 이스트우드(Eastwood)라고 할 수 있다. 그리고 2010년에 들어서면서 시티의 피트 스트리트(Pitt Street)가 시드니 코리아타운으로서 급부상했다. 그러나 시티는 스트라스필드와 이스트우드와는 좀 차별화되는 것으로 보이는데, 〈그림 5〉에서 보이는 것처럼 스트라스필드와 이스트우드는 신흥 한인 밀집 지역인 메도우뱅크, 로즈, 리버티 그로브, 뉴잉턴 지역들을 사이에 두고 이들 지역 한인들을 두 지역의 상권으로 유입하고 있다.

뿐만 아니라 이스트우드는 혼스비 지역 그리고 스트라스필드는 교통과 도로 이용의 편리함 때문에 파라마타와 캠시 지역 한인들까지 이스트우드 상권으로 유입하고 있다. 그러나 시티의 경우는 시드니의 타 지역 한인들보다는 시티 내에 거주하는 유학생이나 워킹 홀리데이 비자로 온 젊은층과 관광객 그리고 타 소수민족을 비롯한 호주인들을 대상으로 하고 있다. 그렇다면 시드니 지역의 몇몇 코리아타운의 형성 배경과 변화되고 있는 모습들을 좀 더 구체적으로 논의할 필요가 있는데, 본 장에서는 시티와 이스트우드 그리고 스트라스필드에 대해서 살펴보고자 한다.

1) 시드니 시티: 피트 스트리트(Pitt Street)

시티의 경우는 2000년대 중반부터 시드니 시티에 위치한 피트 스트리트에 한인 상점들이 집중적으로 들어서면서 지난 2012년 5월 시드니 카운슬(Council of Sydney)이 'Koreatown'이라고 쓰인 거리 표지판을 설치하였다. 이로써, 피트 스트리트가 시드니의 대표적 '코리아타운'으로 부상하였다. 시티의 피트 스트리트는 이스트우드, 스트라스필드 그리고 캠시 지역과는 다소 다른 코리아타운의 특성을 갖는다. 앞서 설명한 것처럼, 이 세 지역은 주로 한인과 중국 등의 아시아계 이민자들을 대상 고객으로 하면서 한인공동체적 특성이 강한 반면, 시티는 좀 더 다양한 소수민족들과 호주인 고객들을 대상으로 하고 있다는 점이다.

피트 스트리트(Pitt Street)의 코리아타운은 하이드 파크(Hyde Park)와 달링하버(Darling Harbour)를 잇는 리버풀 스트리트(Liverpool Street)에서 오페라하우스가 있는 록스(The Rocks) 방향으로 약 150~200m 구간이다. 다른 코리아타운 지역보다는 다소 협소하다고 할 수 있는 공간이지만, 이곳에는 주변 골목 안까지 각종 한국 식품점과 음식점, 편의점, 건강식품 및 관광상품점, 여행사, 유학원, 한국식 중국 음식점, 한국식 노래방과 목욕탕까지 들어서 있다. 시드니 시티에서 가장 많은 인구가 모이는 곳이 차이나타운 근처에 있는 울티모(Ultimo)와 헤이마켓(Hay Market)이라는 곳이며 피트 스트리트와 이와 평행하게 이어지는 카슬레이 스트리트(Carstlereagh Street)에도 고층 아파트들이 많이 들어서 있어서 UTS(University of Technology, Sydney)나 시드니대학(University of Sydney)뿐만 아니라 시내 곳곳에 있는 랭귀지스쿨에 다니는 유학생이나 워킹홀리데

그림 6 시드니 시티에 위치한 코리아타운의 표지판과 차이나타운
출처: 연합뉴스(2012. 5. 22.)

이 비자를 소지하고 일자리를 찾는 젊은이들이 많이 살고 있다.

코리아타운이 있는 피트 스트리트를 따라 한쪽으로는 시드니 시티의 중심인 시티홀(City Hall)과 달링하버, 차이나타운 그리고 다른 한쪽으로는 하이드파크가 위치해 있으며, 코리아타운 지역을 벗어나 계속 걸으면 쇼핑몰과 백화점 등이 들어서 있는 구역으로 이어진다. 이 구역은 주말마다 교통을 통제하여 자유롭게 거리를 활보할 수 있도록 하고 있다. 이들 모두가 도보로 5~10분 거리이다. 그래서 코리아타운 부근에는 중저가 호텔은 물론이고 고급호텔들도 많이 들어서 있다. 항상 밤늦게까지 많은 사람들로 붐비고, 몇몇 유명한 한국식 선술집 앞에는 파전과 소주 그리고 한국식 전골찌개를 먹기 위해 국가나 인종에 상관없이 많은 사람들이 순서를 기다리며 길게 줄을 늘어서는 모습도 쉽게 찾아볼 수 있다. 피트 스트리트의 코리아타운 부근에는 한국 상점들뿐만 아니라 이탈리아를 비롯한 다양한 서양식 음식점들과 일본 음식점, 그리고 태국이나 베트남, 인도네시아 등 다양한 소수민족들의 상점들도 발견할 수 있다.

2) 시드니 북부: 이스트우드(Eastwood)

이스트우드는 시드니 북부 이스트우드 기차역을 중심으로 보통 중국인 지역과 한인지역으로 구분하여 불리고 있다. 보통 한인지역으로 불리는 지역은 로웨 스트리트(Rowe Street)를 따라 블랙스랜드 로드(Blaxland Road)까지 한국 식품점과 음식점, 미용실, 약국, 치과, 병원 등이 들어서 있고 그 주변에도 정육점 및 식품점은 물론이고 떡집과 분식점들도 들어서 있다. 이 지역의 특이한 점은 다른 소수민족이 경영하는 업체는 거의 없고 한인업체들 중심으로 상권이 이루어져 있다.

또한, 그 반대편에 있는 중국인지역은 로웨 스트리트(Rowe Street)를 따라 쇼핑센터와 중국을 비롯한 태국, 한국, 베트남 음식점들과 카페, 은행, 제과점, 식품점 및 채소 상점을 비롯한 정육점과 생선 가게들을 비롯한 아시안 마켓이 들어서 있어 항상 다양한 아시아인들로 북적인다. 특히, 이곳에는 입시학원들이 8개나 들어서 있는 것이 특이하다. 이는 아시아계 이주민들의 높은 교육열을 반영하는 것으로 보인다.

그림 7 이스트우드 한인상권밀집지역과 중국인상권밀집지역 그리고 이스트우드 파크

그림 8 이스트우드 중국인상권밀집지역의 로웨 스트리트(Rowe St.)
출처: 위키피디아

3) 시드니 서부: 스트라스필드(Strathfield)

스트라스필드는 시드니 서부에 위치하고 있으며 스트라스필드 기차역은 다수의 철도선이 연결되어 있어 시드니에서 가장 붐비는 3대 역 중 하나이다.[5] 또한 올림픽 파크 지역 개발 전부터 이미 이곳 스트라스필드에는 대형 아파트들이 있었고 편리한 교통권 때문에 많은 한인들이 거주하고 있는 지역이기도 하다. 이곳의 한인 상권은 이스트우드와 마찬가지로 스트라스필드 기차역을 중심으로 형성되어 있다. 스트라스필드 기차역 앞에 있는 광장(Strathfield Square) 부근에서 더 블라바드(The Boulevard) 길을 따라 한인 식품점, 음식점, 카페 등이 즐비하다. 또한 스트라스필드 플라자 건물에도 다양한 한인 상가들이 입점해 있으며, 이스트우드 상권보다 더 규모가 크고 품목도 다

---

5) 호주동아, '[부동산 특집] 광역 시드니 정보 시리즈 - 스트라스필드(Strathfield)편', 2014. 8. 28. http://www.hojudonga.com/news/articleView.html?idxno=42683

그림 9 스트라스필드 한인상가가 줄지어 들어서 있는 더 블라바드(The Boulevard) 길 모습과 스트라스필드 쇼핑 플라자 모습
출처: 위키피디아

양하다. 2000년대부터 현재까지 시드니 지역의 대표적 코리아타운 자리를 지키고 있는 곳이기도 하다.

1990년도 중반부터 한국 유학생과 그의 가족들 그리고 관광객들을 비롯한 단기 체류자들이 유입되면서 한인 상가가 급격히 증가했다. 이 지역은 주로 유학생들과 그들의 가족들이 주요 고객이어서 이스트우드보다는 대상 고객의 연령이 젊고 주로 한국의 생활방식이나 한국에서 유행하는 패션 및 헤어스타일을 가장 많이 볼 수 있다는 점이 특징적이다(호주한인 50년사 편집위원회, 2009).

지금까지의 논의를 바탕으로 정리해보면, '코리아타운'이라는 개념은 한 지역 내에서 거주하는 한인의 인구 규모보다는 한인 상권의 규모에 의해 인식되는 것으로 볼 수 있다. 한 지역 내에 특정 민족의 다양한 문화를 접할 수 있는 것은 그곳에 사는 사람에 의해서라기보다는 보고, 먹고, 마시는 등의 문화적 체험에 의해 가능하다. 즉, 한국과 관련된 다양한 품목을 다루

표 1 한인 밀집지역 업종별 TOP 10

지역	교회	식당	미용실	식품점	건강식품	이민상담	의류	한의원	유학원	회계사
스트라스필드	37	14	15	11	15	6	12	9	0	7
시티	6	28	11	11	6	18	10	0	31	4
캠시	30	19	9	7	10	6	9	8	1	8
파라마타	36	5	2	7	8	4	1	3	0	4

출처: 호주한인 50년사 편찬위원회

는 큰 규모의 상권을 형성하는 것이 에스닉타운의 개발과 발전에 관건이 된다고 볼 수 있겠다. 이러한 점에서 코리아타운의 주력 업종들을 통해 각 지역의 특성을 파악해 볼 수 있다.

위의 〈표 1〉은 2004년 호주동아에서 실시했던 한인상권의 실태에 대한 조사 결과 자료이다. 그런데, 시티를 제외한 지역에서 교회가 가장 많은 수를 차지한다. 이는 한인공동체에서 교회의 역할이 상당한 부분을 차지한다는 것을 시사한다. 스트라스필드의 경우는 건강식품점과 미용실 그리고 의류점이 다른 지역에 비해서 많은데, 이는 앞에서 설명한 것처럼 유학생과 가족 그리고 관광과 같은 단기 체류자들이 주로 이곳을 찾기 때문인 것으로 해석된다. 캠시의 경우는 초창기 이민자들이 많이 거주하는 곳이어서 다른 지역에 비해 한의원과 회계사의 수가 많다. 또한 파라마타지역은 교회가 많지만 다른 업종은 대체로 많이 발달하지 못했다. 이는 이 지역 한인들이 주로 이스트우드나 스트라스필드의 상권으로 유입되기 때문인 것으로 해석된다. 그리고 시티지역은 다른 지역에 비해 식당, 이민상담 및 유학상담을 위해 많은 사람들이 찾는다는 것을 알 수 있다. 스트라스필드와 시티는 다른 지역에 비해 유학생 및 젊은 연령층의 한인들이 많이 거주하는 만큼 의류와 미용실 등이 많이 들어서 있는 것을 알 수 있다.

지금까지 시드니라는 공간에서의 한인들의 삶을 코리아타운을 대상으로 살펴보았다면, 이제는 이들의 삶과 정체성이 어떻게 호주 다문화사회에서 표출, 표현되고 그리고 그 속으로 녹아들고 있는지를 시드니의 한국 문화 축제를 중심으로 논의하기로 한다.

5. 시드니의 한국문화축제

시드니는 세계적인 관광 도시로서 일 년 내내 다양한 축제 및 행사들로 넘쳐나는 도시이다. 예를 들면, 매년 1월 1일 0시에 새해를 알리는 'Sydney New Year's Fireworks'} 이후 1월 한 달간 펼쳐지는 'Sydney Festivals'과 매년 2~3월경 열리는 동성애자들을 위한 축제인 마르디 그라(Mardi Gras), 4월 부활절을 맞아 약 2주간 열리는 호주에서 가장 큰 규모의 연중행사인 '로열 이스터쇼(Royal Easter Show)', 5~6월에 걸쳐 18일간 '빛, 음악 그리고 아이디어(Light, Music and Ideas)'라는 테마로 열리는 축제인 'Vivid Sydney' 등 다양한 축제를 즐기기 위해 호주 지역은 물론 세계 각국의 관광객들이 찾는다. 실제로, 2011년에 처음 선보인 'Vivid Sydney' 축제는 2013년에 약 80만 명이 참여했으며, 이 행사로 시드니는 호주달러로 약 2천만 달러(한화 약 180억 원)의 경제효과를 얻었다.[6] 이렇듯 다양한 주제로 펼쳐지는 축제들은 시드니를 풍부한 관광자원으로 넘치게 할 뿐만 아니라 문화 다양성이라는 측면에서 호주인들의 삶을 풍성하게 하고 문화적으로 풍부한 도시로서의 명맥을 유지할 수 있게 한다.

시드니 시는 또한 다양한 문화 축제에 대한 지원 방안도 제시하였는데,

---

6) New South Wales Government, 'Sydney tourism to benefit from biggest ever Vivid Festival', 2014. 3. 12.
http://www.nsw.gov.au/news/sydney-tourism-benefit-biggest-ever-vivid-festival

'Cultural Diversity Strategy(문화다양성 전략) 2008-2011'[7]이라는 보고서를 통하여 문화적 다양성을 증진시키기 위한 지원 계획을 발표하였다. 이 발표문에서는 특히 '음력설 축제(Chinese New Year Festival)', '조화로운 삶(Living in Harmony) 프로그램', '프리모 이탈리아노(Primo Italiano)' 등 다문화 공동체 및 이벤트를 지원하여 문화적 다양성을 증진시키고자 하는 방안도 포함되어 있다. 게다가 2011년 4월 4일 시드니 시티 코리아타운 부근의 하이드파크 건너편에 '한국문화원(Korean Cultural Centre)'[8]이 개원하면서 기존의 한국문화축제는 규모와 내용면에서 더욱 더 다양해지고 규모 또한 확장되면서 많은 발전과 변화가 생겼다.

시드니 주재 '한국문화원'은 2011년 개원 이래 다양한 강좌 및 행사를 개최하고 기존의 한인들의 다양한 문화축제를 지원하고 증진시키기 위한 노력을 벌여왔다. 한국문화원에서는 한국어 교육 및 다양한 문화 체험을 위한 요리강좌, K-Pop강좌 등을 개설하고 다양한 소재의 정기공연도 벌이고 있다. 특히, 현지 한인들의 문화축제와 관련해서 2012년 이후 한국문화원의 다양한 네트워크를 통한 적극적인 홍보와 지원을 하고 있다.

본 장에서는 시드니에서 한인공동체를 중심으로 벌어지는 다양한 문화축제 중에서도 이민 초기인 1969년부터 명맥을 이어온 '한국의 날' 행사와 2011년부터 음력설 기간에 시내 피트 스트리트에서 열리는 '코리아타운 페스티벌', 그리고 시드니에서 가장 큰 음식 축제인 '캠시음식축제(Campsie Food Festival)' 등을 중심으로 논의하고자 한다.

---

7) City of Sydney, 'Cultural Diversity Strategy 2008-2011', (2008).
    http://www.cityofsydney.nsw.gov.au/_data/assets/pdf_file/0016/71422/CulturalDiversit
    yStrategy2008-2011.pdf
8) 한국문화원 홈페이지 http://koreanculture.org.au/ko

1) 한국의 날 행사

'한국의 날' 행사는 한인들 간의 친목은 물론이고 호주 사회에 한인사회를 알리고자 한인 이민 초기인 1969년에 시작한 이래 지금까지 한 해도 빠짐없이 열리고 있다. 그러나 1968년 '호주한인회'[9]가 시작되었을 때 회원이 약 100명 정도에 불과했던 것으로 미루어 볼 때, 이민 초기 시절에 이 행사는 회원들 간의 친목 도모 및 정보 교환을 위한 야유회 형식의 모임이었을 것이다. 호주한인회가 1972년부터 '뉴스레터'를 매년 1회씩 간행하였는데, 그 내용은 주로 한인회의 공지사항과 교민소식을 담고 있다. 이 기록들에 의하면 매년 춘계와 추계 야유회가 열렸고, 1973년 춘계야유회와 관련해서 '가족을 동반하시는 분은 독신자를 위하여 2인분의 추가 음식 준비 요망, 기타 음료수 및 간식은 본회제공'이라고 명시되어 있기도 하다(호주한인 50년사 편찬위원회,

그림 10 2013년(왼쪽)과 2014년(오른쪽) 행사 포스터

---

9) 1987년 '호주 시드니 한인회(The Korean Society of Sydney Australia)'로 명칭 변경.

2008).

　이후 한인사회의 규모가 커지면서 행사의 규모도 커지게 되었다. 1997
년에는 처음으로 기아자동차가 경품으로 등장하면서 한인들의 참여를 북돋
았고, 이후 매년 현대 및 기아자동차에서 최신 브랜드를 한국의 날 최고 경품

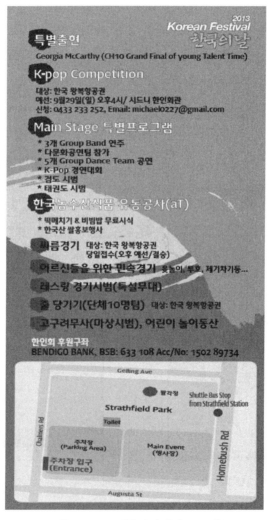

그림 11 2013 한국의 날 행사 프로그램

으로 지속적으로 지원해 오고 있으며 또한 LG나 삼성 가전제품 및 항공권도 경품으로 지원되고 있다. 1999년에는 시드니올림픽을 앞두고 김대중 전 대통령의 호주 방문이 있었으며 이에 맞추어 시티의 달링하버에서 '한국의 날' 행사가 개최되기도 하였다.

행사는 보통 9~10월 경 크로이든 파크(Croydon Park)와 이스트우드 파크(Eastwood Park)에서 열리는데, 이례적으로 2013년에는 스트라스필드 파크(Strathfield Park)와 2014년에는 올림픽 파크 주변인 홈부시의 브레싱톤 파크(Bressington Park)에서 열렸다. 이러한 장소의 변동은 최근 들어 한인회에서 추진해 오던 한국 정원 건립과 한인회 건물 신축을 위한 홍보에 박차를 가하고 있기 때문인 것으로 보인다.

2013년과 2014년을 예로 들어 이 행사의 일반적인 형식과 내용을 살펴보면, 모두 K-Pop 경연, 태권도 및 검도 시범, 전통무술 및 무용 등의 공연을 비롯해서 줄다리기, 씨름경기 및 민속경기 등 누구나 참여하고 화합 단결하여 즐길 수 있는 프로그램들로 구성되어 있다. 여기에 2013년에는 한국산 쌀 홍보를 위한 행사와 더불어 비빔밥 무료 시식회를 가졌으며, 고구려 무사들이 말을 타고 퍼레이드를 벌이는 이례적 행사도 추가하였다. 2014년에는 브레싱턴 파크에 세울 한국 정원 건립 부지 땅밟기 행사 및 조국사랑 독도사랑 호주연합회와 공동으로 주관하여 단축마라톤 대회를 가지기도 하였다.

이 행사는 한인들 주최로 한인들의 호주 이민 역사와 함께 해 온 행사이다. 그러나 여전히 몇 가지 문제점이 발견된다. 첫째로, 행사 진행이나 리허설 부족 등으로 비판을 받는 경우가 종종 있다. 예를 들면, 2013년 행사에서는 준비부족과 매끄럽지 못한 행사 진행으로 행사 이후에 '2013년 한인의 날 행사 사과 성명서'를 발표하는 해프닝까지 있었다. 둘째는 행사명이 일치하지 않는다는 점이다. 예를 들면, 2013년에는 '한국의 날'이라고 표기하였지만, 2014년에는 '한인의 날'이라고 표기하고 있다. 영어명에서도 마찬가지인데, 2013년 포스터는 'Korean Festival'이라는 주 제목과 'Multicultural Event'

라는 소제목을 사용했다. 그러나 2014년에는 'Korean Day Festival'이라고 표기하고 있다. 지속적인 행사를 위해서는 행사명의 통일된 표기가 매우 중요해 보인다.

다소 미흡한 점에도 불구하고, 이 행사는 한인 사회에서 매우 의미있는 행사로 인식되고 있다. 이 행사에는 실제로 다른 소수민족들도 참여하여 한국의 다양한 놀이 및 전통 문화를 비롯하여 한국 음식 등 다채로운 한국 문화에 대한 경험을 제공하고 있으며, 이를 통해 지역공동체적 공감대를 유지하고 확장시켜가고 있기 때문이다.

2) 시드니 코리아타운 페스티벌(Sydney Koreatown Festival)

시드니 코리아타운 페스티벌은 매년 1~2월 음력설 기간 중 토요일에 피트 스트리트(Pitt Street) 코리아타운에서 열린다. 이 축제는 2012년 시드니한인상우회가 설립되면서 처음 열렸으며, 앞서 논의했던 '한국의 날' 행사와는 행사 목적이나 구성에 차이가 있다. 한국의 날 행사는 한인들 간의 화합과 단결을 다지고 지역공동체의 결속을 강화하는 것이 주목적인 데 반해 코리아타운 페스티벌은 다양한 예술 콘텐츠를 통해 다양한 인종의 사람들에게 코리아타운을 알리고 한국의 문화를 알리는 것을 목적으로 한다.

예를 들어, 2014년 페스티벌은 '2014 시드니 민족설 축제, 아리랑 코리아'라는 주제로 '아리랑'의 유네스코 등재 1주년을 기념하고자 하였다. 〈그림 13〉에서 보듯이, 재즈와 오페라 공연, 미니콘서트, 타 민족의 초대 공연 등을 비롯하여 '아리랑'을 주제로 아리랑의 그림과 가락 그리고 춤이 선보였다. 서예가 이상현의 서예 시범과 호주 원주민 음악과 전통 악기의 협연, 그리고 춤 등을 통해 다양한 방법으로 '아리랑' 공연을 시도하여 즐길 수 있도록 하였다.

이 축제는 2012년과 2013년에는 한인상우회를 중심으로 한인들에 의해 열렸지만, 2014년에는 한국문화원이 동참하면서 그 규모와 내용이 더 풍부

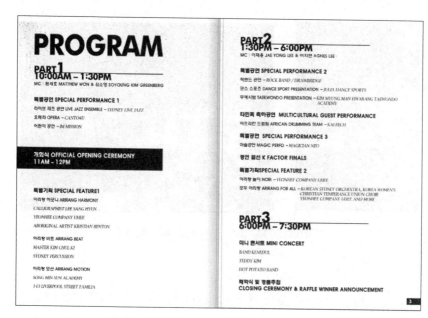

PROGRAM

PART 1
10:00AM – 1:30PM
MC : 원새로 MATTHEW WON & 김소영 SOYOUNG KIM GREENBERG

특별공연 SPECIAL PERFORMANCE 1
라이브 재즈 공연 LIVE JAZZ ENSEMBLE – SYDNEY LIVE JAZZ
오페라 OPERA – CANTO4U
여흥의 공연 – IM MISSION

개회식 OFFICIAL OPENING CEREMONY
11AM – 12PM

특별기획 SPECIAL FEATURE1
아리랑 하모니 ARIRANG HARMONY
CALLIGRAPHIST LEE SANG HYUN
YEONHEE COMPANY UHEE
ABORIGINAL ARTIST KRISTIAN RENTON

아리랑 비트 ARIRANG BEAT
MASTER KIM CHUL KI
SYDNEY PERCUSSION

아리랑 모션 ARIRANG MOTION
SONG MIN SUN ACADEMY
143 LIVERPOOL STREET FAMILIA

PART 2
1:30PM – 6:00PM
MC : 이재용 JAE YONG LEE & 이지연 AGNES LEE

특별공연 SPECIAL PERFORMANCE 2
락밴드 공연 – ROCK BAND / DRAWBRIDGE
댄스 스포츠 DANCE SPORT PRESENTATION – JULIA DANCE SPORTS
무예시범 TAEKWONDO PRESENTATION – KIM MYUNG MAN HWARANG TAEWONDO ACADEMY

타민족 축하공연 MULTICULTURAL GUEST PERFORMANCE
아프리칸 드럼팀 AFRICAN DRUMMING TEAM – KAI FECH

특별공연 SPECIAL PERFORMANCE 3
마술공연 MAGIC PERFO – MAGICIAN NEO

공연 결선 K FACTOR FINALS

특별기획SPECIAL FEATURE 2
아리랑 놀이 NORI – YEONHEE COMPANY UHEE
모두 아리랑 ARIRANG FOR ALL – KOREAN SYDNEY ORCHESTRA, KOREA WOMEN'S CHRISTIAN TEMPERANCE UNION CHOIR YEONHEE COMPANY UHEE AND MORE

PART 3
6:00PM – 7:30PM

미니 콘서트 MINI CONCERT
BAND KINEDUL
TEDDY KIM
HOT POTATO BAND

폐막식 및 경품추첨
CLOSING CEREMONY & RAFFLE WINNER ANNOUNCEMENT

3

그림 12 2014 시드니 코리아타운 페스티벌 프로그램

해졌다. 또한 시드니 시에서는 코리아타운 페스티벌의 성공을 토대로 2015년 타이타운 페스티벌(Thaitown Festival)과 차이나타운 페스티벌(Chinatown Festival)을 코리아타운 페스티벌(Koreatown Festival)과 함께 2월 14일에 거행하면서 피트 스트리트와 차이나타운 주변을 Lunar Street이라 부르며 거리축제로 재창조하였다.[10] 그러나 이 축제는 시드니의 대표적 축제 중 하나인 '시드니 음력설 축제(Sydney Chinese New Year Festival)' 기간 중에 열리기 때문에 시드니 음력설 축제 중 한 부분으로 인식된다는 아쉬움이 남는다. 그러나 코리아타운 페스티벌은 한국인이라는 정체성을 한인커뮤니티로 제한하기보다는 좀 더 적극적으로 다양한 커뮤니티들과 연계를 맺고 기존의 민속행사 위주의 축제가 아닌 예술적인 콘텐츠를 개발하여 문화 축제로 거듭나게 한 점에서 의미

---

10) 송석준 시드니한인회장의 2015 시드니 코리아타운 축제 축사에서

그림 13 2014 시드니 코리아타운 페스티벌 현장
출처: 호주라인

가 크다. 매년 이 축제가 열린 다음 날인 일요일에는 '시드니 음력설 야간 퍼레이드(Sydney Twilight Parade)'가 열리는데, 한인들도 이 행사에 참여하고 있다. 시드니에서는 매년 음력설이 있는 2월에 15일간 '시드니 음력설 축제(Sydney Chinese New Year Festival)'가 시드니의 차이나타운을 중심으로 열린다. 이 축제의 하이라이트 프로그램 중 하나가 이 야간 퍼레이드이다. 한인들은 코리아타운 페스티벌이 생기기 이전인 2010년부터 이 퍼레이드에 중국인은 물론 베트남인과 호주인들과 함께 참여하였다. 한인들은 2012년 행사에 12개 팀에 약 300명이 참가하였으며, 2013년 행사에는 18개 팀에 약 520명이 참가하였다. 2015년에는 20개의 팀에 600명의 한인이 참여하였고 타운홀 앞에서 차전놀이를 선보이기도 하였다.

'시드니 음력설 축제(Sydney Chinese New Year Festival)'는 시드니 시가 시드니의 문화다양성을 증진시키기 위해 지원하고 있으며, 시드니에서 열리는 대표적인 축제 중 하나이며 또한 아시아권 밖에서 가장 크게 열리는 아시아 축제이기도 하다. 그러나 최근 한인사회를 비롯한 몇몇 소수민족들에 의해 이 축제의 타이틀이 'Chinese New Year' 대신 'Lunar New Year'로 명칭이 변경

그림 14 시드니 야간 퍼레이드에서 펼쳐진 차전놀이
출처: 미디어호주나라

되어야 한다는 제안이 있었다. 이에, 시드니 카운슬은 홈페이지를 통해 이 제안에 대한 의견을 묻는 설문조사를 실시하였으나, 원래의 명칭을 그대로 유지하자는 의견이 우세하였다. 이에 시드니 카운슬은 명칭을 그대로 유지하는 대신 'Sydney Chinese New Year Festival'이라는 명칭에 'Celebrating the Lunar New Year'라는 부제를 붙여 행사의 모든 마케팅 자료에 사용하고 있다. 현재 한인들을 비롯한 소수 아시안 민족들은 호주의 다문화사회 속에서 중국으로 대표되는 아시아에 대한 문화다양성을 세분화하고 차별화해 나가고 있다.

3) 캠시음식축제(Campsie Food Festival)

캠시음식축제(Campsie Food Festival)는 매년 5월 경 한인들의 밀집 지역 중 하나인 캔터베리 카운슬의 캠시에서 열리는 음식 축제이다. 이 축제는 한인 축제 중 하나였던 '캠시 한국음식-문화축제(Korean Food and Cultural Festival)'에서 비롯되었다. 1999년 한국의 IMF로 인해 어려움을 겪던 한인들을 위해 캔터

그림 15 시드니 캠시음식축제의 모습
출처: 호주동아, 시드니코리안헤럴드 및 해외문화홍보원

베리 시의 지원으로 한인들의 축제로 시작되어 현재 시드니를 대표하는 음식문화 축제 중 하나로 자리 잡았다. 그러나 캔터베리에 거주하는 150여 개의 다른 소수 민족 커뮤니티의 정서를 고려하여 2004년 '캠시음식축제(Campsie Food Festival)'로 개명하여 다양한 민족들이 참여하는 축제로 거듭나게 되었다. 이 축제는 여전히 한국 음식을 주 테마로 하여 진행되고 있으며, 매년 다양한 한국 음식을 선보이며 한식의 세계화에 기여하고자 노력하고 있다. 현재 이 행사는 캔터베리 카운슬의 주최로 캔터베리시와 20년간 자매결연을 맺고 있는 은평구 그리고 2012년 개원 이래 이 행사를 지원하는 한국문화원을 비롯하여 한국관광공사와 농심 시드니 지사 등 다양한 네트워크를 통하여 현재 매년 2만여 명이 참여하는 시드니에서 열리는 대표적 음식 축제 중 하나로 자리매김하고 있다.

　이 축제는 매년 5~6월경 캠시의 비미시 스트리트(Beamish Street)에서 열리며, 메인 행사인 한국 음식 행사는 매년 하나의 테마를 중심으로 시연과 대

표 2 캠시음식축제 프로그램(2012~2015년)

일시	행사
2012. 6. 2. (토)	부추전과 불고기 시연(100인분) 김치 빨리 먹기 대형 비빔밥 만들기(300인분)
2013. 6. 1. (토)	떡국과 소꼬리찜 시연(100인분) 전통 떡메치기와 경단 만들기 대형 떡 만들기(300인분)
2014. 5. 31. (토)	김치전과 김치볶음밥 시연(100인분) 김치볶음밥 흔들기 대형 잡채 만들기(300인분)
2015. 5. 30. (토)	김밥 김치 만들기 시연(100인분) 한복 입어보기 대형 김밥과 김치만들기(300인분)

형 음식 만들기를 통하여 참여자들과 한국 음식을 나누어 먹는 프로그램을 진행하고 있다. 한국 음식뿐만 아니라 태권도 시범, 한국 전통 예술 및 지역민들의 장기자랑 등도 펼쳐지고 있다. 한국을 비롯한 프랑스, 헝가리, 포르투갈, 일본, 태국, 터키 등 여러 나라의 전통요리를 맛보고 다양한 나라의 전통 프로그램을 접할 수 있다.

캠시음식축제는 현재 한국을 비롯하여 프랑스, 헝가리, 포르투갈, 일본, 태국, 터키 등 여러 민족이 참여하여 전통요리를 선보이고 있다. 한인공동체의 개념에 머물지 않고 지역공동체 및 다양한 기관 및 단체와의 연계를 통해 좀 더 다양한 커뮤니티의 참여를 유도하면서 문화의 가장 주요한 요소 중 하나인 음식을 통한 교류를 이루어내고 있다는 점에서 매우 성공적이고 모범적인 에스닉 축제의 예가 될 것으로 보인다.

6. 맺음말

지금까지 호주의 이민 역사 50년이라는 길지 않은 시간 동안 이루어진 시드니 코리아타운이라는 공간과 문화 축제를 중심으로 논의하였다. 시드니는 호주 한인의 약 60%가 모여 사는 곳인 만큼 그곳에서의 한인들의 삶과 문화에 관한 연구는 호주를 주제로 하는 에스닉 연구의 중요한 토대가 된다.

지금까지의 논의를 정리해 보면, 시드니 지역의 코리아타운은 이민 초기부터 한인들이 집중적으로 모여 살던 캠시, 이후 이스트우드와 스트라스필드, 그리고 최근 시티의 피트 스트리트로 확장되어 가고 있다. 시드니 한인들의 거주 지역은 코리아타운을 벗어나 훨씬 더 광범위하게 시드니 전반에 펼쳐져 있지만, 코리아타운은 시드니 지역의 거의 모든 한인들이 모이는 공동체 공간의 역할을 하고 있다. 그리고 흥미로운 것은 코리아타운을 중심으로 한 한인들의 문화 축제의 모습들을 통해 다문화 속 시드니 한인들의 삶의 모습을 엿볼 수 있다는 점이다.

예를 들면, 시드니 지역에서 가장 오래된 한인들의 공간인 캠시는 예전 한인들의 축제였던 '한국 음식 문화 축제'가 지역공동체와 함께 하면서 '캠시 음식축제'로 변화하였다. 이는 이곳 한인들의 삶은 이제 한인이라는 민족공동체 속에 국한된 삶이 아니라 이 지역의 150개 소수 민족들과 어울리는 삶을 살고 있다는 것이다. 그리고 '시드니 코리아타운 페스티벌' 또한 예전의 한인들의 친목과 단결을 도모하기 위한 축제가 아닌 한국 전통 문화와 호주 및 여타 민족 문화와의 결합을 통해 새로운 예술 콘텐츠를 창조하고 선보이고 있다. 이처럼 이들의 축제들을 통해 한인들은 '호주한인'으로서 호주 속에 깊이 뿌리내리고 삶의 확장을 이루어가고 있다는 것을 알 수 있다.

이를 통해 에스닉 연구에 있어서 향후 연구 방향을 살펴보면 다음과 같다. 앞에서 살펴본 바와 같이 한인들의 삶은 해당 지역의 정치, 문화적 맥락과 함께 하며 변모해 가고 있다. 또한 좀 더 확장해서 에스닉 연구라는 큰 틀에서 그려보면, 호주를 비롯한 세계의 한인 이주민들은 어찌 보면 축제는 물론이고 그들의 보통의 삶의 모습 속에서도 현재 대한민국에 살고 있는 한국인들보다도 더 한국적인 것들을 바탕으로 하고 있는 것 같다. 이러한 측면에서 전 세계에 흩어져 있는 한인 이주민들의 삶에 대한 기록들을 한 곳에 모을 수 있는 에스닉 문화 플랫폼과 같은 큰 그릇이 필요할 것으로 보인다. 이를 통해 이주민들의 삶을 각각의 다른 정치 및 역사 그리고 문화적 맥락에서 좀 더 객관적으로 바라볼 수 있으며, 또한 다양하게 변화해 가고 있는 세계 속 한국 문화의 지형도를 완성해 낼 수 있을 것으로 보인다.

참고문헌

김영성(2008), 「시드니 한인의 이주와 주거이동」, 『지리학연구, 42권 4호』, 513~525쪽.
양명득(2010), 「호주 다문화사회와 재호 한인동포」, 『재외한인연구』, Vol.22. 1~21쪽.
외교부(2013), 재외동포현황: 동북아시아, 남아시아태평양, 북미, 중남미, 유럽, 아프리카, 중동.
호주한인 50년사 편찬위원회(2008), 호주한인 50년사, 도서출판 진흥.
City of Sydney(2008), Cultural Diversity Strategy 2008~2011, City of Sydney.

동아일보(1968), 「호주 첫이민」, 『동아일보』(1968. 12. 10. 기사)
호주동아(2014. 8. 28.), 「(부동산 특집) 광역 시드니 정보 시리즈 - 스트라스필드(Strathfield)편」.
ABS(2004), "Where do migrants live?", Australian Social Trends, 2014.
New South Wales Government(2014. 3. 12.) "Sydney tourism to benefit from biggest ever Vivid Festival."

저자 소개

홍정욱

충북대학교 창의융합교육본부 초빙교수. 2012년 'Intertextuality & McDonald's Discourse' 주제로 호주 맥콰리대학교(Macquarie University)에서 박사 학위 취득. 박사학위에서는 Systemic Functional Linguistics(체계기능 언어학)과 Critical Discourse Analysis(비판적 담화 분석)을 기반으로 패스트푸드 회사인 맥도널드의 담화를 사회문화 이데올로기적 관점에서 분석하였다. 2009년 'Power of McDonald's Happy Meal: Globalization of American Culture and Value'라는 제목의 논문으로 최고논문상(the Winner of the International Award for Excellence in the area of Global Studies)을 수상하였다. 현재는 한국학중앙연구원 한국학대학원 박사과정에서 한국학의 디지털융합을 주제로 연구 중이다.

이메일: hongjungwook@gmail.com

공항에서 코리아타운까지 가는 교통편

1. 시티 피트 스트리트(Pitt Street)로 가는 방법
   ① 열차(Airport Link)로 이동 (열차+도보): 약 40분
   시드니 공항 국제선 터미널 1청사 입국장에서 공공장소로 나와서 오른쪽으로 150미터 정도 걸으면 맥도널드를 지나 아래쪽에 열차역이 있다. 열차표는 A\$17.80. 뮤지엄역(Museum Station)에서 하차. 엘리자베스 스트리트(Elizabeth Street)에서 길을 건너 왼쪽으로 5분쯤 걷다 리버풀 스트리트(Liverpool Street)에서 오른쪽으로 돌아 두 블록을 더 걸으면 피트 스트리트의 'Koreatown' 표지판이 보인다.
   ② 택시로 이동: 피트 스트리트까지 약 A\$30 정도. 약 15분 소요.

2. 캠시(Campsie)로 가는 방법
   https://www.rome2rio.com/s/Sydney-Airport-SYD-Australia/Campsie
   ① 버스로 이동(약 30분 소요): 국제공항에서 비미시 스트리트(Beamish Street)까지
   ② 택시로 이동 시(약 15분 소요). A\$25~39.

3. 스트라스필드(Strathfield)와 이스트우드(Eastwood)로 가는 방법
   https://www.rome2rio.com/s/Sydney-Airport- SYD-Australia/Strathfield
   ① 열차로 이동(스트라스필드: 약 30분, 이스트우드: 약 50분 소요): Airport Link를 이용해 국제공항에서 센트럴역(Central Station)에서 하차한 후, 플랫폼 18번에서 열차를 타고 스트라스필드역이나 이스트우드역에서 하차.
   ② 택시로 이동(약 15분 소요). 스트라스필드는 A\$35~40, 이스트우드 A\$60.
   ③ 버스로 이동(약 59분 소요): 국제공항에서 스트라스필드역에서 하차.